BLACK SWAN | 黑天鹅

···········-------- 为 人 生 提 供 领 跑 世 界 的 力 量 --------···········

BLACK SWAN

荷尔蒙经济学

东方愚◎著

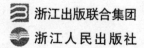
浙江出版联合集团
浙江人民出版社

图书在版编目（CIP）数据

荷尔蒙经济学/东方愚著.—杭州：浙江人民出版社,2012.2
ISBN 978-7-213-04725-1

Ⅰ.①荷… Ⅱ.①东… Ⅲ.①企业家—婚姻—研究—中国 Ⅳ.①D669.1

中国版本图书馆 CIP 数据核字（2011）第 238962 号

书　　名	**荷尔蒙经济学**
作　　者	东方愚　著
出版发行	浙江人民出版社
	杭州市体育场路 347 号
	市场部电话：(0571)85061682　85176516
责任编辑	黄建光
责任校对	张谷年
图片来源	CFP（视觉中国）
印　　刷	三河市汇鑫印务有限公司
开　　本	700mm×980mm　1/16
印　　张	18.5
字　　数	266 千字
版　　次	2012 年 2 月第 1 版·第 1 次印刷
书　　号	**ISBN 978-7-213-04725-1**
定　　价	35.00 元

如发现印装质量问题,影响阅读,请与市场部联系调换。

目录

∩

比尔·盖茨和乔布斯有什么共同点？

你可能会脱口而出：第一，他们是同龄人，均于 1955 年出生；第二，他们都创建了一个庞大的 IT 产业帝国，比尔·盖茨凭借微软曾长期"霸占"着"世界首富"之宝座，而乔布斯的苹果公司现在是全球市值最大的上市公司；第三，他们都在不到 60 岁的时候退休了。

你瞧，还有一个对两人来说都至关重要的共同点给忽略了，那就是——他们都找了一个好老婆。

2011 年盖茨来中国访问时，杨澜问了他一个问题，你一生中最聪明的决定是创建了微软，还是成为了一名出色的慈善家？

比尔·盖茨的回答让在场的所有人都觉得有些意外："两者都不是，找到了合适的人结婚才是！"

盖茨不是在哄妻子梅琳达开心，这是真情流露，内心的声音。

对于乔布斯来说，和劳伦娜结婚是他完成性格嬗变过程中的润滑剂。他创业的前 10 年，性格狂躁甚至有些暴戾，对创业伙伴不仁不义，对自己的亲人亦如是——不接受自己的私生女，甚至以自己没有生育能力为幌子，和前女友划清界限。这种做法令人发指，而乔布斯也遭到了"报应"，被驱逐出

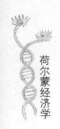
了苹果公司。1991 年，即乔布斯二次创业 6 年后，也是他重回苹果公司的 6 年前，他和劳伦娜结为连理。他终于明白，亲人是永远不能割舍的牵挂，家庭才是最朴实无华的心灵栖息地。

"军功章上，有你的一半，也有我的一半。"把盖茨和乔布斯的成功归功于女人的力量显然不妥，但是可以说，从女性荷尔蒙中的获益良多，促使他们告别性格或人格缺陷，从而在事业上取得了巨大成就。

盖茨夫妇很早就常常出双入对，而一向"金屋藏娇"的乔布斯在几年前的苹果公司新品发布会上，也破天荒地把太太给带来了。

事实上，并不是因为盖茨和乔布斯成为巨富、全球知名企业家了，我们推开他的家门，"惊讶"地发现拥有一位"贤内助"是多么重要的成功元素，恰恰相反，他们和普通大众一样，没有三头六臂，或者退一步来说，他们是生物族群中普通的一分子，雌雄之间的感应与吸引、帮助与促进是应有之义。

中国的企业家更是如此。

2

中国的商业文明是断裂的，1956 年的时候，私营经济在整个中国一夜之间消失了，一直到 20 世纪 70 年代末才重新破土。对于第一批掘金的商人来说，他们没有什么可以传承，甚至身边没有任何榜样可以借鉴，所谓摸着石头过河，一对小夫妻，一个小作坊，生意跌跌撞撞就开始了。在中国的传统文化当中，"家文化"原本就举足轻重。国学大师钱穆说："中国文化，全部都是在家庭文化上筑起的。"

当这些商人经过 30 年或 20 年，在中国商业舞台上占居一席之地，成为明星企业家或经理人时，如果我们仅仅从商业本身去追溯其成功基因，而没有关注或很少关注"家文化"，我认为这同样是一种"断裂"。

刘永好当年从卖鹌鹑蛋开始创业时，妻子李巍的能力在他之上，如果把其家族企业成立时，夫人们被"劝退回家"理解为中国文化中男耕女织之传统观念使然的话，当李巍后来按捺不住自己创业的冲动，并创办了一系列企业时，她这种脾性会让刘永好内心产生什么样的潜移默化的变化？这种变化又会如何影响刘永好的脾性，从而使得他在新希望的永续经营和金融投资上有条不紊，且不时以退为进呢？

再如，"学历门"事件的发生，使得唐骏被人们重新认识——尽管他的能力甚佳，但其实从日本留学到美国创业，再到进入微软，不久后回到中国，直至加盟盛大，最后又转战新华都，他的每一次转身都是因为遭遇了不快，然而他习惯性地把这些转身渲染得很是华丽。那么，他的这一自恋般的性格之源泉来自哪里呢？或与自小出身贫寒、时有自卑有关，但想一想，他的妻子孙春蓝也是很出众，且每一次都会给唐骏一些忠告，为什么唐骏无一次听得进去呢？与他们结婚 20 年，但因"错位"分居两地就超过 10 年的情形有无关联呢？

听起来有些八卦？其实，刚开始酝酿《荷尔蒙经济学》这一选题时，我是这样定位的：虽然我在本书中会写到许多富豪夫妻之间的故事，甚至有一些是独家披露，但我的初衷绝非仅仅去满足读者的好奇心和偷窥欲。我想做的，是从女性荷尔蒙的角度，来观察一个群体诞生、生长和兴衰的生态当中的那些规律——特别是足以颠覆我们先前观念与逻辑的规律。

3

我曾对"婚姻经济学"这一概念有点厌恶，因为经济学上有一个"理性经济人"的基本前提，即假设在一定的约束条件下，每个人都是理性的，一切行为的目标，都是希望实现自己的效用最大化。我们怎能以如此功利的眼光来看待婚姻呢？

那个时候我还很年轻，觉得"爱情至上"。直到后来我读到美国经济学家加里·贝克尔（Cary Becker）的《家庭论》（*A Treatise on The Family*）

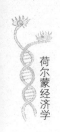

一书，才开始改变看法。

贝克尔的这本书其实应该叫做《家庭经济学》或者《婚姻经济学》，他把婚姻关系视为一种市场关系，运用经济学工具，对恋爱、结婚生子、离婚等行为——作出分析和解释。

他说，从恋爱到婚姻的过程，就是一个寻找目标市场、考察对方需求、沟通商品交换条件和签订契约的过程，而婚姻的本义，也可以理解为人们为了降低交易费用、实现规模经济的一种组合形式；他同时还用经济学模型分析了家庭中男女分工、对孩子的不同需求甚至一夫多妻等话题。

我在 2006 年读完贝克尔这本书后就成了"贝粉"。老贝是个"大嘴巴"，在美国惹的争议不少。他放言"对石油企业征暴利税是愚蠢之举"，还曾说"微软的低价竞争策略是其提高消费者剩余的良心体现"，后又称"夫妻都有工作影响婚姻价值"，言外之意是娶职业女性要当心！

但我喜欢贝克尔的特立独行，因为他有自己的一套理论和分析方法，你听了之后会觉得无从反驳，甚至被他说服。当然，加速我认同贝克尔"婚姻经济家"理论的另一个主要因素，是从那个时候开始，中国大中城市的房价，开始像脱缰的野马一样疯狂起来。我周围许多要结婚的人的行为和表情、模式与路线，几乎完全像贝克尔在《家庭论》中描述的那样。我不知道应该佩服老贝的"先见之明"，还是感慨中国经济高速增长背后的整个社会正在失去和变异的一些情愫。

现在我发现，5 年来我那些结婚的朋友们，个个都成为了理财专家，而离婚的朋友们当中，有几个转行做了企业兼并和重组顾问的工作。

4

这几年我在《南方周末》任职，专注于财富现象研究和企业家报道。2009 年打算写《荷尔蒙经济学》一书后，在接下来的每一次采访中，面对眼前的企业家，我总会不失时机、不失礼貌地问一些关于其婚姻的问题：妻子的角色、性格，两个人的相处之道，子女的教育方法等。一个人在政商关系方面可以阳奉阴违，但在夫妻关系上不至于常戴面具；一位商人，如果他的家庭破碎了，或遭遇过婚姻变故，同样会从一定程度上影响他在商业上的风格。

采访张茵时，她以强调与现任丈夫刘名中在生活和事业上的"黄金搭档"，来回答我对她第一次婚姻的好奇；采访曹德旺时，他直言因为感情出轨而觉得对妻子陈凤英有所歉疚，于是一度将福耀玻璃的法人代表改为妻子的名字；采访李东生时，他与现任妻子魏雪的恩爱就在眼前……

当然，并不是每位企业家都愿意"打开窗户说亮话"，同样，并非我感兴趣的每个样本我都能采访到。所以更多的工作，其实是外围的采访，企业家的朋友、同学、下属，或是其妻子或丈夫的朋友等，这个过程——或许可以称之为"旅程"——是非常有趣的，所谓"当局者迷，旁观者清"，这些外围的朋友们，等于与我一道，在做企业家与其内人的样本研究：史玉柱为什么会与董春兰离婚？尹明善夫人外交有着怎样的故事？吴亚军为什么让蔡奎辞去龙湖地产副董事长一职？潘石屹与张欣的婚姻两度几近破裂分别事出何因？李兆会到底是如何认识车晓的？

当样本积累得越来越多时（本书的样本共 100 对夫妇），我发现或许可以东施效颦一把，也用经济学的方法，来作些分析了。

举两个不尽恰当的例子。如果一位商人在事业上小有所成后才考虑婚姻，那么他在选择对象的时候，就可能形成一个"不完全竞争市场"，因为大方的买家会影响"市场价格"，当然即使如此他也未必能找到最好的"产品"。

一位商人在多元化过程中投资兴建了一所民办高校，从此学校里有姿色的女学生就成为了这位商人和朋友们紧盯的猎物，那么，如果女学生们乐意，他的朋友们便是经济学上的"搭便车"者，因为产生了正向的"外

部性"……

　　显然，与贝克尔不同的是，我采集这些的婚姻样本全是富人样本，而且是中国富人，所以它从一开始就有着浓厚的东方文化的味道，同时在读者看来更具"功利"色彩。

5

　　根据企业家的不同类型，我把这些样本分为了七大类：明星企业家及妻子、特立独行的夫妇、青年才俊与佳丽、职业经理人与夫人、"女主外、男主内"型、危局时的夫妻档，以及离婚与再婚者们，然后我又分别从每一类当中挑选了四个不同风格的样本，尽可能还原不同类型的中国企业家择偶与婚姻之"大片"。

　　这七类样本，分别对应了七条经济学原理，它们构成了"荷尔蒙经济学"的分析体系：

1. 帕累托最优原则

　　"帕累托最优"是博弈论中的一个重要概念，以意大利经济学家帕累托的名字命名，指资源分配的一种状态：在不使任何人境况变坏的情况下，不可能再使某些人的处境变得更好。说白了就是"心满意足"了——你还能怎么样?!

2. 风险偏好理论

　　风险偏好是指为了实现目标，投资者在承担不确定的风险时所持的态度。风险爱好者喜欢刺激，主动追求风险，"收益率"虽然时高时低，但认为给自己带来的效用是最大的；风险回避者在预期"收益率"相同时，喜欢低风险的资产，而对于具有同样风险的资产，则偏爱具有高预期收益率的资产；风险中立者既不回避风险，也不主动追求，他们只管走自己的路，不管风险大小如何。

3. 凡勃伦效应

一种商品价格定得越高越走俏。美国制度经济学家凡勃伦最先注意到这一现象，它反映了人们进行炫耀性消费的心理愿望。

4. 边际收益递减规律

一个以资源作为投入的企业，单位资源投入对产品产出的效用是不断递减的。简单来说，投资做一件事情，开始的时候，收益值很高，越到后来，收益值就越小。

5. 比较优势论

如果一个国家在本国生产一种产品的机会成本低于在其他国家生产该产品的机会成本的话，则这个国家在生产该种产品上就拥有比较优势。

6. 蝴蝶效应

蝴蝶在热带扇动一下翅膀，就可能引起异邦的一场飓风。一个坏的微小的机制，如果不加以及时地引导、调节，会带来非常大的危害和"风暴"；一个好的微小的机制，只要正确指引，经过一段时间的努力，将会产生轰动效应，或称为"革命"。

7. 囚徒困境

两个囚徒之间的一种特殊博弈，虽然彼此合作双双说谎可为全体带来最佳利益（无罪开释），但在被分开和信息不明的情形下，他们往往彼此出卖，只选择自认为对自己最有利的做法。

6

在日本企业里，如果一个男人处理不好家庭问题的话，基本上难有升迁的机会。松下幸之助在企业管理中对这一点非常看重，他认为，"小家"搞不好的人，很难搞好"大家"。

在美国，10多年前，一位名叫托马斯的社会学家在调研了1300多位富豪后，写成了名为《百万富翁的智慧》一书。他的研究表明，婚姻和事

业是正相关的，80%的事业成功的人从没有离过婚，而那些离婚后开创个人事业成功的，第二次婚姻也平均维持了十年以上时间。

本书研究过程中我选择的 100 对中国夫妻样本，婚姻和事业正相关自然也是成立的。但是离过婚，或有私生子，或婚姻名存实亡的，占到了40%的比例，结过两次到三次婚的人亦大有人在。

但不要就此认为《荷尔蒙经济学》是中国企业家婚姻的"大败局"，毕竟我的样本数量有限，更多能够同时将婚姻和企业经营得有声有色，但规模并不够大——"小即是美"的中小企业被我们忽略了；另一方面，中国经济形势混沌和民间仇富现象的愈演愈烈，使得那些能够原本有着阳光化意愿的知名企业家们打消了主意，又将另一半给"藏"了起来。

更多的原因和花絮不能一一列举。一言以蔽之，这是一本探讨中国商人群体如何令事业和婚姻相得益彰的作品，一部回答为什么中国少有盖茨式夫妇的案例集，沏上一杯茶，且慢慢读，慢慢批评。

第 **1** 章
明星企业家的婚姻术

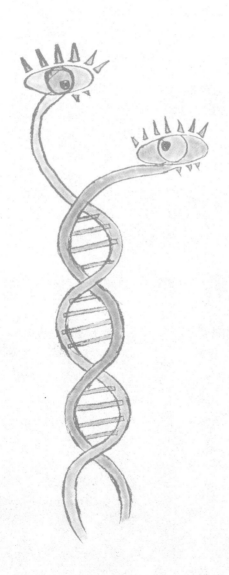

"荷尔蒙经济学"之
帕累托最优原则

"帕累托最优"是博弈论中的一个重要概念，以意大利经济学家帕累托的名字命名，指资源分配的一种状态：在不使任何人境况变坏的情况下，不可能再使某些人的处境变得更好。说白了就是"心满意足"了——你还能怎么样?！

什么样的婚姻状态才是"帕累托最优"，这是摆在中国企业家面前的一个严肃命题。有人不断尝试新生活，有的则善于修补旧时情。

综述：企业家婚姻"三段论"
马云与张瑛：贤内助适时退居幕后
潘石屹与张欣：忍让，但何必刻意
刘永好与李巍：女强人自立门户
郭台铭与曾馨莹：妻子是妻子，企业是企业

综述

企业家婚姻"三段论"

"我离过两次婚,"周成建笑了笑,继而说道,"婚姻只是适合不适合的问题,与对错无关。"

2011年4月中旬,我到上海采访这位"服装首富",他比我想象的要随和一些,聊他小时候因"投机倒把"而使父亲受到连累的事,聊美邦转型中的阵痛和他把一位高管送进监狱的事,甚至聊到他的家庭时,他都很认真地一一回答。

过去一些年中,我采访了数十位中国企业家,和他们中的大多数人聊得还算不错,我总是喜欢聊到酣畅处时,问问对方家里的事,譬如婚姻观,譬如对子女的教育方法,诸如此类。

我不是"狗仔队",而是一位财经记者,我这样做,只是想从更立体的层面了解面前的这个人。一位中国商人可以在生意场上阳奉阴违,但是在提到他的家人的时候,几乎都是真情流露。

周成建给我说了一个很有价值的婚姻逻辑。他说,中国商人们的婚姻,与中国经济和社会转型是密不可分,甚至亦步亦趋的。

我觉得很有道理。

比方说,那些出生于20世纪四五十年代、改革开放后的第一代民营企

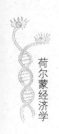

业家，他们的婚姻大多是由父母包办的——媒人牵线，或许见了一面就订婚了，就算提出一些要求，也是非常具有时代特色的。

譬如陈红华当年和后来成为"钢铁首富"的沙钢集团董事长沈文荣相亲之前，唯一的要求是对方是共产党员，而没有谁比沈文荣更合适的了；你看，即使到了21世纪已经过了10年的现在，沈文荣仍然常常强调自己的共产党员身份，他甚至觉得"民营企业家"这一词汇带有贬义。

这一代人当中也有不少离过婚的。最突出的一个群体，莫过于当年"上山下乡"的知青们。1980年颁布的《婚姻法》第一次把"爱情"法定为中国人婚姻的基础，离婚的知青越来越多——不仅有与农村配偶离婚的，有的"双知青"夫妇也分手了。这种基于年代特征的婚姻往事，现在已经很少有人提起了，不管他们中间的一些人后来成了企业家或别的什么"家"。

那些出生于20世纪60年代的企业家的择偶观与沈文荣他们不一样了。他们大多在20世纪八九十年代结婚，这个年代，"下海"是时髦词汇，私营经济正野蛮生长，年轻的中国商人摆脱了改革开放前思维上的桎梏，更加注重物质的丰富甚至个体的自由，于是，在他们找结婚对象时，"志同道合"成为一个关键诉求。

什么样的情形叫做"志同道合"呢？同学、师兄妹或校友是一种类型，譬如黄宏生与林卫平、马云与张瑛、段永平与刘昕，分别对应这三种情形；事业伙伴是第二种类型，最典型的代表则是"首富先生"黄光裕和妻子杜鹃，当年任北京中行信贷业务员的杜鹃，在嫁给黄光裕后并没有马上加盟国美，而是在三年后——这三年间，杜鹃为解决黄光裕跑马圈地过程中的资金需求立下汗马功劳；第三种代表类型则是机缘邂逅、互相吸引者，比如潘石屹和张欣、李国庆与俞渝等，他们是20世纪90年代"海龟与土鳖"式闪婚夫妻中的代表，本书都有详述。

再往后，是进入21世纪才结婚的中国商人，他们的婚姻画卷又有新特点了。他们仍然要找"志同道合"者，但是，对黄光裕和杜鹃那种生意伙伴式的婚姻之艳羡开始减弱，他们开始更多地注重双方在精神上的交流，至少主导婚姻的那一方更注重精神上的享受、心灵上的慰藉。

这里面又可分为三种不同的情形。首先是如江南春和陈玉佳、王微和杨蕾（已离异）这种70后们的婚姻，江南春和王微都是各自领域里的佼佼者，他们都有着文艺范儿，或者说至少喜欢扎到文青堆里。

其次是以李兆会、汪小菲为代表的形形色色的80后或"富二代"们，他们中的好多人喜欢找女演员、女艺人——能不能帮自己在生意上出谋划策已经不重要了，重要的是我喜欢、你愿意，我不干涉你的事业，但你必须为我们家传宗接代。

当然，李兆会和汪小菲虽然"异娶同工"，但是两人的风格泾渭分明。

再次是少数"新婚老人"们，譬如本书中写到两位典型代表——郭台铭和李东生，他俩都是50后，前者因为前妻去世后另寻新爱，后者因为与前妻感情破裂而重建家庭。他们的妻子曾馨莹和魏雪，都是新时代的女性，一个是舞蹈老师，学生中有模特林志玲等人；一个从日本留学回来，除有着公关公司负责人的头衔外，还经营着一个名叫亚洲女性发展协会的组织。

中国企业家们婚姻的"三段论"，就好比一个人在学校读书，分小学、中学和大学不同阶段一样。小学毕业的将来就一定作为小，大学毕业的将来就一定风光吗？显然未必。婚姻也是如此。20世纪五六十年代结婚的那批老企业家，不少人的婚姻和事业数十年均运转良好；而近些年结婚或者结过多次婚的企业家，他们的婚姻未必幸福。

这个社会越来越浮躁，人的欲求也越来越大，想获得平衡似乎也比过去难了，有的人直接感慨"曾经沧海难为水"，单身下去也挺好。这就像现在的黄金单身汉史玉柱。

如今社会上流行两种俱乐部或者说培训班，一种是"如何做企业家的好太太"，一种叫做"如何钓到金龟婿"。第一种听起来还有些靠谱，或可

根据家族企业的特征、每位丈夫的性格、每桩婚姻所处的阶段，对症下药，甚至可以案例教学：譬如说 A 女与其丈夫和刘永好、李巍夫妇的情况相似，那好，你可以借鉴李巍，有自己的一番事业，但记住永远是丈夫第一；如果 B 女与其丈夫和马云、张瑛夫妇的类型情况，则可以学习张瑛，暂停事业上的野心，至少从形式上退居幕后；如果 C 女与其丈夫和潘石屹、张欣的情形相似，那么你可以学习张欣，与丈夫在事业上相得益彰……

实际上这些全属东施效颦之举，未必行得通。商业模式可以克隆与改进，但把婚姻模式等同于商业模式，就有些自以为是了——没有什么比人的情感更不可捉摸的了。不过，据说这样的培训班在好多地方还挺火，当然她们到底是在学习相夫教子之道，还是在交流奢侈品消费经验，就不得而知了。

第二种培训班则有些可笑了，首先你的目标群体太大了：你看着 45 岁的"钻石王老五"觉得有深度，见到二三十岁的富二代又觉得够新潮，于是既学习了像陈红华一样做沈文荣式共产党员之夫人的行为准则，又学习了像徐熙媛一样做汪小菲式富二代之伴侣的技巧，结果你学混了，四不像，很迷茫；当然你最后如果能像邓文迪一样嫁给可以做自己爷爷的大亨默多克，也是不差的选择。

其实"金龟婿"的典故来自唐朝诗人李商隐的一首诗，意思原本是指一贵族女子在冬去春来之时，埋怨身居高官的丈夫因为要赴早朝而辜负了一刻千金的春宵。

"时代变化太快了，我没那么大的胸怀（从一而终）。"那天采访周成建时，这句话让我觉得他够坦诚，不过，他还是担心我对他结过三次婚产生某种联想，于是随即向我补充道："我现在的太太在生意上给我很大的启发，同时她也很懂得生活，我觉得自己现在很幸福。"

马云与张瑛
贤内助适时退居幕后

"你如果选择了创业这条路，选择了往前走，就没办法平衡（事业与家庭），你只是在把自己的工作和生活混为一谈之间获得乐趣而已。"

马云在 2010 年的一次论坛中这样说道。他说 2008 年和员工有过一次"非常失败"的沟通，彼时在一个公开场合，一些员工问他工作和生活如何平衡，他一本正经、口若悬河般大谈"平衡术"。"很快我越想心里越觉得不对劲，"他说，"晚上回到家就向大家道歉——我说谎了——我也没有协调好事业与家庭的关系，我觉得事业和家庭是无法平衡的。"

中国互联网第一代创业者之一、出生于 1964 年的马云如今是家喻户晓的企业家，他瘦小精干、脸形酷似外星人。2011 年年初在纽约曼哈顿的时报广场户外大屏幕上播放的时长 60 秒的中国国家形象宣传片《人物篇》中，有四位企业界人士出现，马云是其中之一，其他三位是王建宙、李彦宏和丁磊。

我接触过几次马云，对他最感兴趣的，并非阿里巴巴或淘宝帝国将来会有多庞大，而是他的"婚姻平衡术"。这里的"婚姻"，既指他和妻子张瑛的结合，也指阿里巴巴与雅虎之间的"婚姻"。事实上我们也可以把阿里巴巴和淘宝看成是一个"婚介所"。

师兄妹与创业伙伴

2010 年 11 月初，《杨澜访谈录》创办 10 周年的派对上，杨澜请来了马云、冯小刚、李连杰等人。在互动过程中，他们被要求回答同一个问题：在你经营企业的所有理念当中，哪一条最适合于经营婚姻？

"乐观和信任，"马云说，"婚姻就像企业一样，麻烦挺多的，在一起

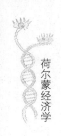

就要乐观并相互信任。"

"巴菲特的投资理念是：精于选择，长期持有，"杨澜接过话茬，和坐在台下的吴征对视了两秒钟后说，"有时候欣赏比奖金重要，我老公就是这样对我的。"

轮到冯小刚，他先是赞了一下妻子徐帆，然后不失时机地为他执导的即将上映的电影做起宣传来："《非诚勿扰2》中有一句台词：婚姻怎么选都是错的，长久的婚姻就是将错就错!"众人大笑。

李连杰谈的则是"感恩"两字。

尽管大伙儿在一起大谈婚姻之道，但马云与其他几位还是有所不同的——杨澜、冯小刚、李连杰都曾离过婚，他们现在经营的是第二段婚姻，而马云和元配夫人张瑛一直走到了今天。

他们是如何结合的，在婚姻中各自又扮演了怎样的角色呢？

张瑛是浙江嵊州市甘霖镇人，到杭州师范学院（现杭州师范大学）读书时结识师兄马云。马云虽出生在杭州，但祖籍浙江嵊州谷来镇，他的父母年轻时来到杭州。如此说来，张瑛和马云是很近的老乡了。2008年年初，张瑛的父亲——甘霖人民医院退休医生张江去世后，嵊州乡亲在追悼会上看到过马云。

马云创业前后的故事众所周知，他毕业后分配至杭州电子工学院（现杭州电子科技大学）任教，张瑛从杭州师范学院毕业后不久，与"马老师"结婚。

中国企业家群体中，不少人创业前曾做过教师，除马云外，本书中写到的还有刘永好、严介和、尹明善、郭广昌等人。

马云初次创业是1995年。一次到美国的机会使马云首次接触互联网，他感到新奇、兴奋，回国后便创办了"中国黄页"（chinapages.com），这应当是中国第一家电子商务网站。一开始的三位员工是马云、张瑛和何一兵。也就是说，像许许多多夫妻档一样，张瑛从一开始就是马云的贤内助兼创业伙伴——此时，他们的儿子才三岁。

中国企业家群体中，夫妇两人是校友的也有不少，除马云和张瑛之外，本书写到的还有郭广昌与谈剑（前妻，复旦大学）、段永平与刘昕（中国人民大学）、黄宏生与林卫平（华南理工大学）等夫妇。除了段永平南下创业时刘昕仍在校读书外，其他几位女人都是与丈夫一起创业，譬如郭广昌和谈剑是复星初创时"五剑客"成员，林卫平则支持黄宏生辞去公职到香港创办创维。

1995 年，时任国家主席的江泽民提出了国有大中型企业改革的思路。那么在民营经济坐标中，这一年又是怎样的一个年份呢？

这一年，32 岁的潘石屹和新婚不久的第三任妻子张欣共同创办了 SO-HO 中国；38 岁的张茵和她的第二任老公刘名中在东莞创建了玖龙纸业；已经和前妻董春兰离婚三年、33 岁的史玉柱正登上事业的第一个巅峰，号称两年内要完成百亿元产值；26 岁的黄光裕则正和杜鹃商量着结婚事宜，他的国美电器这一年在北京的门店扩张到 10 家……

马云于 1999 年创办阿里巴巴的时候，发动了自己之前的同事与朋友等 16 人，加上他们夫妇两人，组成了最初的创业团队，这一团队后来被坊间称之为"十八罗汉"。他们砸锅卖铁般四处筹钱，最终在马、张二人的家中，宣称马上开始做"一件伟大的事情"。

由于整个过程都进行了录像，当马云后来获得成功时，"十八罗汉"的故事被符号化了——不少人惊叹于一个奇迹诞生前"冥冥中的暗示"，沉吟于"创业教父"精神鸦片式的励志启示录，而对其路径选择的技术性解剖寥寥无几。

妻子适时归隐

1999 年 10 月底，英国年轻人胡润制作的中国大陆第一份富豪榜在美国《福布斯》杂志发布，这是一份 50 人的榜单，排在第 50 位的是资产超过 5000 万元人民币的张朝阳。"就在榜单要发布的时候，"胡润后来与我

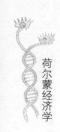

合作出版《胡润百富榜：中国富豪这十年》一书时回忆称，"《福布斯》当时的主编劳里·米纳德注意到阿里巴巴刚刚获得以高盛为代表的多家国际金融机构共500万美元投资的消息，他对我说，将来的富豪榜上一定会有这个小个子中国人的名字。"

马云第一次出现在胡润百富榜上是2005年，他以30亿元的财富位居富豪榜第36位。他还登上了这一年的"胡润强势榜"。"我没那么强势吧？"马云看到这一榜单后苦笑道。当胡润告诉他"强势"其实是英文power即影响力的意思时，他才有些释然。

可是，就在2004年年底，他劝妻子张瑛从阿里巴巴中国事业部总经理的位子退下，回归相夫教子的生活。张瑛在"阿里系"的人缘不错，就这样离开，不少人甚为不解，马云说："外人看到阿里巴巴CEO的夫人在公司任职时，会以不一样的眼光看你。"

再来看张瑛隐退的时点。2001年到2003年是阿里巴巴最为艰难的三年，马云担心人心涣散，在公司开展起一些整治运动，"通过运动，把和我们没有共同价值观和使命感的人统统开除出我们公司"。2004年9月，阿巴巴巴进行了一次大规模的人事调整。马云称这次调整主要是希望阿里巴巴向更专业的方向迈进。不久后，张瑛离开阿里巴巴。

张瑛是一个有商业头脑且重情义的女人。1999年年底加入阿里巴巴的李治国在2004年年中离开后创办了口碑网，虽然开局还算顺畅，但资金很快用完了。张瑛听到后，给李治国转账200万元，要知道，这个时候的张瑛刚刚被马云劝退到家中。这200万元后来被定义为借款。

有趣的是，2005年3月，eBay在中国市场推出了"客齐集"，这是与口碑网类似的分类信息网站。马云有了一种紧迫感，随后与李治国多次洽谈，在2006年10月收购口碑网，李治国等于重回"马家军"。他后来曾调任阿里"云计算"项目负责人，不过2010年再次离开阿里巴巴，转型做天使投资人。

对张瑛"归隐"，与其赞扬马云当时"去家族化"的英明，不如说这

马 云

图片来源：CFP（视觉中国）

是他经历过"十八罗汉"草莽创业阶段后，开始对管理的重新思考。他一直是一个缺乏安全感的人，缺乏安全感使得他愈战愈勇，也助长了他强势的脾性。

在宣布张瑛辞职的决定时，马云称这是张瑛自己的决定。

当然，单从家庭和事业平衡的角度来说，张瑛回到家中也是一件好事。"这几年来，"马云在张瑛离开阿里巴巴不久后说，"我太太几乎没有自己的生活，没有朋友圈子，天天泡在公司。"

这也就不难理解本文伊始马云声称的"那些说事业和家庭可以平衡的人是在撒谎"的论调。在20世纪90年代中国民营经济野蛮生长的年代，夫妻上阵是再正常不过的现象了。对他们来说，工作即生活，生活即工作。

"我是坐在马桶上冲着淋浴的时候在想工作，我晚上做梦的时候也是

想的这些事，"马云说，"但是我得到的是快乐，我得到家人的支持，他们也知道假如我不想的话，他们也会不幸福。"

"李嘉诚现在还是每天早上忙死忙活地在忙，比尔·盖茨也一样。"马云接着说，"有的时候你所想的并不是你想要的，你得到的不是你所想的。但是你今天把你得到的好好欣赏，这是福分，你可以为别人包括为大家、为自己带来快乐。想清楚了这是你的命，我想清楚了。"

很有意思的是，2011年6月初，杨澜采访了来中国访问的比尔·盖茨，杨澜的一个问题是：你一生中最聪明的决定是创建微软还是大举慈善？"两者都不是，"盖茨机智一笑说，"找到合适的人结婚才是！"

在2007年4月的博鳌亚洲论坛上，有人问下一个比尔·盖茨是谁，在场的比尔·盖茨自告奋勇回答称：亚洲的马云。尽管他指的是财富和创新精神，但是他们的婚姻观也是相近的，结合起来就是：找到合适的人结婚，并给她以合适的角色扮演。

阿里式婚姻观

"永远记住，客户第一，老婆第一，老公第一。很多人说父母第一，但我想结婚以后，应该永远是另一半第一，父母也会理解的。所有在座的亲朋好友，是不是这样？"

这是2010年5月10日，马云在阿里巴巴员工集体婚礼上对新婚员工们所说的一句话。从2005年开始，马云宣布将每年的5月10日定为"阿里日"，这一天，阿里巴巴对员工家属开放，同时举行集体婚礼。

马云似乎从不放过任何宣扬阿里巴巴公司文化的机会。在2010年的这一次员工集团婚礼上，他所有的讲话均是以公司的六大价值观的逻辑来诠释婚姻——客户第一、团队合作、信任、敬业、激情、拥抱变化。

客户第一：花了这么多时间把对方娶来，花了这么多时间想嫁给他，结婚之前的话和结婚以后的话是不能改变的。

团队合作：婚姻是两个人的事情。结婚的那一天，也是麻烦开始的那一天。这个麻烦呢，从第一天起到最后你离开这个世界，永远不会停止。但是生活的快乐，生活的意义，也就是你们之间的矛盾带来的快乐。

信任：公司文化中的诚信。假如你们两人之间没有信任，那么一定走不久，走不长。今后不管对你的父母，对你的孩子，永远不要隐瞒。

敬业：坚持到底。爱他了，娶她了，嫁给他了，就不要说他（她）不好，就坚持一个他（她）吧。生活永远是这样，它的不完美才是它的魅力所在。

激情：婚姻最高的价值，最高的境界，或许不是激情，平淡的生活才是真正的家庭生活。从激情到爱情，再从爱情变亲情，这才是最高境界。

拥抱变化：什么事情都有可能发生，但是永远要以积极、乐观的心态看待它，只有拥有阳光的心态才能面对挑战。

"在我们家，张瑛永远是 NO.1（第一）。"马云说，"在张瑛眼中，谁永远是 NO.1（第一）呢？""马云！马云！"台下阿里巴巴的员工高呼。这是马云"公开的秘密武器"，至少创业至今屡试不爽。

2011 年"阿里日"的集体婚礼上，共有 327 对新人参加，其中有 62 对夫妻双方都是阿里人，这两个数字均创下阿里巴巴集体婚礼的新纪录。马云的证婚词是："我的证婚期限是 90 年。90 年之后，你们爱改嫁的改嫁，爱娶谁娶谁，但是在这 90 年之内，你们的约定不能变，你们愿意接受这个挑战吗？"

在晚会最后，马云换上了一身休闲装，戴上墨镜和鸭舌帽，高歌一曲 Unchained Melody（电影《人鬼情未了》的主题曲）。他为新婚夫妻们写了

一段祝福语，最后一句是："快乐工作，认真生活。"

离婚传闻

关于马云和张瑛婚变的传闻，在 2009 年一度甚嚣尘上。这一年的 9 月 10 日是马云的 45 岁生日，也是他创办阿里巴巴 10 周年的日子。在庆生会上，一副摇滚扮相的马云唱了一首 Can you feel the love tonight（今夜爱无限）。当年阿里巴巴创业的"十八罗汉"基本上都来了。站在台上，大有缅怀过往峥嵘岁月的架势。细心的人掐指一数，明明是 16 位啊，缺两人。缺谁？一位是孙彤宇（前淘宝网总裁），一位是马云的太太——张瑛。

"怎么不让夫人过来呢？"有人问。

"她就坐在台下啊，我们夫妻俩没必要同台献丑吧。"马云一笑。

此时，一场关于马云离婚的传言正在场外蔓延。传言称，马云 9 月 8 日套现阿里巴巴股票超过 2 亿元，是为了"作为对与张瑛离婚的补偿"。

事实上，马云减持阿里股票，以公告形式进行了解释。"可以给自己、家人一点小小的阶段性成就感。"马云说，"如果把 10 年当做一个创业阶段结束的话，另一个激动人心的新时代即将开启。"他同时承诺，180 日内，他不会再有任何减持行动。

但阿里巴巴还是被撞了一下腰，9 月 9 日，股价下跌近 7%，这是 2009 年 5 月以来的最大跌幅。阿里巴巴公司一边不厌其烦，对外界称马云售出的股份只是"小不点"，大可不必惊慌；一边则开始采取行动，以减少马云离婚传闻可能对股价的进一步影响。

"传言十分恶劣，是对阿里巴巴和马云家庭的伤害。"一位阿里巴巴的老员工在公司内部网上发帖说。跟帖者开始拉起家常，各抒己见。"不排除某些竞争对手刻意所为。"有员工义愤填膺。

马云倒是能以一颗平常心对待，当有记者向他求证离婚传言时，他笑而不语，就像什么也没有发生一样。这让人想起他一次在央视《对话》节目做嘉宾时说，很喜欢金庸小说《笑傲江湖》中风清扬这个角色："我最欣赏风清扬的'出手无招'。"

尽管中国企业家当中为补偿前妻而套现股票者前仆后继，但马云离婚传闻从一开始就是一场闹剧。而如果说一则创始人离婚的传言能将公司股价推向悬崖的话，要么这家公司早已岌岌可危，要么就是想当然高估了绯闻的力量。

除了像阿里巴巴创办 10 周年这样的场合，张瑛现在很少出现在公众面前。正如马云对新婚员工们的叮嘱一样，马云在家里一样对妻儿倡导阿里巴巴六大价值观。2010 年 4 月，儿子过 18 岁生日，马云对他说：不管你以后犯什么错，只要你讲真话，老爸一定支持你、理解你，跟你沟通。

阿里巴巴 2010 年的营收为 55.6 亿元，净利润为 14.7 亿元，淘宝网的年在线交易额达到了 4000 亿元。马云事业如芝麻开花节节高，家庭也算幸福。但是 2011 年中，他面临着创业 10 多年以来最大的挑战，或者说他的"另一场婚姻"正遭遇危机——由于马云未经董事会批准，私自将支付宝的所有权转至他控股的一家内资公司，这引发了共持有阿里巴巴 73% 股权的前两大股东雅虎和软银的强烈不满。

遥想 2005 年 8 月 11 日阿里巴巴向雅虎出让 35% 的股份时正值"七夕"，马云兴高采烈地说："阿里巴巴与雅虎相恋七年，如今在中国的情人节里，终于结合到了一起。"现在，这场"婚姻"的第七个年头，它们之间的恩爱成为历史，这是"七年之痒"吗？

马云的"偷天换日"，让人想起大他将近 20 岁的娃哈哈集团创始人宗庆后在和法国达能争夺合资公司控股权时的情景。在中国当下的经济环境中，结局一定是：中方最终胜出。但是，与娃哈哈不同的是，阿里巴巴是一家全球知名公司，其创始人被贴上缺乏契约精神的标签，要比宗庆后当年大打民族主义牌更让人失望。

潘石屹与张欣
忍让，但何必刻意

2005 年 12 月初的一天，我有次到北京，新浪举办了"第一届新浪博客大赛"，我是商业评论组的获奖者。潘石屹是颁奖嘉宾之一，那是我第一次见到他。不过，与之前他在媒体上的形象不同，面前的潘石屹有些憔悴，其他嘉宾开一些玩笑，他勉强挤出一丝笑容来。

到后来我才知道，那个时候是潘石屹一生中低谷时点之一——他被当年几个创业伙伴起诉的事情刚告一段落，和妻子张欣的感情又出现了危机——两人正闹离婚。他们共同执掌的 SOHO 中国的高管们，甚至开始权衡一旦潘、张两人离婚后自己的去留和出路问题了。

婚姻对潘石屹来说就像一个魔咒，他需要它，但是又为它头痛。如果两人真离了，40 岁出头的潘石屹第三次婚姻则宣告失败。

两人后来重归于好。不过，这次危机对他们的震动甚大。

与其说 SOHO 中国的成功归功于其精准定位，不如说得益于潘石屹和张欣之间的相处方式；这并不是说他们之间的合作是多么天衣无缝，而是说他们一直以来寻求相处之道和角色搭配时的磕磕碰碰，常常"无心插柳柳成荫"般推动企业完成了一次次转型和蜕变——尽管有的时候局势看起来甚为不妙。

两次危机

"我们这个社会太强调成功，不够重视家庭，别让事业占据你太多的时间，别留给家人太多遗憾。每天的早餐，每天的晚饭，每一个周末都是属于家庭的。"

2011 年 5 月 9 日，母亲节，张欣在微博上写下这段话。

潘石屹与张欣

图片来源：CFP（视觉中国）

就像人和地产的戴秀丽嫁给英国丈夫后随夫姓，改名为秀丽·好肯一样，从英国留学回来的张欣嫁给潘石屹后不久随夫姓，更名为潘张欣。你看SOHO中国的财报上，没有张欣，只有潘张欣。不过为了不拗口，咱们还是叫她张欣吧。

46岁的张欣和大她一岁的潘石屹是中国企业界一对明星夫妻，他们之间的婚姻，在改革开放后中国第一代创业者中间，非常富有传奇色彩：海归投行女嫁给其貌不扬农村男，闪婚，后者离过两次婚，与前者交往时有女朋友……

1994年，"三十而立"的潘石屹和第二任妻子离异后不久与张欣相遇，他们认识两周后即订婚，几个月后结为连理。第二年，他们创办红石实业公司，这是SOHO中国的前身。

从1995年到2005年，10年的时间，SOHO中国成为中国房地产业的

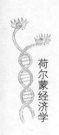

标杆企业之一。在 2005 年年初的时候，张欣被达沃斯"世界经济论坛"评为"全球年轻领袖"，也是这一年，潘石屹被《财富》（中文版）评为中国最具影响力的 25 位商界领袖之一。

盛名之下有着隐秘忧伤。一次即上述提到的，2005 年两人差点离婚的故事。另一次则是 1997 年，即他们结婚不到三年时，也曾有过一次婚姻濒临破产的经历。

1997 年是潘、张两人创业史上第一个具有里程碑意义的年份。国企改制正如火如荼地进行，民营经济蓬勃发展，他们认为中小企业将成为商业社会的主要群体，居住和工作空间混合的产品设计或许大有市场，这便是 SOHO 概念诞生的发端。

那么，亟需解决的是资金缺口。在这个问题上，张欣和潘石屹发生了重大分歧。投行出身的张欣认为可以寻求外资巨头基金的支持，盖中国最好的房子，而潘石屹担心代价太大，建议采取一边卖房一边开发的模式。两人各执一词，吵得不可开交，张欣认为潘石屹目光短视，潘石屹则说张欣不了解中国国情。

潘石屹后来与张欣一起到国外转了一圈，接触了新加坡凯德置地集团和主权财富基金——新加坡政府投资公司（GIS）等。最后合作有了眉目，张欣很是开心，不料亚洲金融危机爆发，合作宣告流产。潘石屹大失所望，开始埋怨张欣，称如果采取他起初提出的分批招商的模式，工程早已完成而不是拖拉至今。

冲突越来越严重，"无法调解，我们两个人要分开，"潘石屹后来回忆称，"她（张欣）要回到她熟悉的英国，我开车送她去机场，箱子放在后备厢里，结果我们半路又吵起来了，她要我把车停下，停下后她提着箱子，搭一辆出租车就走了。"

潘石屹并没有追上去。他的脑子有些空白，开车在北京城转圈。他曾想打破"来得快的婚姻，走得也快"的宿命，没想到如今又走到这一步，"当时觉得生活可能又得重新开始了，干脆放一放吧，公司的事还得慢慢推进，我一个人说了算"。

张欣去的不是英国，而是美国。而潘石屹随即也给自己放了假，去了一趟日本。回到北京后不久，他接到张欣的电话，两人深聊良久，互相谅解。回国后，张欣觉得他们是时候要个孩子了，过一段相夫教子的生活，也算是调和一下一直以来往前冲且要求严苛的风格了。

从这次感情危机中，我们可以看出两人鲜明的个性。

潘石屹出生于甘肃天水市的一个村庄，自小贫寒，从底层摸爬滚打过来，有韧劲，认为勤奋加上善于变通，"小米加步枪"一定会变成飞机和大炮，这是大多数草根创业者的路径。其性格是倔犟，不迷信权威。而张欣在剑桥大学获得了经济学硕士学位，讲一口流利的英文，在高盛工作过，视野较为开阔，有着国际化的理念，为人处世或制造一个产品，想到的往往是"标准"两字。有这种经历和特质的女人往往被人用"优雅"一词形容，但由于张欣的父母在她很小的时候就离异，她不断换学校、换城市，还曾在香港做过女工，这种经历塑造了她不服输、对生活反抗式的性格，这其实也是一种倔犟，但等到她事业上有所成就后，这一性格经意不经意间演变为一种强势。

喝着香槟，吃着包子

他们是如何走到一起的呢？在一次到北京电视台录节目（英达主持的《夫妻剧场》）时，他们自曝情史。

"当时你们是谁追的谁？"英达问。

"我追的他。"张欣回答，"而且追得很艰难，他那时有女朋友，又有刚离开的前妻，简直是困难重重。"

"他的哪一点最吸引你呢？老潘这个人，貌不惊人！"英达有些调侃。

"我就喜欢没什么优点可提的人！"

张欣和潘石屹的结合，其实符合了中国商人群体20世纪90年代的婚

姻观——找一个志同道合的人过日子。他们认识的机缘是，曾在英国牛津大学留学的经济学家张维迎当时将一篇名为《披荆斩棘，共赴未来》的宣言式文章给张欣看，张欣看后很受触动，想认识"宣言人"，即中国商业史上有名的"万通六君子"。

类似于"阿里巴巴十八罗汉"和"复星四剑客"，"万通六君子"是对 20 世纪 90 年代初以江湖方式凑到海南一起开发房地产的六位商人的称呼，这六个人是王功权、冯仑、刘军、王启富、易小迪和潘石屹，他们成立的公司叫海南农业高科技投资联合开发总公司，1993 年更名为万通，其中王功权是法人代表和总经理，冯仑和刘军是副董事长，易小迪是总经理助理，王启富是办公室主任，潘石屹主管财务。

这篇文章既有他们对理想的表达，"中国青年知识分子向何处去，成了摆在我们面前的一个严肃课题。我们认为，我们现在走的路（创办公司），是能够解决这一课题的道路，推动社会进步以报时代，创造财富以报人民，齐家敬业以报父母，利用所学知识在商品经济中锻炼自己"，又有着野心的流露和基于商业生态的机会主义之思考："由于体制转换中的错位造成的巨大空间，我们完全有可能大大改善资源条件，超乎寻常地募集资金，超常规发展——不是按算术级数，而是几何级增长，把大块资金投入新兴产业，形成利益，形成自己的资本……"

1994 年，张欣经张维迎引见认识了冯仑，大伙儿一起见面，张欣为"六君子"的激情所感染，很快与 30 岁的"单身汉"潘石屹打得火热。就仿佛不在同一个星球生活的两种生物碰见，两个人均对对方有着强烈的好奇心，这种好奇心成为他们走到一起的主要推力；有趣的是，潘石屹当时的女友，也是从英国剑桥大学留学回来的。

"我们认识一个多星期后，"潘石屹说，"她（张欣）在香港，我在北京，我们通了个电话，我去了一次香港，然后就定下来，决定结婚。"

接下来是订婚。潘石屹前两次订婚、结婚，都是按西北老家传统方式办的，面对张欣这位海归，他一时有些犯愁，最后两人商定，在长江上订婚，以突出中国风。万通其他"五君子"听说小潘要在长江上订婚，一合计后决定：大伙可以一起去，一来热闹，二来在长江上开次董事会也蛮有意思。

"我一上船就知道了，这哪儿是订婚啊，明明就是来开董事会了，还不让我参加！"张欣在上述电视节目中回忆起当时的情景，仍有些哭笑不得。

他们的婚礼则在长城上举行——这是张欣的主意，她把国外的朋友叫来，在这一中国古代文明象征地开怀痛饮。"我们拿了一盆蒸包子，"她说，"大伙儿一人一瓶香槟酒，就上了长城，打开香槟，就着包子吃。"

婚后第二年，潘石屹脱离万通，与张欣一起创业。

"万通六君子"陆续各奔东西，最后只有冯仑留下了。值得一提的是，六君子之首的王功权后来进了创投业，先在IDG，后来成为鼎晖创投合伙人，2011年5月中旬，他在网上声称和一位名叫王琴的女商人私奔，在中国企业界引发轩然大波。王功权虽然只结过两次婚，但婚史比潘石屹离奇得多。

王功权宣布私奔后，在美国出差的潘石屹马上给他电话，不通，潘随即发布微博，让王功权联系他，未果，潘再发微博："家人都非常着急，为你（王功权）的安全担心，请速与她们联系。"王的做法甚至引发了公众热议，有人批评他不负责任，也有人夸其勇敢，"宁做真小人，不做伪君子"。

品牌混淆

潘石屹和张欣的故事，和当当网创始夫妻——李国庆和俞渝的经历很是相似：李国庆和潘石屹一样是1964年出生，俞渝则和张欣一样是1965年出生，他们也是闪婚；俞渝也是海归，毕业后虽然不是进了投行，但创办的是并购顾问公司，常与投行抢猎物；夫妻双方自始至终都在企业

任职。

两对夫妻的相处之道，特别是其中两位妻子的角色扮演，值得圈点。

俞渝和李国庆创办当当网后不设董事长一职，两人同为"联合总裁"，这种看似巧妙的做法，本身就有着两个人从一开始就互不相让的隐喻。俞渝也承认自己的性格强势，时常和李国庆从公司吵到家里，当然吵架未必是坏事；张欣从企业成立后，至少在公开场合，有意为潘石屹留一点面子——尽管他们吵得或许并不比李国庆和俞渝少。

不过，俞渝和张欣的强势，在各家的企业创办两三年后不约而同有了变化。俞渝是因为被查出患有肾上肿瘤（详见本书第五章），而张欣则是由于 1997 年的婚姻危机。

危机过后，潘石屹和张欣各退一步：潘开始变得宽容和开放，不再是一个固执的经验主义者，而张也不再那么强势，她开始真正考虑潘石屹作为一个男人所需要的尊严问题，就像她在电视上的表现一样，有时甚至刻意往潘石屹脸上贴金。

"我们有意识地要打造潘石屹的个人品牌，"张欣说，"以他为代表，整个公司就更容易被人接受。"

有人可能会说，行业不一样——潘石屹和张欣所在的地产业，本来就应当由男人来唱主角。这话说得有道理，但也不绝对——龙湖地产的吴亚军就是个例外。

张欣说她很少和别的地产商打交道，也很少参加类似的聚会，"我和潘石屹是有分工的，他一个人去就够了，两个人做同样的事容易造成'品牌混淆'"。其实这句话暗含了一个意思，那就是夫妻档企业中的妻子，虽然不宜抢镜，但仍然要把自己打造成一个品牌。

2011 年 4 月她到海南参加博鳌论坛时说过一句话：我们现在绝对还没有达到男女权利平等。在人类历史上，什么时候男女能够真正平等呢？那一天总会到来的。

与潘石屹是中国媒体追逐的对象不同的是，张欣更注重自己在外媒上的形象（这也算是"分工"内容之一），她做过 Bloomberg Market（《彭博市场》周刊）的封面人物，这期封面专题名为"作为建设者的中国亿万富豪们"，她还曾被《福布斯》评为全球最受尊敬的十位女富豪，她把好多受访文章贴到自己的博客上，不过她说"富豪"这个词"真难听"。

2011 年 5 月，她接受 FT 中文网总编辑张力奋的视频访谈，有人评论称，两个中国人面对面用英文交谈，然后翻译成中文字幕给中国人看，也许是因为这个节目还要给外国人看，或是会出现在 FT 英文网站，什么时候让两个英国人说中文，再翻译成英文字幕给英国人看，就牛了！

在好莱坞电影《华尔街 2》中，张欣客串了一把，出演一个中国企业集团的谈判代表。虽然只是一个场景，两句台词，她在微博上先后预告过好几次。

在 SOHO 中国，潘石屹负责拿地和搞好与政府间的关系，张欣负责设计和资本市场。毫无疑问，SOHO 中国 2007 年在香港上市，张欣起到了重要作用。在庆功宴上，潘石屹说："上市一直是张欣的愿望，对我来说倒是无所谓。"按上市当天的股价计，他们夫妻所持股票的市值超过 300 亿港元。

避免了 2005 年的离婚危机，潘石屹和张欣又找到了精神信仰，他们甚至把两个儿子送到了巴哈伊的儿童班，加上 2007 年成功上市，两人站在了人生的高峰。

不过，也正是从 2005 年前后开始，张欣似乎又重回强势，她有时在公司内部的发号施令与潘石屹的意思相左，高管们很是迷茫；后来因为上市需要，张欣在公司内部大刀阔斧地改革，导致人心不稳，加上此后的全球金融危机，员工出现流失潮，2008 年 SOHO 中国的净利润下降近 8 成。

虽然 SOHO 中国 2009 年净利润暴增逾 7 倍宣告走出旋涡，但是过去散卖模式的弊病越来越明显，SOHO 中国的商业模式亟需转型，现在我们看到的变化是加大物业投资比重、逐步砍掉销售部门等。转型一定是疼痛

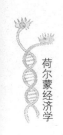

的，加上张欣所担心的夫妻两人"品牌混淆"的现象发生了，企业文化也需要重建，而没有什么比这更伤脑筋的了。

评价他们两人究竟是不是中国企业界的黄金夫妻档，这个时候算是进入了"下半场"。

外资证券行里昂每年都会发表"里昂风水指数"，非常娱乐的是，在2011年年初的时候，一名里昂风水师说，属蛇的 SOHO 中国 CEO 张欣，兔年对她来说是个好年头，但免不了磕磕绊绊。"这个女强人似乎有点得意忘形，"风水师说，"张欣应当发挥她的冷静和睿智去面对竞争和谈判的波折。"

刘永好与李巍
女强人自立门户

"开'两会'时看到这些政协委员，老的一批在减少，新的一批在增加，长江后浪推前浪。但另一方面，当年的企业家由于市场、身体、企业的原因在减少，我这个年龄段的企业家在减少，我感觉到一种孤单感。"

这是2011年4月，新希望集团董事长刘永好在接受《第一财经周刊》记者采访时说的一段话。刘永好和他的三个兄弟1982年从卖鹌鹑蛋开始联手创业，在第20个年头的2001年，刘永好登上《福布斯》中国大陆富豪榜榜首，也是首位民营企业家首富（之前两届首富均是荣毅仁家族）；而到第30个年头的今天，他发出"孤独感"的喟叹。

刘氏兄弟为人所津津乐道的是，他们当初创业伊始即约法三章，各自的夫人均不得插手，必须回家。

四位夫人当中，刘永好的妻子李巍生性最为好胜。在过去的30年间，其"上半场"的关键词是相夫教子，而"下半场"则是自立门户，创办企业，涉足印刷、地产、花卉等多个行业，并出任于 2008 年 4 月成立的"中华杰出女性协会"之执行会长。

与其说刘永好给了李巍自证巾帼豪杰之空间，不如说是李巍"塑造"出了一个全新的刘永好——她的能力并不在刘永好之下，却自始至终站在身后宽慰他，同时又拥有自己的事业和一片天地，这种内心的精巧不是每一个聪明女人都能做到的。

他们是怎样的一对企业家伉俪呢？

力排众议的结合

中国民营企业家的婚姻是个有趣的话题。宗庆后（妻子施幼珍）、沈文荣（妻子陈红华）、王石（妻子王江穗）等出生于 20 世纪四五十年代的企业家，和黄光裕（妻子杜鹃）、李宁（妻子陈永妍）等出生于 20 世纪 60 年代的企业家，以及陈天桥（妻子雒芊芊）、江南春（妻子陈玉佳）等 70 年代出生的财富新秀，他们和自己另一半的邂逅和结合经历，都有着鲜明的时代特征。

譬如 30 多年前沈文荣和乡村教师陈红华走到一起时，陈的择偶标准是"只要是党员即可"；20 世纪 90 年代，黄光裕与杜鹃的结合则与彼时中国民企"野蛮生长"需要频频与银行打交道相关——杜鹃是位放款专员。陈红华和杜鹃当初不可能预料到，沈和黄分别成为中国民营钢铁和家电零售者首富（黄光裕身陷囹圄是后话了）。

刘永好祖籍重庆，于 1951 年出生于四川新津县，由于历史原因，他毕业于位于四川德阳的四川工程职业技术学院（73 级机制一班），只有中专学历。几年后，他成为四川省机械工业学校一名教师。

中国企业家或职业经理人群体当中，下海之前在学校当老师的，还真是有一大把，譬如阿里巴巴董事局主席马云、力帆集团董事长尹明善，太

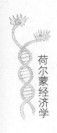

刘永好与李巍

图片来源：CFP（视觉中国）

平洋建设集团创始人严介和、远大空调总裁张跃、复星集团董事长郭广昌、苏宁电器总裁孙为民等。

刘永好正是在学校里任教时与小自己一岁的李巍结婚的。李巍的家庭背景较好，父亲是位能源专家。她出生在辽宁鞍山，19 岁（1971 年）时回到成都父母身边，后进入四川拖拉机厂医务室，4 年后进入华西医科大学（工农兵学员），1978 年毕业，成为四川省机械工业学校一位校医。

1978 年是中国恢复高考的第二年，李巍，这位要强的姑娘，显然不想错过任何一个有可能改变自己命运的机会——她要报考华西医科大学的研究生，于是开始突击英语，广播电台里每天的英语节目成为她的必修课。

就像好多人青涩的爱情记忆里，你帮同桌的女孩儿捡起地上的铅笔一样，据李巍回忆，她与刘永好的第一次接触，源于其收音机出了故障后，同事请刘永好这位年轻的物理老师帮忙维修。半年之后，她与刘永好结为秦晋之好。

东北人的倔犟在李巍身上体现无遗。她与刘永好的结合曾遭到亲友反对，不过她坚持己见。在当时那个年代，做到这一点并不容易。

刘永好于1982年下海创业，与三位兄长刘永言、刘永行、刘永美（从小过继给陈家后易名陈育新），从卖鹌鹑蛋开始，6年赚了1000万元。在20世纪80年代，这是一笔巨资了。在此期间，李巍充当的角色是贤内助和激励师——木讷和儒雅的"刘老师"在变身为一个鹌鹑蛋叫卖者和推销员时，他的心理承受能力和角色认知显然要经历一个过程。

这个时候，四兄弟准备成立饲料企业集团，他们约定，各自的妻子均不得加盟。这是中国家族企业史上一个非常有意思的插曲，而刘永好不是这一"约定"的最初提出者，但他必须遵守，尽管他深谙妻子李巍的能力在自己之上。

独立创业

历史的吊诡之处在于不可预知和无可替代。1988年，刘永好和李巍的女儿刘畅已经8岁了，按说李巍可以从几年前繁重的家务中抽身而出，投入家族企业也未必不是一把好手，而被硬生生一条规定排除在外后，李巍显然有些不服气，甚觉委屈，刘永好有些不好意思，但无计可施，只好走一步算一步。

20多年后李巍回忆旧事，称自己当时没觉得委屈。"我是那种很传统的女人，"她说，"我认为女人就应该做好丈夫的后盾。"

你看，这便是一个聪明女人为丈夫的辩护——她从来都知道怎样给刘永好留足面子。

1988年到1996年这8年间，李巍按捺住了自己在事业上的冲动，在家里相夫教子，女儿琴棋书画都甚为精通，除其个人天赋之外，李巍功不可没。刘畅是一个很有灵性也非常懂事的姑娘，日后她和自己的父母同成

为新希望和民生银行的股东，流露了刘永好的栽培之意。在 2010 胡润女富豪榜上，刘畅以 92 亿元的资产排在第 14 位。

1996 年，刘畅出国留学，李巍得以"解放"，迫不及待地想一展自己在商业上的能力和畅想。她选择独立创业，先后成立的公司有彩地印务、西昌新希望色素、枫岚实业公司等多家公司，涉及领域有印刷、花卉、地产等。

彩地印务和西昌色素，是李巍完全按照个人兴趣而成立的两家公司。对前者，从李巍对出版物和文字天生热爱就可见一斑。她喜欢上镜，乐意成为女性朋友当中的"知心大姐"；对后者，机缘是李巍一次在美国参观时看到金黄色花园的万寿菊，得知可以提炼出商业价值不菲的天然叶黄素，回国后遂在四川凉山投资了这一项目。

枫岚实业是李巍最重要的一个商业平台。我通过查询工商注册资料得知，这一公司位于刘永好的老家——四川新津县，注册时间为 2004 年 1 月，注册资本为 8541 万元，经营范围为项目投资（不含金融、证券、期货），房地产开发、销售，花卉种植、园林绿化及其他无须许可或者审批的合法项目。显而易见，李巍将此前的业务一股脑儿整合到了枫岚实业一家公司。

枫岚实业在四川房地产业曾声名鹊起。李巍于 2005 年开发过一个号称"低密度坡地生态园林高尚住宅社区"的项目，名为"枫山美地"，地点仍是刘永好老家新津的枫山。李巍当初买下这一山头，亦是一次和刘永好经过新津老家，受到新津县长在接待过程中，听说有成都商人想来当地买山，李巍当即也决定拿下枫山山头。

这是李巍商业嗅觉灵敏的又一注解吗？似是而非。那个时候，中国一线城市的房地产市场刚刚启动，三四线县城尚待时日，李巍显然仍是出于自己一直以来的个人偏好。

一个小插曲是，这一项目开发过程中有重大考古发现，据《新津县文体局 2005 年工作总结》，枫山美地勘探发现汉代、宋代、明清等各个时期的墓葬达 133 座，其中东汉崖墓是彼时"成都市区县文物勘探发掘工作中首次最大规模的发掘和发现"。

如果角色互换

中国企业史上，夫妻两人"各创己业"者凤毛麟角。龙湖地产董事长吴亚军当年和丈夫蔡奎的经历与此类似，也非常具有戏剧性（见本书第五章），即互不认输，一对鸳鸯，两家门店，两个行业，但他们很快就合二为一，而不是像李巍一样，10 多年后自己的公司才被刘永好"收编"。

李巍并不能称为严格意义上的女企业家。所谓资本为王，尽管她独立意识较强，但枫山美地项目其实是刘永好的新希望集团投资的，而据联华国际信托公司的年度报告，枫岚实业 99.42% 的股权最终于 2007 年 10 月作价 8940 万元卖给了刘永好旗下的新希望房地产公司。

不过，外界鲜有人知道李巍早不是一个人在"战斗"。现在在新希望集团的官方网站上，我们甚至还能看到发布日期是 2009 年 5 月 22 日的一条消息，内容是李巍因领导的枫岚实业在 2008 年"出类拔萃的表现"，被评为"第六届中国经济女性十大风云人物"。

李巍的强势其实随处可见，譬如在家中她常亲力亲为做家务，让待在一旁的保姆备感尴尬；再如她自以为自己做过医生，对医疗行业很在行，在刘永好准备进入医药业时，她以风险高和审批体制不健全等理由加以劝阻，刘永好虽然犹豫，但最后仍是听从了她的建议。

显而易见，刘永好也时常顺水推舟、投其所好，表现出对李巍的尊重和认同，这在无意中让李巍给外界以女强人的印象。

刘永好与李巍身上最值得中国企业家伉俪借鉴之处，正是这种给彼此留足了空间和面子的做法。李巍的聪明在于，常把自己的强势装点得甚为委婉。

2002 年刘永好参加在成都召开的"中国女企业家研讨会"，在盛赞众

女英雄"不但要管理企业，还要兼顾家庭"的不易时，他不忘拿妻子李巍为例，先是抛砖引玉称李巍当年"高贵无比"，然后夸其聪明能干，对自己的事业亦有很大帮助，最终以一句甚为谦卑的"感谢夫人"收场；而李巍，也时常对自己的姐妹们说"做刘永好的妻子是天底下最幸福的女人"，真可谓一唱一和。

2010年1月初，刘永好被评为"2009年度中国十大幸福财富人物"，在深圳的颁奖晚会上，李巍也来了。最后接受主办方——招商银行旗下《财富生活》杂志采访的是李巍而非刘永好，有意思的是，李巍在接受采访的过程中感到很"舒服"，遂决定之后给《财富生活》写专栏，每期写一篇心情文字。

李巍面对媒体和参加各种论坛时的张扬，有时给人这样一种印象：一个自称"年过中年、美貌不再"的女人，以不断提升和展示自己的优雅和卓越，作为捍卫和展示自己美满婚姻的一部分。这种经营方式有时给人刻意而为的感觉，但李巍从来都是乐此不疲。而你也不能否认她的自信和乐观。2009年清华大学农业工商管理高级研修班（农牧九期班），李巍是学员之一。

回到30年前刘氏四兄弟创业伊始将各自媳妇赶回家的时刻，如果没有这一共同约定，能力不俗的李巍亦会成为希望集团的发起人之一，如今或曾经加在刘永好身上的首富、中国改革风云人物、全国政协委员、全国工商联副主席等光环和职位，能悉数在李巍身上出现吗？

在我看来是不可能的。先不说性别优劣势，李巍实在是太聪明了，太爱表现自己了，这是中国政商语境中最容易立大业也最容易闯大祸的两点脾性。相比之下，刘永好表面木讷，倒使其游弋在政商两界，虽曾小受羁绊（譬如曾出局民生银行董事会），但无伤大雅，也曾如履薄冰，但整体如鱼得水。

细细玩味一下，刘永好何尝不是秉承了自己在婚姻上的理念"给对方空间，就等于给自己空间"呢？

所谓大智若愚，大抵如此。2009 年 8 月，《南方周末》在成都举办了一个论坛，我担任嘉宾视频访谈主持人，采访刘永好时，问他老本行——养猪业的新动态，他滔滔不绝，而我见缝插针，打听民生银行 H 股上市的事，他很巧妙地打起太极，话题很快又回到养猪上来。这是一位老江湖，一位很懂得藏匿的中国企业家。

但并不是没有累的时候，2011 年 3 月全国"两会"期间，他破天荒地带上了女儿刘畅，在政协提案发布会上，他还把在现场的女儿介绍给记者。刘畅彼时留着一头短发，身穿一件红色 T 恤，名片上的头衔是"新希望集团有限公司董事、中华全国青年联合会委员、全球华商未来领袖俱乐部主席"。

刘永好曾说，不允许刘畅 30 岁之前和媒体接触。果不其然，2010 年刘畅的 30 岁生日一过，刘永好就主动助推女儿走到前台，"全球华商未来领袖俱乐部主席"的头衔，甚至就是刘永好为她一手打造、保驾护航的。与其说刘永好对女儿饱含期待，不如说时间不饶人，2011 年他 60 岁，是时候考虑自己的退休事宜了。

顺便提一句，刘畅任主席的"全球华商未来领袖俱乐部"，秘书长为出生于 1987 年的姑娘卢星宇，这个姑娘因掌控 15 亿元中非希望工程基金在 2011 年 8 月成为坊间焦点人物，有人称为"卢美美"，其父卢俊卿与刘永好关系甚佳，都为子女成长煞费苦心。

"刘畅这几年进步特别大，她也希望多做一些事，她在公司内做一些事，同时在外面也学习做一些事，"刘永好说，"我相信今后她有自己的选择。当然，我希望有更多的管理者能够到第一线，能有更多担当，让我更有精力从事一些我喜欢做的事。"

刘永好所谓的喜欢的事，包括与李巍安享晚年，一起种种花，养养草吗？很难。他们俩都太和自己较劲了，实现了一个目标，就定一个更大的目标去鞭策自己。两个人都是工作狂，都是劳碌命。

郭台铭与曾馨莹
妻子是妻子，企业是企业

2010 年 5 月 20 日，"中国台湾地区首富"郭台铭到重庆参加"渝洽会"。这天下午，重庆市长黄奇帆到"渝洽会"富士康展区视察时，拿起一个印有"BMW"标志的配件，兴高采烈地转身对郭台铭说："你要做媒人啊，邀请宝马也来重庆建基地？"郭台铭应和了几声。很明显，郭的情绪不高。

郭台铭是重庆政要眼中的绝对红人。今次为何情绪低落呢？原因不言自明——在此之前的几个月的时间里，富士康深圳总部 9 名员工跳楼寻死，郭台铭来重庆前一周就有两起。密集的"N 连跳"，将富士康推到了风口浪尖。

不幸的消息一个接一个。第二天一大早，郭台铭接到消息，5 月 21 日凌晨 4 点多，又一位员工从富士康（深圳）一处宿舍楼跳下，不治身亡，这是第 10 跳了。

60 多岁的郭台铭（出生于 1950 年），从 1974 年开始在中国台湾地区创业至今，从来没有任何时候像现在这样心里五味杂陈。一边是比小自己 24 岁的娇妻曾馨莹和他们刚满一岁的爱女妞妞让他流连忘返，一边是他在内地的全球最大代工厂陷入舆论旋涡。

曾馨莹出生于 1974 年。她和郭台铭认识、结合和生女，以及怀上第二个孩子的几个重要时点，富士康要么有好消息传出，要么就是有灾难发生，就像曾馨莹这位舞蹈老师舞出的一组波浪线条。是这位美人的荷尔蒙在影响富士康吗？

女人与股价

郭台铭和曾馨莹是 2007 年 2 月在鸿海集团的股东大会上认识的。鸿海的股东大会不像中国大陆的上市公司一样气氛严肃沉闷，而是有张有弛——在股东大会结束时，郭台铭和台湾名模林志玲大跳探戈，配合默契，惊艳全场。曾馨莹是林志玲和郭台铭共同的舞蹈老师，当时也在场。

曾和林都是 1974 年生，在她们出生的这一年，24 岁的郭台铭开始在台湾创业，成立鸿海塑料企业有限公司。

曾馨莹出生于台湾中部的南投县，父母都是公务员，在 40 岁左右才生下曾馨莹，自然视之为掌上名珠。曾馨莹从小习舞，在台读的是艺术院校，后又到美国进修，回台后自然是首屈一指的"舞林高手"了。她的良好家教和高学历，使得她处事谦卑，这也是她打动郭台铭的一个重要因素。

就在郭台铭大跳探戈时，鸿海的股价在 220 元新台币左右。一年后他和曾馨莹的恋情公开时，鸿海的股价跌到了 180 元新台币左右。而他们举行盛大婚礼的 2008 年 7 月 26 日，鸿海更是低收于 151 元新台币。

俗话说"鱼和熊掌不可得兼"，现在对郭台铭来说是"爱情和股价不可得兼"啊。

婚礼当天，郭台铭和前妻林淑如的儿子郭守正来帮老爸张罗，台湾政要马英九及夫人来了，连战做起证婚人（郭台铭和刘嘉玲一起参加过连战儿子的婚礼），蔡琴和费玉清等大牌艺人均登台献唱。

曾馨莹是个机灵的女人，有嘉宾问她是如何套牢郭台铭的，"真心赢得郭董的心，"她笑了一下说，"人生有很多幸福的事，比如儿子帮父亲办婚礼就是用钱买不到的。"

"真心赢"三字与"曾馨莹"谐音，而她同时又博取了郭守正的好感。这不是寻常女子能想到做到的。

一个非常有趣的细节是，郭台铭和娇妻秀了一段《女人香》的双人舞后有嘉宾说道"中老年人结婚，高潮都在后头"时，郭当场做了 30 个俯卧撑，以证廉颇未老。

台湾媒体和股民也很可爱。对郭曾大婚，股价受挫，有股民说曾馨莹"脚头不好"（出自《红楼梦》，即兆头不好）。"股民坦言，祝福郭台铭婚礼幸福之外，最希望他将专注力重新放回到鸿海上，让鸿海股价在郭台铭娶了曾馨莹后不再起伏震荡，而是一路向上……"

曾馨莹很快怀孕，于 2009 年 4 月 30 日剖腹产下一女。而尴尬的是，这一天鸿海要开董事会，而郭台铭必须参加。他在医院逐一数了这位小千金的十个手指后，就安心地去了公司。

这天是郭台铭日后常提起的一个日子，除小女儿降生外，他和前妻的女儿也传出怀孕的消息，郭台铭笑称"生生不息"。更重要的是，台湾金融主管部门当天发布公告，宣布大陆境内合格机构投资人（QDII）赴台投资相关办法，也就是说，以后大陆资金可以到台湾投资股票和期货了。这一消息刺激台股大涨 378 点，涨幅近 7%，而鸿海则封上 95 元新台币的涨停价。

3 个月后，郭台铭和曾馨莹结婚一周年。然而，就在此时，《壹周刊》前记者曝出郭台铭遭美国税务部门追讨约 500 亿元新台币逃税税金的消息。这一消息导致鸿海股价重挫，当天盘中跌破了 5 日均线。

2010 年 3 月底，《福布斯》发布的"台湾 40 大富豪榜"上，"台湾首富"郭台铭财富为 59 亿美元（约 400 亿元人民币），和上一年的 33 亿美元相比，郭台铭重新找回了首富的感觉。一个月后，他为小女儿庆生时，曾馨莹再度传出怀孕的消息（真是人丁兴旺啊），鸿海股价攀升至近 150 元新台币，终于有向郭台铭定下的 200 元新台币的目标进发的意思了。

然而，就在此间，郭台铭却站在了风口浪尖，因为就在几个月前，富士康（深圳）总部超过 6 位员工跳楼自杀，且有愈演愈烈之势；5 月下旬，如文初提到的他到重庆参加"渝洽会"时，听到了"第 10 跳"的消息。

首富的"二分法"

台湾媒体拍到了郭台铭于 2010 年 5 月 15 日带着妻女一起踏青的情景。郭赤脚躺在草地上，一会儿陪女儿玩"骑马"，一会儿又玩起皮球，时而将女儿抱放在胸口，时而充当好玩伴。在这里，平时主张"非效率的民主主义不如合理的集权主义"的郭台铭不见了，有的只是一个返老还童，甚至有些天真烂漫的郭台铭。

形成鲜明对比的是，尽管台湾媒体亦自始至终报道富士康员工坠楼事件，但对郭首富踏青，台媒并没有给予强烈的质疑，一些财经媒体也问起娱乐话题："请问第二胎是男是女？"

而在大陆这边，郭台铭是个焦点人物，对富士康"血汗工厂"和郭台铭管理风格的质疑铺天盖地而来，甚至凤凰卫视节目主持人杨锦麟（现任香港卫视副总裁兼执行台长）也在微博中感慨："有人将富士康连续跳楼的员工称之为'原子'，我想到了卓别林扮演的那位在生产流水线前连续作业到精神失常的工人……那天在电视上看到郭台铭和妻子、女儿光着脚在草地上享受阳光，享受天伦之乐的画面，感觉反差很大！"

台湾传媒并非没有"社会责任感"，事实上，郭台铭是一个将工作和生活的界限分得甚为清楚的人，他到大陆总部和基地视察时，或会因员工跳楼事件而怅然，但和妻女待在一起时，他不会把工作上的丝毫情绪带进来。

"除非郭董开口，否则我不会参与他的事业，因为那是我无法懂的世界。"曾馨莹说。

这也是台湾企业家的一个共性。和郭台铭类似的"首富级"人物如旺旺集团董事长蔡衍明，他打造出一个庞大的米果帝国，并在香港亚洲卫视股权争夺风波中据理力争。坊间传说他有多个女人，他亦和许多港台女星打得火热，但这一切，都不会影响到他的企业布局和资本运作。

　　曾馨莹和郭台铭的结合，容易让人联想起邓文迪与大他 38 岁的默多克的结合。不过，有所不同的是，默多克更多地想从邓文迪身上得到精神慰藉，并给自己的传媒帝国注入新鲜的中国力量。于郭台铭而言，在与林志玲、刘嘉玲、陈香吟等人传过绯闻之后和曾馨莹结为连理，于非常喜欢曾馨莹的郭母来说是一份孝心，对大众甚至他自己来说，也有"另一只靴子落地"的含义——游弋江湖的快感，最终还是要向老有所依的中国传统观念臣服的。

　　郭台铭的这种"二分法"，更表现在他对两任妻子的态度上。尽管郭台铭对曾馨莹近乎溺爱——在她 35 岁生日时，郭砸下近 10 亿元新台币在台北县淡水镇买了一栋超级豪宅的 3 层，创下"台湾豪宅史上单笔最高金额的交易纪录"。但是，郭台铭从不掩饰他对 2005 年因患癌症去世的前妻林淑如的怀念，他和曾馨莹举行婚礼的前一天，还专程到林的墓地悼念，现场三吻其雕像，并称亡妻在自己心中永远是无可替代的第一位。而郭给小女儿起名郭晓如，也被外界推测为郭台铭有追忆亡妻之意。

　　虽听起来有些夸张，但个中原因不难理解。林淑如和郭台铭是同龄人，前者当年是富家女，是台北医学院的校花，而郭台铭家境一般，且是专科毕业。两人在 20 世纪 70 年代毕业后进入同一家药厂打工时认识，历经林父反对等挫折终结良缘，1974 年郭台铭创业，林淑如做起"贤内助"，辅佐他建造了一个市值近兆元（1 万亿元新台币）的鸿海帝国。两人感情甚笃，郭曾掷出数亿元新台币在捷克以妻子之名买了一座古堡送给她。

　　台湾企业界不乏"钻石王老五"，譬如生于 1935 年的台湾震旦集团董事长陈永泰，亡妻之后没有再娶。而大陆相对熟悉的王永庆的女儿、出生于 1958 年的台湾女首富王雪红，与前夫离异后，婚姻动向一直为传媒所关注，直到 2003 年她才告别单身，和她的一位部下——威盛总经理陈文琦在美国登记结婚。

　　2011 年 5 月底，《福布斯》发布的"台湾 40 大富豪排行榜"上，王雪红和陈文琦首次以 88 亿美元（约 570 亿元人民币）的身价荣登台湾首富，郭台铭不再是蝉联多年的"台湾首富",以 56 亿美元(约 363 亿元人民币)的财富排在富豪榜第 5 位。

破窗效应

活了一个甲子年的郭台铭,旗下的全球最大的代工厂富士康半年不到的时间超过 10 位员工跳楼自杀,他不可能无动于衷。2010 年 5 月 7 日,富士康一名副总裁托人到深圳一家武馆,希望能请 30 名和尚到富士康做法事超度,"其中至少有几位是国内权威"。这位副总裁并不知晓,他的想法和大老板郭台铭的想法不谋而合。不过,郭要请的,是被民间称为"国内最神奇最灵验的拜佛许愿圣地"——五台山的高僧,三名高僧于 5 月 10 日出山,当天晚上即到达深圳。

郭台铭找五台山高僧的渊源有二,一是他祖籍山西(五台山在山西),信奉佛教和关公;二是他受圣严法师影响较大,他曾对台湾《天下》杂志称,圣严法师对他的影响和启发,要胜过金融危机。认识圣严法师(林青霞和李连杰都是其弟子),是台湾广达电影董事长林百里牵的线,而圣严法师对名刹五台山很是敬重,他在五台山时曾写过一句话:"凡夫以烦恼制造了苦乐无常的三界火宅,圣者以慈悲建设了广度众生的清凉世界。"

郭台铭的前妻林淑如去世后,为其做头七法会的,也是圣严法师。

可惜,就在五台山高僧到达深圳的第二天晚上,富士康再次发生员工坠楼事件。有人于是嘲讽郭台铭请高僧的行为。

富士康究竟是不是"血汗工厂"?我认识的几位曾对富士康有质疑的朋友,这两年都曾到富士康调研过,他们的结论是,富士康的工作环境和待遇在珠三角属于中上,如果要称之为血汗工厂,那么整个珠三角"世界大工厂"则处处淌满血泪。

2010 年 4 月,我所供职的《南方周末》报社一名实习生,"卧底"进入富士康做工人,一待就是近 1 个月。他出来后,感受与我几位朋友完全

一样，说富士康并非血汗工厂，也就是调查结果与之前的判断是相反的；文章发表时，为了"平衡"，编辑很牵强地在导语中把富士康苛刻一面的细节给提炼了出来。

尽管富士康自称自杀事件频发是"社会问题"，却招来了很大的争议和谩骂，但这种说法不无道理。学者秋风在一篇题为《工厂是工厂，社会是社会》的文章中称"大量的工厂聚居区，其现代工商业高度集中，财富与人口也相当集中。但这些聚居区却不是城市，因为这里根本没有城市生活，几十万人处于工厂化生存状态……富士康员工频繁自杀事件也从一个侧面宣告，这样的城市化已然失败"。

美国政治学家威尔逊和犯罪学家凯林曾提出一个"破窗效应"，意思是，如果有人打坏了一栋楼里的一块玻璃，又没有及时修复，别人就可能受到某种暗示性的纵容，结果更多的玻璃被打碎了。

2009年11月10日，我在台北参加第七届华人企业领袖高峰会时，遇见郭台铭。他在一场小型论坛上说，创业可分为四个时期：创意发现、落实创意、经过市场检验和拓展事业版图。

如今他的富士康在"市场检验"中好多窗户的玻璃破碎了，虽然抑制这种"破窗效应"的不应只是郭台铭一人，而这应当成为一次中国式"世界工厂"自下而上变革的契机。

杨锦麟在关于富士康的另一条微博中写道："中国高速的经济成长创造了资本主义制度之下所未曾有过的奇迹，只使用了不到三十年的时间，就超过了资本主义世界需要两百多年才能达到的水平，需要付出什么样的代价？已有答案！"

当然，也不能因为媒体、工会组织用自己的标尺丈量出的富士康都比想象出的形象要高那么半尺时，就构成了失声或放弃追问的理由，只是，如果仅仅因为郭台铭和妻女还有心情一起惬意地踏青就火冒三丈，并无必要——借用秋风的句式来说：妻子是妻子，企业是企业。

说白了，富士康和社会本应相互融合，却成了替代关系，而曾馨莹和富士康本是郭台铭的左右手，却被一些媒体呼吁作出取舍。这两种现象，都不合理。

与中国大陆的顶级富豪和家人在一起时常避开公众视线不同的是，郭台铭和曾馨莹并不刻意这样做，他们在一起的照片常被登上台湾媒体，2011年3月5日，两人到住所附近的影院看电影，台湾《苹果日报》记者看到他们看的是《狙击陌生人》（Unknown），于是问曾馨莹，你是舞者出身，为什么不看《黑天鹅》呢？"我和自己的朋友看，今天我先挑他（郭台铭）喜欢看的电影。"

曾馨莹总是投郭台铭所好。12天后，在台湾各界为日本地震灾区募捐的晚会上，让人意外的是，代表鸿海公司捐出1亿元新台币的是曾馨莹。毫无疑问，她是代表郭台铭的。不过毕竟她并非鸿海公司人士，台湾作家张大春在《苹果日报》发表文章批评称："一个公司的董事长夫人凭什么慷众股东之慨，代千万人行善呢？"

第2章
特立独行者引侧目

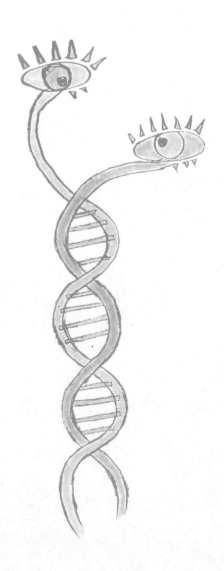

"荷尔蒙经济学"之
风险偏好理论
风险爱好者喜欢刺激，主动追求风
险，收益率虽然时高时低，但认为
给自己带来的效用是最大的；风险
回避者在预期收益比相同时，喜欢
低风险的资产，而对于具有同样风
险的资产，则偏爱具有高预期收益
率的资产；风险中立者既不回避风
险，也不主动追求，他们只管走自
己的路，不管风险大小如何。
在承担不确定的风险时，风险偏好不同
的特立独行者们，画出的曲线大相径
庭——企业管理，婚姻经营亦如是。

综述：独行侠的洒脱与孤独
曹德旺与陈凤英："首善"出轨录
段永平与刘昕："中国巴菲特"钟爱
女记者
李锂与李坦：财富缩水最快的首富夫妇
严介和与张云芹：别样师生态

综述
独行侠的洒脱与孤独

　　我家的书架上有几本听起来古老的书，《圣杯与剑：我们的历史，我们的未来》、《神圣的欢爱：性、神话与女性肉体的政治学》、《国家的真正财富：创建关怀经济学》，这三本书是同一个作者写的——理安·艾斯勒（Riane Eisler）。

　　艾斯勒是美国著名的文化人类学家，她 1934 年出生在维也纳；6 岁的时候遭遇纳粹浩劫，全家逃离欧洲，暂居古巴；14 岁的时候她又移居美国。幼年时的背井离乡和对战争与杀戮的亲睹，决定了她一生的性格和思想。她成为学院派后，研究和创业基线正是其童年的经历：人类为何互相残杀，男人之间为何永远有仇恨，男人为何总是欺压女人……

　　把全部的精力花在对这些宏大命题的研究上，我似乎看到了她躲在书房一个角落，地板上铺满凌乱无序的历史资料，她聚精会神地阅读，用不同颜色的笔做出标记……我想她一生的基调是阴郁的、亢奋的，不过也只有长时间同时具备阴郁和亢奋这两种听起来矛盾特质的人，才能写出上面那种厚重的著作来。

　　她的三本书，通俗来说，分别是关于权力、性和金钱的，这样的"三部曲"如果用一句话来概括，那就是：国家与国家之间、政党与政党之

间、政权与人民之间、人与人之间（包括同性之间和异性之间）等，伙伴关系要优于统治关系。

艾斯勒的研究成果听起来很简单，但是意义重大。我们可以把这一方法论移植到对中国企业家群体的研究中来，来简单聊一聊民营企业家和国家的关系，以及和家庭中另一半的关系。

改革开放之后，消失了30多年的民营经济才开始重新发芽。但是在改革开始第一个十年里，包括个体户和私营企业主在内的商人群体可谓步履蹒跚，时常担心会不会突然间又遭到清盘，尽管后来证明这种担心是多余的；在第二个十年里，一个重要的事件是国企改制，民营经济野蛮生长，一大批充满冒险精神和创新意识的民营企业家诞生，但这一阶段，民众对富人仍持保留态度；而从1999年开始的第三个十年，一切都有所改观，特别是英国人胡润制作的富豪榜对普通中国人的视觉和心理冲击，使得"富豪"成为一个褒义词，《华尔街日报》当时的评论是"中国人终于找到了致富光荣的感觉"。

但这剧变的十多年，又可以分为几个阶段。第一个阶段是1999年到2001年，关键词是"致富光荣"，代表性事件是2001年中国共产党成立80周年大会上，第一次承认民企的政治地位；第二个阶段是2002年到2004年，关键词是"原罪"，代表性事件是山西富豪李海仓被杀、孙大午入狱、德隆崩塌等；第三个阶段是2005年至2007年，关键词是"上市"，这是中国经济增长最快和资本狂欢的三年；第四个阶段是2008年至今，关键词有两个，"金融危机"和"贫富差距增大"。

社会贫富分化加剧导致的民间仇富心态再度蔓延，使得民营企业家和政府、民众之间，很难形成一种良性的伙伴关系，哪怕民众经常斥责所谓合谋的地产商和地产政府之间的那种伙伴关系，也不过只是"看起来挺好"而已。

这样一来，普通民众、富豪群体和政府部门的价值观就像三层立而不交的立交桥，而不是一个相互勾连和交融的"三角体"。社会学家孙立平说，中国"断裂社会"的结构正在形成。"立而不交的立交桥"式财富观无疑是一处甚为贴切的注脚。

有人说，走出这种局限性的唯一办法是走技术创新路线而非在政商边界见缝插针。可是，当比亚迪创始人王传福成为 2009 年"中国首富"时，网上一项调查显示，70% 的参与者"感觉王传福会落马"——我们应当责备问卷设计者的"不怀好意"，还是感喟普通民众仇富心理的习惯成自然呢？

这一章的标题中我用到一个词——特立独行。何谓特立独行？词典里的解释是"志行高洁，不同流俗"，其实每一个民营企业家都是特立独行的，这就好比说世界上不可能有相同的两张脸一

王 石

图片来源：CFP（视觉中国）

样。王石抛下万科，一会儿去登山，一会儿到美国读书——他是特立独行的；史玉柱当年失败后没有申请破产，而是重新开始，慢慢还债——他是特立独行的。我在这一章之所以选择曹德旺、段永平、李锂和严介和而没有选择王石和史玉柱，原因就在于，他们在与政府部门或普通民众或投资者构建伙伴关系时，比王、史两人更具有代表性。

每一个特立独行者心中都有或有过不一样的孤独：如果曹晖愿意接班，曹德旺是不是就与"首善"这一称号无缘了；当段永平不得不离开中国到美国定居时，他也曾担心到了美国后到底能做些什么；当海普瑞因确

定148元的发行价而受到质疑时，李锂也曾担心上市后股价受挫，一年后，该发生的还是发生了；当严介和一边担心自己成为另一个牟其中，一边又不得不将自己的实力夸大时，他内心是分裂的……

最畅快地宣泄这种孤独，家人特别是自己的妻子可能是企业家们最为优先考虑的对象之一。所以，我们从婚姻的角色，特别是人生不同阶段妻子们所扮演的角度，来解构不同类型特立独行企业家性格形成的原因和企业浮沉及个人纠结时的表现，是很有价值，也是非常有趣的。

换一个角度来说，他们对内和自己的妻子之间形成一种良性的伙伴关系时，往往能更好地对外与政府部门及公众、投资者之间建立的良性关系。这两个事件之间不存在因果关系，但可以相互促进。

这些年我采访过的民营企业家，他们所在的地域、所处的行业和各自的年龄可能有所不同，也暂且不论商业模式的优劣及政商关系的复杂程度，甚至不论品行好坏，他们中的大多数都曾说过同样的两句话，一句是说，财富越多、责任越大、安全感越小（大意）；另一句是，家人最重要。而且，越是特立独行，对这两句话的感受就越深。

这是很有意思的现象，如果提供这些样本给理安·艾斯勒，她一定很有兴致去研究，可惜她太老了。

曹德旺与陈凤英
"首善"出轨录

"这是我的老伴儿。"曹德旺指了一下正拉着个小女孩（曹的孙女），从楼上走下来的一位老妇人对我说。她正是陈凤英，传说中让曹德旺纠结一生的女人。

出生于 1946 年的曹德旺，缔造了一个玻璃王国——福耀集团，福耀号称是中国最大、世界第四的汽车玻璃制造商。

2009 年 3 月 3 日下午，我到曹宅做客。这是一座富丽堂皇的宫殿，曹德旺称历时三年才完成，60 岁的时候才住了进来。他说，是时候做一些自己一直想做的事了。

就在这一年年初，曹德旺宣布将捐出自己所持福耀玻璃股份的六成成立慈善基金会。我应该是最早深入报道这位"最牛慈善家"的记者之一，他刚从欧洲休假回来的第二天，还在倒时差，我便先后到他的企业和家中，和他长谈，试图发现隐藏在他内心的秘密，到底是什么原因导致他作出捐股的决定呢？

"我悟到了，一切都是空的。"曹德旺望着他的宅子门口一本超大的经书对我说。他创业 30 载，这是他在找到得失边界后的顿悟吗？不尽然，他的儿子曹晖一直不愿意接手福耀集团，也一度让他深感失望。

在采访过程中，我无意间得知，曹德旺年轻时差点"出轨"的经历。我饶有兴趣地追着曹德旺问，一开始我还担心自己是不是太"八卦"了，直到他一本正经地告诉我，他的那次经历，对他此后的影响很大，以至于多少年后，他都觉得愧对陈凤英于是想办法弥补时，我才有些释然。

曹德旺和陈凤英是怎样的一对夫妻，当年他们婚姻中的插曲是怎样的，曹德旺又是如何弥补过失并找到慰藉的呢？

"旧时代"的择偶观

曹德旺是一位孤傲的独行侠，他在企业家和学界都没什么朋友，"我不跟他们玩，因为没什么意思。"曹德旺说，尽管他的哥哥曹德淦曾官至福建省副省长、但他声称"没向任何官员和银行送过一盒月饼"。

他看我环顾他的办公室，又指着室内的那些花说："这些蝴蝶兰倒是银行送来的。"

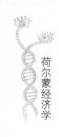

陈凤英与曹德旺于1969年经人介绍成亲。陈凤英有四分之一的马来西亚血统，从小没读过书，是个典型的农村女人。彼时曹德旺只有23岁，是个地道的"穷小子"；曹母生病了，曹父希望他尽快结婚，以便有人照顾曹母。

这种观念是那个动乱年代中人们最质朴一面的写照——偏执但无可厚非。每个时代都具有刻着时代印记的择偶观。

曹德旺结婚后，很快卖掉了陈凤英几乎所有的嫁妆，这些钱便是他最初做小本生意（种木耳）的本金。随后便是陈凤英承包家务、曹德旺跑到江西等地倒卖木耳的生活状态。"一年到头我们两个人在一起的时间很少。"曹德旺回忆称。

本应到生产队参加集体劳动，却跑到外省做木耳生意，曹德旺很早就对经商萌生兴趣，这一点可圈可点。一方面与个人性格有关，另一方面则与地域特征有关。

在他结婚的1969年，在浙江省，一位比他大一岁，名叫鲁冠球的年轻人，同样"很不安分"，和4个农民凑了4000元钱办起了宁围公社农机厂——这便是万向集团的前身。40年后，福耀销售收入超过60亿元，万向更是超过500亿元。

曹德旺当初做生意并不顺利，否则他或许就成为"木耳大王"而不是今天的"玻璃大王"了。木耳生意使他欠下了很多债，他继续他的变卖术，将家里能变现的东西全部出手，最后只剩下一间旧房子，还有自己的妻子。

与择偶观的变迁类似，不同年代的中国创业者都有属于特别年代的艰辛和尴尬。曹德旺最后束手无策，当着岳父岳母的面，对妻子陈凤英说："如果实在熬不过去，你可以考虑改嫁。"

陈家通情达理，对曹德旺不但没有斥责，反而给了一通鼓励。曹后来常称他与陈是"患难夫妻"，感触正是出自此处。

陈凤英质朴而豁达。也有人说她是幸运的——如果放在40年后人们普遍浮躁和急功近利的今天，没准儿她一松口，就将一匹黑马富豪放手了呢！当然也会有姑娘满不在乎地说，黑马何处不相逢！

差点节外生枝

所谓"三十而立"，1976年，"文化大革命"甫一结束，曹德旺到刚成立的福建福清高山异形玻璃厂（福耀玻璃前身）做了一名采购员。他的生意头脑和变通能力很快显现，深得公社领导赞赏和信任。7年后，他承包下这一玻璃厂。

在曹德旺承包玻璃厂之前的20世纪80年代初，他可谓是"两手抓"，一手抓努力工作，一手抓谈情说爱。他认识了一位小他将近10岁的姑娘，"我们彼此相爱，都非常投入，彼此觉得找到了一生的知音。"曹德旺回忆称。

中国企业家成名后，大多会不约而同面临两种苦恼，一种是政商关系，一种是被八卦。如果不是曹德旺亲口讲出来，几乎所有的人都会认为坊间流传的曹德旺年轻时"节外生枝"的段子，只是茶余饭后人们的八卦谈资呢。

好些企业家是偏执狂，敢爱敢恨。在生意上如是，在感情上亦如是，人们常会提起TCL创始人李东生。李东生和TCL的合作伙伴、普乐普公关公司的总经理魏雪坠入爱河，最终走在了一起——甲方、乙方成了一家人。李东生50岁时，减持过亿元TCL股份，只为补偿前妻洪燕芬，与过去画上句号。

曹德旺比李东生年长11岁，他并未选择与陈凤英离婚。但是，这并不代表他没有李东生彪悍——要知道曹德旺"婚外恋"是在20世纪80年代初，何况他喜欢的那位女子同样已结婚生子。而李东生套现偿妻已是2007年，当时魏雪尚是单身。

企业家也是凡人。他们有着追求幸福的渴望，在面对红颜知己时，他

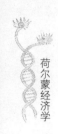

们一样会心有所动,希望能一诉衷肠。企业家对待包括自己妻子在内的周围女人的态度和选择,比他们在企业内部运筹帷幄更能彰显他们的个性,包括弱点。

曹德旺的知音当时亦是位烈女子,外人劝阻她悬崖勒马,她却义无反顾地说相信自己的眼光。这让曹德旺左右为难——一边是糟糠之妻,一边是红颜知己。曹德旺最后给陈凤英写了封信,主动说明自己的际遇。

令曹德旺始料未及的是,陈凤英的反应如往常一样冷静,称主动权在曹德旺自己手中,进退自择。"我听了以后非常伤心,我觉得自己非常对不起我的太太。"曹德旺后来说。

曹氏婚姻与李氏婚姻画出了不同的曲线,个中因素正在于曹德旺的矛盾心情。他总想突破自己,但觉得那是一种令人唾弃的背叛。

这种情结后来蔓延到了他身上的每一个细胞。这厢宣扬自己是个虔诚的佛教徒、看空了一切,那厢又常为名所累——只是在他的词典中的释文是"爱惜自己的羽毛"。

曹德旺说他对陈凤英的愧欠之情,随着两人年龄的增长而与日俱增。1990年前后,福耀的资产在法律上全部属于陈凤英,法人代表也是陈凤英。曹德旺希望以此举来赎回自己年轻时的"错误"。

这种做法真是可爱至极。与曹德旺的做法类似的是本书中提到的力帆集团创始人尹明善,也曾将力帆的法人代表改为妻子陈巧凤,其中的原因,一是感谢妻子当年把自己带入了摩托车业的大门,二是尹明善曾一度想走仕途。

后来,福耀和力帆的法人代表又都改回去了。2010年胡润百富榜上,曹氏夫妇以125亿元的财富位居第62位。

"最牛慈善家"的失落

2009年2月12日,在福建证监局举行的一次工作会议上,曹德旺语出惊人，宣布将捐出自己所持有的福耀玻璃股份的七成，成立以自己父亲名字命名的"河仁基金会"。此举引起了国内外广泛关注，曹德旺迅速成为焦点人物。

尽管此后为避免触及证监会关于全面收购要约的相关规定，曹德旺将所捐股份比例降为近六成（5.9 亿股），但按彼时股价计，此部分股份市值超过 30 亿元，此后由于 A 股市场持续向好，到 2009 年年底时，市值已达到 80 亿元。

坊间于是称其为"中国最牛慈善家"。有人说这是宗教的力量，"我们曹家三代信佛；我从无到有，从贫到富，现在觉得财富确实乃身外之物。"曹德旺说。也有人说，你没看到吗，曹德旺言语和眉宇间不经意中流露出来一丝对企业传承的焦虑。

此理不糙。曹德旺也向我坦承，曹晖一直不想接他的班，"更不想要我的钱"。

我问能不能认识一下曹晖，曹德旺说没问题，一个电话后，身着休闲装、运动鞋的曹晖很快就出现在了我们面前。光从穿着来看，他们父子两人泾渭分明的风格就可见一斑。曹晖从基层干起，曾担任福耀香港公司和北美公司的负责人。尽管也是一员大将，但由于长期居住海外，崇尚自由的价值观；他并不乐意从父亲身上接过全部的重担。

曹晖比他老爸小 24 岁，也属狗，现在是福耀总裁。在此之前，曹德旺曾分别让一位美国和日本的职业经理人就任此职，但最后皆因水土不服而被迫"下课"，曹晖最终走到台前。"我当时先是惊讶，然后感到压力。"曹晖说。

"我其实很孤独，从来都是一个人打高尔夫。"曹德旺吐了一个烟圈，满脸严肃地说。这一烟圈里弥漫着这位"非典型性闽商"的感伤。

之所以说"非典型性"，是相比于丁志忠（安踏董事长）、丁水波（特步董事长）能代表福建商业主力军的晋江年轻富豪们而言。哪怕和在他之后同样宣布捐股成立慈善基金的陈发树（新华都董事长）相比，他同

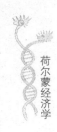

样显得沧桑了些——他最欣赏的企业是成立于 1903 年的福特汽车（他说他建豪宅就是参观福特博物馆后的灵感），他也想把福耀做成百年老店，但现实的情形并不如他所愿，于是常常苦恼不已。

瑞士洛桑国际管理学院曾发布的一份报告称，世界上八成左右的企业都是家族企业或带有家族企业的影子，而荷兰银行做过的另一份统计说：亚洲的家族企业，只有三成能传到二代，能传到三代的则不到一成！

有句印第安谚语说：如果我们走得太快，停一停，让灵魂跟上来。对福耀和曹德旺来说，尴尬的，恰恰是现实跟不上灵魂的步伐。

什么叫幸福

30 岁的时候因和妻子没有共同语言而差点离婚，60 岁的时候因儿子不愿意接班而加速作出捐股的决定，曹德旺虽自称是个佛教徒，且总称这也悟出来了，那也悟出来了，但他的纠结就写在脸上。

非常具有戏剧性的是，当年曹德旺考虑要不要回到陈凤英身边时，他做了一项繁杂的工程——通过各种渠道，收集了上百对包括农民、工人、教师、商人等形形色色职业的夫妻样本，然后对其进行分析：到底幸福的家庭占多大比例？到底什么叫幸福？

"我最后得出的结论是，没有一个家庭是绝对幸福的。"曹德旺说，"给我感触比较深的是福州水表厂的一个朋友，他和太太两个人，一个是科长，一个是团干部，郎才女貌，是谈了三年恋爱才结婚的，在我看来，他们应该幸福得不得了。没有想到，事实并非如此。"

这让人想起英国经济学家理查·莱亚德所著的《不幸福的经济学》。莱亚德说，有七大因素在交叉糅合地影响着人们的幸福感：家庭关系、财务状况、工作、社区和朋友、健康、个人自由，以及个人价值观。

若说当年之事是曹德旺的一道坎的话，如今在家族企业传承上所遭遇的瓶颈，则是另一道坎。此次他不用做任何样本分析，就知道每个家族企业也都有本难念的经。

曹德旺继续走在慈善路上。但在中国做善事不容易。一开始，基于中国制度性的原因，他成立慈善基金无法可依，于是只好通过股票套现的形式，捐赠现金。2009 年 10 月，财政部第一次对企业捐股行为作出回应，并发布了《关于企业公益性捐赠股权有关财务问题的通知》，曹氏总算找到了依据，"河仁基金会"最终于 2010 年 6 月在民政部登记成立，曹德淦任理事长，曹德旺本人担任理事。

2011 年 4 月中旬，曹德旺通过福耀玻璃发布公告的形式，正式宣告其家族持有的 3 亿股福耀玻璃股票捐赠给了河仁慈善基金会。以此间的股价计，所捐股票的市值近 35 亿元。

4 月 21 日，胡润发布"2011 胡润慈善榜"，曹德旺以历年共捐赠 45.8 亿元成为"中国首善"；一周后，官方（民政部指导、中国社会工作协会主办）发布的一份慈善排行榜上，曹德旺连续三年居首。

说到曹德旺，可以提一下陈光标。陈光标是这几年企业界和中国慈善界出现的一个怪胎。曹德旺和陈光标最大的区别是，前者所做的一切都是透明的，且不愿意被人贴上"首善"等标签；而后者的许多行为是值得推敲的，于是拒绝、惧怕透明，但非常享受被人称为"首善"的感觉。

慈善者是值得尊重的，但你不能剥夺质疑者的权利。当陈光标通过一些特殊的手段监控、跟踪质疑者时，他已经超出了一个商人或慈善家的角色，而成了一个符号。

"我所有这些行为，我老伴儿和子女都是支持的。"曹德旺对我说。这或者是他现阶段幸福感的最大源泉吧。

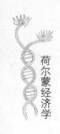

段永平与刘昕
"中国巴菲特"钟爱女记者

2010年2月28日这天，段永平少有地穿上西服，来到北京。他要参加一个仪式，向中国人民大学捐款3000万美元（逾2亿元人民币），这应当是人大校友中最大的一笔个人捐赠。

而4年前浙江大学百年校庆时，段永平用同样的大手笔，把3000万美元投向了浙江大学。彼时他是和网易CEO丁磊一起去的，段和丁是多年的好朋友，又都是浙江大学的校友，而且段在21世纪初互联网泡沫破灭时从抄底网易中斩获颇丰，所以一拍即合。

段永平这次在人民大学捐出巨资，由头有二。一是他曾于1986年至1988年在这里攻读经济学硕士学位，二是"因妻之名"——人民大学也是段永平妻子、曾获普利策奖提名的摄影家刘昕的母校，更是见证这对郎才女貌姻缘开始的地方。

所以，捐款仪式是以段永平、刘昕夫妇的名义进行的，人民大学校长纪宝成脸上簇拥成了一朵花。

段永平原是位实业家，如今却被坊间称为"中国巴菲特"。他创办的企业在中国，自己却旅居美国，做起"甩手掌柜"。对刘昕而言，除了妻子的身份外，她在段永平的创业和投资史上还扮演了什么样的角色呢？

女记者的转身

段永平和刘昕是一对"低调搭档"，均不爱张扬。在2月28日的捐赠仪式上，刘昕缺席；老段简短的发言，也是轻描淡写，"我就喜欢做投资，"他说，"这几年有些成果，我觉得能够拿出来支持教育，支持人大，很高兴。希望同学们也能够努力，好好学习，将来有机会也来支持我们的教育事业。"

"我就喜欢做投资",这是典型的段氏语录风格——他的口头禅是:Just for fun。

刘昕是西安人,1968 年生,比段永平(江西南昌人)小 7 岁,是其在人民大学读研究生时的师妹。1989 年,段永平南下广东创业时,刘昕还在新闻系读大三,第二年毕业后进入《中国青年报》做记者。

她是《中国青年报》彼时唯一的女摄影记者,第一次参加"希望工程"主题摄影,作品就被中国青少年发展基金会买下来做了招贴画。这也促使她确定了以后的摄影方向和风格:用犀利的手法还原妇女儿童真实的生存境遇。

女记者给人的印象一般是率真、干练,若对摄影情有独钟,对弱势群体关注有加,大多是外柔内刚的主了。刘昕正是此种类型。她是个对自我要求极为严格的人,非常希望自己能有大视野和大思考,作品更加厚重。1993 年,她从中青社辞职,赴美深造。

这个时候,是段永平在广东中山执掌小霸王电子工业公司的第 5 个年头。一个亏损的小厂,在他手中咸鱼翻身,正向 10 亿元的年产值冲锋。连他自己也想象不到,他将来会与美国结下不解之缘。

刘昕去的是美国俄亥俄大学视觉传播学院(攻读硕士学位),这是美国一流的传播学院。刘昕在这里待了 3 年,受益良多,她完成了一种思维转换。1996 年毕业前夕,她到《迈阿密先驱报》实习,拍摄主题仍是社会弱势群体。

顺便一提的是,段永平在 2009 年年初的时候抄底 GE(通用电气)股票,是这一年度中最漂亮的一战,有人估算其单笔赢利超过 1 亿美元。段永平对 CE 前总裁杰克·韦尔奇颇有研究,由此爱屋及乌,以为 GE 根基扎实,纠错能力超群。有趣的是,韦尔奇在离职前夕的 2002 年年初传出婚外情,"第三者"是曾深入采访韦尔奇的《哈佛商业评论》主编苏茜·韦特劳弗,而苏茜在 1996 年进入《哈佛商业评论》(任高级编辑)之前,曾在

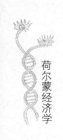

《迈阿密先驱报》做过记者。

也就是说，刘昕和韦特劳弗都曾在同一家报社干过，虽然正好错开了，但刘昕对这位"前辈"的江湖事也一定了如指掌。这会不会是日后段永平了解 GE 的另一种渠道呢？

这当然是一种戏谑了。段永平如果看到我作这种推测，一定会觉得很无厘头。为什么呢，先听一个典故。

美国导演 Dan Mirvish 在著名政治博客网站 Huffington Post 中发布了自己的一个"惊人发现"：只要有好莱坞女星安妮·海瑟薇（Anne Hathaway）的新闻见诸报端，巴菲特旗下的伯克希尔·哈撒韦公司（Berkshire Hathaway）股价便会上涨。他称之为"Hathaway 效应"，因为他们的名字中都有 Hathaway，美国证券市场参与者的信息筛选系统，总是自动将这位女星的新闻也抓取到巴菲特公司的新闻中来。

美国 CNBC 电视台称 Mirvish 的猜想有一定的合理性。可是段永平不以为然称："见过无聊的，没见过这么无聊的。"

不过不可否认的是，段永平和韦尔奇有一个共同点，那便是皆钟爱女记者。段永平与刘昕的结合是在 1998 年，韦尔奇也于 2004 年和韦特劳弗领了结婚证——他是典型的天蝎座性格，敢爱敢恨。

刘昕随后加盟《棕榈滩邮报》（*The Palm Beach Post*），任首席摄影记者。她的天赋在这里得到了充分发挥，先后获得美国南部最佳摄影记者、亚特兰大全美摄影年赛冠军等荣誉。1997 年，她入选总部设在荷兰的世界新闻摄影基金会大师班。这一基金会是 1956 年由荷兰三位著名摄影家成立的，次年开始每年在阿姆斯特丹组织一次世界性新闻摄影比赛和展览，即"荷赛"。

此时的段永平，自从于 1995 年从中山"出走"后，到东莞建造一个全新的品牌——步步高。两年后首次在中央电视台黄金时段投放广告。

1998 年，刘昕回国探亲，3 个月后返回美国，向朋友们宣布了一个重磅新闻："我结婚了！"

此时，刘昕30岁。

妇唱夫随

听到这一消息，刘昕的朋友几乎无人相信。一来，闪婚也不是这么个闪法；二来，对在美国5年换了不下7座城市、喜欢自由、似乎永远"在路上"的一位女记者，怎么安心就这样走进婚姻的殿堂呢？

更何况，彼时的段永平，是在东莞一间"世界工厂"里埋头苦干的实业家，给人的印象是言语不多，缺乏情调。

但这确非谎言。刘昕和段永平，在前者回国探亲"缝隙"间恋爱两个月，而后走到了一起。双方约定，段永平将步步高推上一个新台阶后，到美国和刘昕会合并长居美国。

而刘昕婚后即辞去了媒体的工作，做起独立摄影师和自由撰稿人。她的作品见诸《时代周刊》、《新闻周刊》等著名传媒。

可圈可点的是，刘昕在此期间的作品《双胞胎》获得了普利策奖提名。主人公是对漂亮的孪生姐妹，妹妹是正常人，心智健康，开朗活泼，而姐姐却双目失明、不会说话、无法站立，近乎植物人，姐妹两个由年迈的奶奶抚养，老奶奶的儿子正在监狱中服刑。"巨大的反差让我想到两个字——命运。"刘昕在接受一家时尚媒体采访时说。

她在跟踪报道老奶奶及孪生姐妹的半年多的时间里，心灵受到了极大的触动。一方面，刘昕马上就要做妈妈了；另一方面，老奶奶并非她想象的那么脆弱，相反有时表现得很坚强，会因为担心刘昕的情绪受到孪生姐妹境遇的影响而试着讲笑话。"老奶奶对将来充满信心，总是往好的方向去想，"刘昕回忆说，"老奶奶的魅力让我着迷，也使我意识到，报道弱势群体，并不等于记录悲惨世界，满足读者的猎奇欲和同情心，我要传递的是这一群体所打动我的热爱生命的精神。"

1999年是段永平和刘昕夫妇人生中最为辉煌的时刻之一。刘昕的作品

《双胞胎》是1999年年底完成的，与此同时，大洋彼岸的段永平以"清晰的远见和创新能力"，被《亚洲周刊》评为亚洲20位商业与金融界"千禧行业领袖之一"，他领导下的步步高，在这一年豪掷1.59亿元人民币，成为央视"标王"。

所谓"华丽转身"，段永平显然是半主动半被动。虽然他常到美国看望刘昕，但他认为拿到美国绿卡并非一件易事，他太爱步步高了，他想把步步高做到极致再走。然而未曾料到，2001年年初，刘昕为段永平申请的美国绿卡批下来了。他不得不在这一年年中到美国先"落地"。

第二年年底，他正式移居美国，和妻儿团圆。

段永平学习能力和创造能力很强，是一个走一步看三步的人。在赴美之前，他就一直在思考：自己到美国后可以做什么、怎么做。现在众所周知的是，他后来选择了股票投资，且独树一帜，人称"中国巴菲特"，但是要知道，段永平做步步高"甩手掌柜"之前，是没有碰过股票的。

他开始"染指"资本市场的推手至少有二，一是他读了巴菲特谈投资的一本书，对其"买一家公司的股票就等于在买这家公司"的价值投资理念甚为认同，遂萌生极大兴趣；二是21世纪初那轮互联网泡沫破灭后，以前并不相识的网易CEO丁磊找到段永平救急，段永平研究网易后愣住了：一家有意大举进军网游行业、每股现金流超过2美元的公司，股价不到1美元。一直想着实践巴菲特投资理念的他，没想到宝藏送上门来了。他掷下200万美元，救人利己。2003年，网易股价一飞冲天，丁磊成为了胡润百富榜上的"中国首富"，段永平也赚了个乐翻天。

"妇唱夫随"给段永平的人生增色不少——他再也不用在东莞工厂里日理万机了，更给他的事业开拓出一片新天地。是命中注定，是段永平的性格使然，还是刘昕的荷尔蒙在暗中发力？

摄影与投资相通

2002年后的刘昕，变化大了起来。之前天马行空的刘昕不见了，有的只是一个温柔贤惠、相夫教子的刘昕。在刺激、有趣的拍摄项目和与自己的孩子待在一起这两种选择之间，刘昕首先考虑的是后者，她坦言自己忍受不了两个月见不到孩子的那种想念。

"我以前是一个绝对的完美主义者，"刘昕说，"但过了（获奖与成名）这个阶段后，应该改变心态，我的转变和做母亲有很大关系；美国是一个多元化的社会，别人的目光左右不了你，对我来说这是一次'欢天喜地的解放'。"

如果说站在全美摄影大赛领奖台上的刘昕，是一个受西方教育和文化影响颇深，执著演绎生命精彩的女孩儿的话，这个时候的刘昕，则是一个向东方传统回归的刘昕。她懂得"舍"与"得"之间的平衡，正如段永平在投资股票上的权衡和拿捏。

段永平的投资之路其实也如孩子蹒跚走路，并非一帆风顺。2003 年他对纳斯达克挂牌的餐饮公司 Fresh Choice 的投资，就以失败告终，而他曾因错失腾讯这一近年来香港资本市场上最为疯狂的中资黑马股而感到惋惜。

正因为此，段永平从来都对外界冠之的"中国巴菲特"的称号不以为然，一笑而过。他不喜欢人们把一个事物给神化了，并赋予它这样或那样超过原生性意义的称号，对今日之成就，他常谦卑地称自己只是"正确的时机，买入了正确的股票，然后又在正确的时间卖出"。

"像我这个年纪和这么理性的人，"段永平在博客中写道，"不大会是任何人或东西的 fans（粉丝），我甚至不是巴菲特的 fans。"

刘昕与段永平可谓殊途同归。刘昕做摄影记者时名噪一时，巧合的是，后来她轻描淡写道："（做突发新闻记者）很多时候是运气，正确时间、正确场合遇到正确的人，仅此而已。"

这种理念上的相通，使得他们一家相处融洽。段永平有次回国时参加一档电视访谈节目，主持人问他对年轻人有何忠告，他一时为难起来，"如果一定要说，那就是享受生活，"老段说，"这是人来到这个世界上的

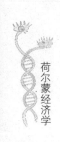

目的。"

现在他们夫妇两人的生活状态有条不紊，他们有两个孩子（一个女儿一个儿子），有趣的是，从这一家四口的名字中各取一个字，连起来正好是"开心平安"（谐音）。

刘昕现在偶尔会接一些项目，或出席一些学术活动。2010 年 5 月 19 日，她在美国深造时就读的俄亥俄大学视觉传播学院院长 Terry Eiler 来到她的母校中国人民大学交流，刘昕一路陪同。Terry 是俄亥俄大学视觉传播学院的创始人之一，曾担任美国著名杂志《国家地理》专职摄影师 20 余年。

也是在这一天，刘昕受聘为中国人民大学董事会副董事长，这与他们夫妇 3000 万美元的捐赠息息相关。是刘昕而不是段永平来担任这一职务，这也是段永平低调风格的一处注脚吧。

段永平继续享受着投资的乐趣，并与国内步步高团队分享着一步更比一步高的喜悦——步步高 OPPO 品牌在中国市场上持续获得了巨大成功。

说到最近 20 年中国商业界同时能在实业和投资领域做到极致的中国企业家，我觉得有两位，一位是史玉柱，一位就是段永平。

段永平和刘昕于 2005 年成立了家庭慈善基金 Enlight Foundation。段永平投资的一些股票转移到了基金会里。夫妇两人的共识是，不能把太多的财富留给子女们，"我很羡慕巴菲特，他可以一次性将自己的财富捐给比尔·盖茨夫妇名义下的基金会"。段永平诙谐地说，他们是在替美国政府保管这笔钱，每年要捐出去上百万美元。

与 Enlight Foundation 对应的是，2008 年 9 月，他们又在中国民政部门注册成立了心平公益基金（全国性非公募基金），主要用于教育捐赠。他们亦学习比尔·盖茨，将基金会的账本公开。

段永平和刘昕，每个人的经历、角色转换，以及两人的结合与共识，都是中国企业家家庭少有的标本之一。像段永平一样，与女记者结为良缘的中国企业家并不少，譬如郭广昌与王津元、王梓木和敬一丹、丁健和许戈辉、郭为和曾涛等，但如段、刘两人丝毫不顾虑外界评价，各自完全追随自己内心行事但又非常默契的搭档却并不多见。

2011年，段永平50岁。他是3月初的生日。生日这天，他出去打了一场球，回来的时候惊讶地发现家里来了亲朋好友、左邻右舍近百号人。他曾对刘昕说生日不搞任何活动，刘昕口头答应，但还是精心筹备了这一场Party，段永平很是感动，生日过去近一周后他还念念不忘。"（Party）准备工作肯定很不容易，"他说，"现在我心里都还暖暖的，生活真美好！"

李锂与李坦
财富缩水最快的首富夫妇

相对于刘永好、黄光裕、丁磊、王传福、李彦宏等人，李锂、李坦夫妇应该是最近10多年曾被冠以"中国首富"名号的企业家当中，最让人们感到陌生的。巧合的是，他们也是坐首富宝座时间最短的一对夫妇。

2010年5月6日，李氏夫妇执掌的生产肝素钠原料药的海普瑞公司在深交所上市，按当天的收盘价计，李锂夫妇的身价超过了500亿元，超过了此前两个月《福布斯》杂志公布的中国首富宗庆后（70亿美元，约478亿元人民币）。第二天，海普瑞盘中摸高至188.88元——多么吉利的一个数字啊。

然而，2011年5月3日，海普瑞股价最低跌至77元（复权后），也就是说，一年的时间，海普瑞股价跌去了111元，即市值蒸发了444亿元——多么凄惨的一个数字啊。

这是怎样的一家企业呢，掌门人有着怎样的性格呢？我和普通的投资者一样，很是好奇。特别是有传言称，李坦是随夫姓。

我到深圳采访时，见到了海普瑞总经理单宇，他是李坦的亲哥哥。我向他求证，"传言就是传言，"单宇哭笑不得地对我说，"我跟李坦一个随父亲姓，一个随母亲姓，谁料到李坦后来也嫁了个姓李的呢！"

那么，这样的一个家族企业，是如何缔造出一个财富神话，李坦和李锂是如何结合，在他的事业转折的各个关口，分别扮演了什么角色呢？

先分后合，同窗创业

李锂和李坦均出生于"文化大革命"前的 1964 年，前者是四川眉山人，后者是安徽阜阳人，他们是成都科技大学（后并入四川大学）化学系的同窗，均于 1987 年 7 月毕业。两人在大学期间即确定了恋爱关系。

毕业分配的结果是两人分隔两地。李锂进入了成都肉联厂——肉联厂是彼时非常吃香的国有单位，不久后他到肉联厂下面的生化制药厂研究所工作，具有抗凝血和降血脂功能的肝素钠是制药厂核心产品之一，这也是李锂接触这一行业的发端。

据李锂当时的一位同事回忆，彼时的李锂外表木讷，"学者味"十足，但令人惊诧的是，1991 年他突然从肉联厂辞职，之后自己做起肝素钠原料药的生意来，他所依托的平台——重庆通达生物制品有限公司，是他还没辞职时就与人成立的合资公司（注册资金 100 万元，法人代表为李锂）。

换句话说，他当时背着单位在外面"干私活"。当李锂成为首富后，有人提起李锂当年的这档子事，说他投机。在我看来这实在是一种吹毛求疵——正是 20 世纪 90 年代初一批李锂们的野蛮生长，中国民营企业才有今天的繁荣，虽然其中不乏魑魅魍魉。

李坦毕业后进入了安徽省石油化学工业厅工作教育处下属的安徽化工职工大学工作。与肉联厂一样，石化厅是当时很"肥"的单位（后来在行政体制改革时被砍掉）。据她当年的一位同事、现为安徽国天律师事务所合伙人的张有亚回忆称，李坦性格外向，平时大大咧咧，但地位较为"特殊"，其上司也敬其三分，原因是李坦似乎在安徽省财政厅有一位亲戚，可以在单位向上申请拨款时帮着"做些工作"。

即使如此，李坦还是在20世纪90年代初从单位辞职，这让张有亚非常吃惊，"当时完全不敢相信"，张说，"可是，如果没有当初扔掉铁饭碗的李坦，会有今天的首富李坦吗？"

李坦离开安徽，到重庆与李锂会师，一为结婚，二为联手创业。李锂任重庆通达公司董事长兼总经理、李坦任副总经理的1992年，二人均只有28岁。

不过，重庆通达公司先后的股东有重庆市建设投资公司（简称重庆建投）、深圳市中贸源实业发展有限公司（简称深圳中贸源）、香港合顺实业有限公司等，这些股东均来头不小——重庆建投是市属国企，董事长吴连帆曾任重庆市政府副秘书长，现为重庆能源投资集团董事长；深圳中贸源则是成立于1995年初年、曾经翻云覆雨、已于2009年被强制吊销的一家空壳公司，它曾将上市公司ST磁卡拖入债务泥潭，直到2010年6月4日，ST磁卡还公告称"中贸源尚欠华夏深圳相关利息及诉讼费用合计人民币8196323.34元"。

这些纠纷与李锂并无瓜葛，但他和深圳中贸源的接触，却开启了将公司迁至深圳的想法。曾任中贸源总经理的杨向阳是医药产业较为知名的投资人，在深圳市政商两界人脉资源丰富，与李锂非常投机。

李锂于1998年将公司迁至深圳后，新公司名为海普瑞。

多年后一次在接受《光明日报》采访时，李锂坦言重庆创业时期的尴尬——政府官员对他"太关照"了，而"现在深圳的政府官员没事从不会来打扰你"。

李氏夫妇最为感激的一位深圳官员是深圳市政府党组副书记、原深圳市常务副市长刘应力。李锂初到深圳时，刘是深圳市高新技术产业园区领导小组办公室（简称高新办）主任。刘在土地、税收和银行信贷等方面给李锂开出了许多优惠条件，李锂也给了刘一个承诺：将重庆通达公司彻底

注销。

李锂于 2008 年年初将这一承诺兑现（最后一次年检时间为 2005 年）。

我看到海普瑞的会议室里，挂有琳琅满目的奖杯和照片。奖杯多为深圳市和南山区政府所发，如"民营领军骨干企业"等荣誉，几张照片则分别是 2002 年及 2009 年几位中央领导人来海普瑞视察时的情景。单宇告诉我，海普瑞上市地点选择深圳，亦有"知恩图报"之意。

合同由妻子签字生效

新首富的诞生是由地方政府、肝素钠产业变局、中投证券及高盛等机构共同制造的一个财富神话。

就像棺材铺生意的兴隆与否与死亡人数多寡息息相关一样，李氏夫妇能赚多少钞票，取决于有多少人患脑血管疾病。

如今的海普瑞是全球产销规模最大的肝素钠原料药生产企业，具有抗凝血和抗血栓的肝素钠几乎是其唯一产品，99% 出口。

从产业链的角度看，海普瑞处在中游，其上游是生猪养殖、屠宰及肝素粗品提取行业，下游则是欧美肝素钠成品药企。

因此，李锂的成功与猪的关系密切——2009 年，海普瑞的产能为 6.4 万亿单位的肝素钠粗品，而根据"每生产 1 亿单位肝素粗品平均需消耗 2500 根生猪小肠"的比率，当年海普瑞消耗掉了 1.6 亿根猪小肠，而这一年中国生猪出栏数量为 6.4 亿头。

也就是说，这一年，全国四分之一生猪的小肠为海普瑞所用。

按照规划，这显然是个极其庞大的工程，毕竟中国的生猪屠宰行业非常分散。根据海普瑞的招股书，全国几百个供应商帮海普瑞提取肝素粗品。但在最近几年，其前五大供应商当中，多为自然人。

我费尽周折找到了 2008 年海普瑞的第三大供应商、自然人顾天友，他的身份为河南息县天友肠衣制品有限责任公司董事长、法人代表。2008 年他向海普瑞的总供货金额超过 2500 万元，但 2009 年却中止了与海普瑞的合作。他告诉我，与其向财大气粗、要求苛刻的海普瑞供货，不如自己干——在"息县招商网"上，天友肠衣公司一则预计投资规模达 8000 万元的肝素钠生产项目正在招商。

真正让海普瑞成为资本的宠儿源于 2008 年美国"百特事件"——近百人使用美国百特公司的肝素钠药品后死亡。这一事件导致行业大洗牌，而海普瑞在洗牌和市场甄选中胜出。其下游的客户趋之若鹜，譬如原本就是海普瑞下游重要客户的法国医药巨头赛诺菲·安万特（SanofiAventis）等加大了对海普瑞产品的采购——赛诺菲·安万特在 2008 年的采购金额约为 7500 万元，占到海普瑞销量收入的 17%，而 2009 年采购金额增长 20 倍，一跃至 15 亿元，占海普瑞营收比例高达 67%。

2010 年 6 月我到上海看世博，进入法国馆后，很快就能看到赛诺菲·安万特的展台。我随即发信息给单宇说，海普瑞的这棵"摇钱树"很是抢眼啊。

海普瑞启动上市前的 2007 年，其净利润只有区区 6800 万元，现金流极差（现金净流量为 −1.2 亿元），上市原因很简单：缺钱。而到了 2009 年，净利润达 8 亿元，3 年画出了一根陡峭的业绩曲线。2010 年的 IPO 实际募资额 60 亿元，是原计划的 7 倍多，这种"不差钱"的情形与三年前形成鲜明的反差。

在这样一个规模庞大、夹道生存的肝素钠中游企业里，李锂和李坦都是十足的工作狂。在海普瑞路演时，李锂声称自己"除了吃饭和睡觉，其他时间都在工作"。2010 年 6 月 2 日，我到海普瑞采访，李锂和海普瑞高层就扩产事宜召开的又一次会议一直开到了中午。

如果我告诉你他们是一对事必躬亲的夫妻，你一定容易理解，海普瑞毕竟是家土生土长的制造业家族企业，尽管客户多为欧美药企，他们也并没有考虑过引入一个国际化视野的职业经理人来担当海普瑞 CEO。不过，若我告诉你，海普瑞和供应商及客户的合同都由李坦签字生效，你或许不

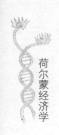

会相信，但这确是事实。

身为海普瑞副总经理、全面负责质量内控管理的李坦，已然不是当年那个在安徽石油化学工业厅工作的青涩姑娘了，很多时候，李锂要听夫人的——李坦是一位强势的贤内助。

"弄潮浪花中的一朵"

无论是"夫唱妇随"还是"妇唱夫随"，在如今的企业界其实都应当见怪不怪了。在美国，家族企业的所占比例超过八成，相比于中国家族企业遭遇的各种主观和客观的掣肘，他们其实是"家和万事兴"这一中国谚语最坚定的践行者。

李锂成为了新首富，外界便推测李坦是"随夫姓"，这一令人啼笑皆非的段子，是中国社会对财富新贵荒诞的好奇心的一个例证，和对一直以来中国"男权社会"现状的过度演绎。

众所周知，日本有"妇随夫姓"的传统；中国企业家伉俪当中，有没有随夫姓的女性呢？有，如在港上市公司人和地产的戴秀丽，后来随英国丈夫姓，改名秀丽·好肯；再如 SOHO 中国的 CEO 张欣随丈夫潘石屹姓，改名为潘张欣。

美国一直到 20 世纪 70 年代末，几乎所有的女性，哪怕是受过高等教育、进入上流社会者，在结婚时也会随夫姓，最典型的例子就是美国国务卿希拉里·克林顿，她在自传《亲历历史：希拉里回忆录》中说，婚后不随夫姓会被保守的家乡亲友视为"怪物"。

哈佛大学第一位女性经济学教授克劳迪娅·戈尔丁多年前就曾撰文称，女性冠夫姓的比率随着其地位的上升而减少。她通过搜集 1975 年至 2001 年《纽约时报》上的结婚启事、哈佛大学校友名录等资料，研究发现婚后保留本姓的妇女越来越多，且与其社会及经济地位大有关联。

前日本首富、软件银行集团董事长兼 CEO 孙正义的经历与众不同。他是第三代韩裔日本人——祖父辈从韩国移民至日本当矿工（取日本姓氏安本），父母在九州岛做生意。孙正义在美国伯克利大学分校读大三时，就和女友、日本留学生大野优美结婚了。

可等他在 20 世纪 70 年代末回到日本创业时，在公司登记注册时遭遇尴尬——虽然他愿意改为日本籍，但日本姓氏中却没有"孙"姓，而孙正义又不想使用日本姓氏。最后他采取的办法是，让妻子先到法院申请改姓孙，然后到日本法务省要求用"判例法"同意自己的入籍申请，最终成功。

在今天这个开放的社会当中，男女双方的性格特点和磨合程度，也成了打破许多禁忌习俗的重要筹码。

李锂是位历史迷，他对中国古文化的喜爱近乎疯狂，给公司中高层开会，甚至会使用"反帝、反封建"等词汇表达自己的意思。我的一个疑问是，海普瑞的大客户在国外，为什么不到海外上市，那样也可以融到更多的钱。

你猜李锂的理由是什么？他认为海普瑞到海外上市有"卖国之嫌"！

不过颇具讽刺意味的是，他 2007 年选择了高盛参股，而高盛至海普瑞上市，3 年的账面赢利接近 200 倍。看来无论有什么情怀，关键时候没人会跟钱过不去。

李锂有时会忙里偷闲，带着李坦等家族或董事会成员去井冈山等"红色基地"旅游。他爱唱"红歌"，在 KTV 唱得最好的一首是《将进酒》，唱到兴奋处，他会把鞋子脱掉，在房间里一个人"慢舞"。这个时候你若推门进去，一定会大吃一惊，他与心目中或平时在实验室见到的李锂判若两人。也正是这样的一种性情，使得他和李坦在执掌海普瑞过程中互相补充、相得益彰。

海普瑞令人咋舌的 148 元的发行价曾引起坊间激烈争论，上市第二天股价最高曾摸到 188.88 元，可是一年后，海普瑞股价跌到了 77 元（复权后），李锂和李坦的账面财富也缩水至 220 亿元。

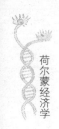

股价缘何被腰斩呢？其实在 2011 年 4 月中旬之前，海普瑞股价一直在 130 元上下徘徊，虽然也低于发行价，但没有偏离太远。可是随后其发布的一季度净利润下降近 4 成的公告，和投资者对两周后将到来的 9000 万股限售股解禁的担心，纷纷开始抛售海普瑞，结果便导致其股价接连大跌。

讲一个小插曲，就在海普瑞发布上述公告的前两天，《商界》杂志要在深圳大学搞一个论坛，托我邀请李氏家族一位人士出席，我照例先给单宇打电话，单宇说李锂和李坦不愿意出席这类活动，他自己考虑一下。最后他也以别的理由推辞了，顺便说了一句："我们这样的公司现在到外面去讲什么呢？"

当然我们并不能以业绩的升降和股价的涨跌，来褒贬一个企业。海普瑞究竟是家好公司还是坏公司，尚需时日去观察。我想起李锂说的一句话，那是海普瑞刚上市时，四川大学校友会给他发来贺信。李锂在随后的回信中大抒民族主义心胸："我们赶上了一个没有任何力量能够阻止中华民族伟大复兴的时代。"但同时又不失谦卑地称"学生有幸赶上了改革开放的大潮，今天只不过是弄潮浪花中的一朵"。

严介和与张云芹
别样师生恋

严介和是谁？他是生于 1960 年的一位建筑商，从不参与投标，但工程却源源不断。他以 BT 模式（Build-Transfer，建设—转让）发迹于江苏南京，2005 年成为胡润百富榜的"榜眼"时，身份是太平洋建设集团董事局主席，自称"中国最大的包工头"；两年后他创办了一个名为华佗论箭智慧集团的组织，到处演讲、招募会员，自称"中小企业教父"；再到后来，他注册成立了一个平台型的投资公司，名为郑和舰队资本集团。

他喜欢别人叫他"严主席"；他似乎总是在"变脸"，变换中的身份让人眼花缭乱。为了加以区别，他亲自为上述三个身份设计了三张名片，颜色分别为蓝、黄、红，并称这是成熟渐变色。然而熟悉他的人都说，他从来都是一种混合色。

2010年9月初，我在北京和严介和喝过一次酒，他给我印象最深的一句话是："我全家都是CEO。"

严介和在创业之前，当过高中语文老师，然后在国企待过10年。他的妻子张云芹是他当年的学生。张云芹虽然后来做起了全职太太，但由于来自一个经商世家，一直扮演着严介和幕后军师的角色。

严介和成为2005年最大的黑马富豪轰动一时，但很快在第二年的"欠债门"中黯然失色。风波过去，严介和撂挑子给张云芹，自己游山玩水去了。

严介和酒量很好，喝酒后讲出话来，几乎是一种疯癫状态。他说他有意在"培养自己的疯癫"，"因为我觉得企业家不能没有个性和激情"，但他的言语中带着一丝忧郁，"没有多少人能真正了解我，这让我感到悲哀。"

严介和是中国企业界不可多得的一个样本。很长一段时间里我一直在思考：到底应该称他是一个"怪胎"，还是一个正常的"鬼才"。他是真"疯癫"，还是欲擒故纵？我们或可从张云芹在其人生中的角色扮演略知一二。

都是老师，都是学生

严介和与张云芹是师生恋，不过他们只相差3岁。师生恋在今天是再正常不过的事物了，但在"严老师"和"张同学"结合的20世纪80年代初，算是很时髦了。

有人列出中国最出名的四大师生恋，分别为鲁迅和许广平、沈从文和张兆和、杨振宁和翁帆、余秋雨和马兰，并总结出名人喜欢娶学生为妻的四大原因：一、摆脱不了娶娇妻的传统心理；二、志趣相投，有知音般的感觉；三、名人内心其实很孤独，很容易感动；四、一旦成为夫妻，必是夫唱妇随，是知己更是帮手。

张云芹的聪慧当年让严介和迷恋，同样重要的一点是，她中学时体育成绩甚佳。多少年后，严介和并不掩饰自己当年的实用主义的择偶观："她（张云芹）是运动员，身体素质很棒，如果跟我一起过日子，承受能力不会差，后代的基因也不会差。"

严介和进入商界是 1986 年——到一家国企做临时工。当他日后成为一介猛人时，他当年的教师生涯常被一笔带过。而在我看来，那是至关重要的几年，因为他将来的两大珍宝——口才和妻子，皆收获于彼时的讲坛。前者锤炼出后来他平均一天半一场演讲的得心应手，后者则是他在商海浮沉中最大的支持者和心灵港湾。

琢磨一下，几位曾当过人民教师的中国企业家，严介和、马云、尹明善、俞敏洪等人，后来的人生轨迹是不是各有千秋，但有一点他们都没有变，那就是他们的口才都不赖。

"成功的婚姻应当是两个强势体的结合，优势互补，"严介和笑着说，"婚姻实际上也是一份合同，这份合同经营不好的话，别的也很难经营好。"

严介和甚至对这一观点进行了演绎，他对"富不过三代"开出的药方是，"品种（基因）好坏影响未来质量"。他说，儿子遗传母亲的基因，女儿遗传父亲的基因，所以儿子的基因是由母亲和外公决定，女儿的基因由父亲和奶奶决定，换句话说，儿子找儿媳妇必须聪颖，第三代的品种才可能上乘。

虽然是玩笑，但严介和与张云芹的一儿一女（分别生于 1986 年和1983 年）还真按照这种路线行进了。女儿像父亲，性格张扬，如今是湖南太平洋建设和美国太平洋建设的 CEO；而儿子给老妈打副手，现在是严介和重组过的苏州一家国有建筑企业的 CEO，他受到严格约束，很少抛头露面。

2008 年 11 月，我在《南方周末》做过一篇题为《金融海啸延缓富二代接班》的报道。当时，江浙一代 20 余名企业少将前往广东，与当地的同类群体切磋心得，我和这帮年轻人一起待了两天，期间得知严介和的儿子严昊本在其中，但临时改变了主意，没有与大伙儿一同出现。

在严介和创业过程中，张云芹一直奉劝其低调行事，奈何他本性难移。最具代表性的一件事是，2005 年，胡润制作这一年的百富榜，由于国美在香港上市，黄光裕的财富较易确定，约为 140 亿元，而太平洋建设不是上市公司，严介和的财富只好粗测。

胡润采取了两种方法。一种是太平洋历年来的营收额约为 600 亿元，按照严介和提供给胡润的 8% ~30% 的行业利润率，取中间值 20%，严介和的财富为 120 亿元。

另一种则是市盈率法，2005 年太平洋的营业额约为 300 亿元，乘以 8% 的最低利润率，以国际同行业的 6 倍的最低市盈率，得出严氏财富约为 144 亿元。

也就是说，如果按市盈率法，这一年的首富桂冠就是严介和的了。不过最终严介和上榜财富被折中为 125 亿元，屈居黄光裕之后。

胡润告诉我，当时榜单制好后，他打电话给严介和，没有透露严的具体位次，只称"很靠前，可能是首富"。

严介和听后情绪复杂，一来，2005 年是他人生的尖峰时刻，若成众人热捧的首富，则是对他整整 20 年奋斗史的莫大认可。二来，妻子张云芹常在耳边吹风：枪打出头鸟。于是他问胡润：将我排在第 5 名之后、第 10 名之前，如何？

胡润笑而不语。榜单发布后，黄光裕蝉联首富。

值得关注的是，严介和不久后无意间对媒体说："胡润还是给了我们

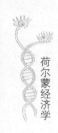

面子，当时他可以不答理我们的。"言外之意是，他原本做好了成为中国首富的心理准备的，以为胡润听了他的担忧后，有意将他的财富数字压低，置于黄光裕之后。

严介和的表现欲可见一斑。在做人的柔韧性上，张云芹更像是严介和的老师。

夫妻对倒太平洋

尽管张云芹从小受家族经商氛围的熏陶，但她一开始并没有涉足太平洋建设，一直做着全职太太。但如果就此说她安于相夫教子，那就大错特错了。与其说严介和一直不让张云芹走到台前是有意"去家族化"，不如说是由他所在的行当的敏感性决定的。2002 年，作为太平洋建设股东之一的张云芹，将 1200 万元的股份全部转让给了严介和，使其完成了对太平洋建设的绝对控股。

不过也有特殊情形。2007 年 7 月 1 日，在江苏淮安召开的太平洋建设集团股东大会暨董事局扩大会议上，严介和慷慨陈词，宣称自己要退出太平洋建设集团，辞任董事局主席一职，由张云芹接任。

起初我以为他是"真隐假退"。就像老谋深算的宗庆后，在后来的"达娃之争"中习惯避实就虚，声东击西，以退为进——这源于宗庆后在与国资、外资博弈过程中的进退两难。

此时的严介和刚从银行逼债风波中缓过一口气来。可是，他和地方政府合作过程中出现的裂痕，很难弥补，他所处的这个行业水太深了，而原先的战场又铺得太开，他很难假装退位。

严介和并不是一个缺乏风险意识的蛮将，太平洋集团旗下有投资、工程和工业三大非法人集团，这三大集团旗下又有苏商、沪商、粤商、渝商、京商和龙商六大区域性集团，如此庞大的架构安排，除了与严介和投身的游戏特征有关外，更重要的原因是为了防范风险连带，以及出于"舍卒保车"之考虑——在严介和眼中,太平洋集团是"卒"而非"车",说白了就是一个空壳。

问题的关键在于,与宗庆后相比,严介和并不是一个好演员——他一副真性情,做不了"自己的傀儡"。

也就是说,2007年7月的时候,他必须妥协,离开太平洋建设。为表决心,他声称将自己所持全部股份转给了张云芹。

夫妻玩股权对倒,看起来像是小孩子玩"过家家"游戏,透露出的则是严介和的无奈和彷徨。严介和离开了"太平洋",改为由妻子和子女来坐阵,这正是他所说"全家都是CEO"的原因。

想起歌手任贤齐唱过的一首歌《伤心太平洋》,里面的一些歌词或许很符合严介和当时的心境:"往前一步是黄昏,退后一步是人生,风不平浪不静心还不安稳……深深太平洋底深深伤心……"

但严介和是不可能这么容易善罢甘休的。

曲线突围

中央党校北门对面的楼上,一个"华佗论箭"的招牌引人注目,这是严介和在北京安下的"巢穴",他自称受中央党校邀请而选择此地。我注意到"华佗论箭"公司内部的墙上挂满了锦旗,这些锦旗是2009年8月严介和"义诊日",那些视严为"教父"或"商界华佗"的中小企业送来的;其中一些企业现在成了"华佗论箭"的会员单位。

"华佗论箭"的会员分级别——理事、常任理事、副主席和主席会员,分别要缴纳从20多万元到200余万元不等的年费。

说白了,这是一个以严介和为招牌的商业培训和咨询机构,其官方介绍是"集官界、商界、学界于一体,一个帮助别人、帮助企业、帮助社会同时又帮助自己的特殊机构"。这一机构正是靠官、商、学三条腿走路。

"官路"是指严介和通过与各地方政府合作或表现出浓厚投资意向的

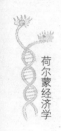

方法，自上而下寻找可能成为"华佗论箭"会员的潜在企业。严介和的聪明之处在于，他只到中西部或东北等经济欠发达省市，与地方政府依然热衷招商引资的志趣对接，去发现企业培训的"蓝海市场"。

"商路"即一般意义上的吸纳模式。若有会员发展了新会员加盟，则成为了严介和紧密型的利益共同体；"学路"则是指严介和借助高校或MBA/EMBA讲坛，却大谈"博士无用论"、"MBA 无用论"的"破坏性开采"的方式，最终意图仍是吸引"猎物"追随自己。

严介和一旦站上讲坛，就完全进入了自己的世界。欣赏他的人夸他妙语如珠、切中要害，而不喜欢他的人则称他哗众取宠、目中无人。他声称要创建培养中国实战型企业家的"华佗商学院"，自称中国企业界无一值得其学习。

"王石只懂房地产一个行业，而我创办和管理的企业上百家，横跨行业无数，"严介和对我说，"柳传志老将临危出马，李嘉诚 80 岁仍不退休，都不是好兆头。"

2010 年他又成立了"郑和舰队"，这是一个联合的投资组织。和严介和张扬的性格一脉相承的是，尽管刚开始打造这一"舰队"，但严介和表现出来的气势令人瞠目结舌。我到北京采访他的时候，他刚从台湾回来不久，在台期间，他声称将会来台投资 180 亿元人民币，"国民党荣誉主席吴伯雄在家里隆重接待了。"他说。而就在这一年的 5 月，他还宣布和安徽池州政府合作，框架投资协议金额 300 亿元，再往前几个月，他曾表示旗下太平洋建设集团将在四川和沈阳分别投资 300 亿元和 500 亿元……

显然，"太平洋建设—华佗论箭—郑和舰队"形成了一个"铁三角"——它们貌似相互独立，但彼此支撑、资源共享。

假霸王和真虞姬

尽管严介和早在 2006 年就宣布从太平洋建设集团淡出（接力棒先是

交给了妻子张云芹，而后交给经理人黄新忠），2010 年 9 月 1 日又宣布将"华佗论箭"董事局主席一职交于经理人张桦。张桦原是严介和老家——江苏淮安教育局局长兼一所中学的校长，曾教过严介和的子女。但在外界看来，三家企业的统一标签仍是严介和。

这与严介和的初衷用意并不完全相吻。在他的规划中，这应当是"蓝、黄、红"递进的三阶段。

他不是一个宿命论者，深谙频繁与各地政府打交道是柄双刃剑，于是希望三家企业各成体系，不至于将来一张多米诺骨牌倒下导致一损俱损。

"我在的时候，她（张云芹）不在，"严介和对说我，"她在的时候，我离开，这合情合理。"

严介和始终没有将妻子和他绑到同一架战车上。与其说他是出于企业管理的考虑，不如说是对安全系数的考量。

严张夫妇聚少离多。我发现严氏公司里美女众多，之前对这种阵容印象最深的，是在恒大地产。有人可能会说，建筑和地产业的老板用人注重外表是正常的，这话不假，但严介和与许家印（恒大地产董事局主席）的个人风格与偏好，也是重要原因。

对夫妻感情，严介和有过一个比方。他自比风筝，称风筝的线就掌握在妻子张云芹手中。"风有起起落落，风筝也有收收放放。风起的时候，风筝飞得更高更远；风弱的时候，就会收回放风筝的人手中，女人要始终保持一个弹性，能够自如地收放风筝。"

严介和想表达的意思是——夫妻间要有信任感。"我曾把这个道理讲给了所有太平洋的领导层听，目前他们当中的离婚率是零。"但是否真的如此，我没有也无意去考究。

严介和在淡出太平洋后对自己作为一个狂狷的苏商创业 20 多年、与政商关系博弈 20 多年来的调侃式评语引人深思："清明节祭祖时我在坟上说：列祖列宗们，你们放心吧，我又回来了。我终于走出了异常，超越了超常，回归了正常，不再做过去你们看不起的商人。"

他真的回归正常了吗？他在做"华佗"和"郑和"时其实很多时候如履薄冰，一边希望自己走得安稳些，一边他不得不把自己塑造成一个大师。

"我对自己最满意的是在国企的10年，和后来太平洋时期走向成熟的严介和相比，那时的严介和虽然处在成长中，却是最幸福的。因为那时有地位，有身价，没有委屈，可谓是春风得意。当自己从成长走向成熟，倒是多了很多不尽如人意的事情。"

国企10年是严介和自信的源头，也是他失落的起点。他以为能将自己在20世纪90年代如鱼得水的经验照搬到21世纪，结果越来越玩不转。他想挑战这一宿命，却发现时过境迁之后，越主动反可能越被动。

酒桌上，严的属下如众星捧月般对他毕恭毕敬。我问他现在和江苏省及南京市政府的关系时，严介和的话匣子收住，挤出几个字："现在仍僵得很。"

唯在此时，他目光呆滞，神情凝重，与常日里的严介和判若两人。

不过，与黄光裕相比，严介和幸运多了。尽管严介和与黄光裕二人脾性大不相同，一个出口成章，一个沉默寡言，但他们都曾玩转政商混搭于股掌之间，得心应手。不同的是，严介和在欠债门事件后因祸得福，花了更多时间来拿捏政商关系边界，而黄光裕在这条路上越走越远，几年后，他们划出了不同的人生轨迹。与黄光裕被关进了铁窗相比，严介和所谓的不被人理解的落寞又算得了什么呢？

严介和与黄光裕的另一个共同点是，他们的妻子张云芹和杜鹃，都是出色的"放风筝的人"，杜鹃的技术尤佳。

第**3**章
青年才俊相机抉择

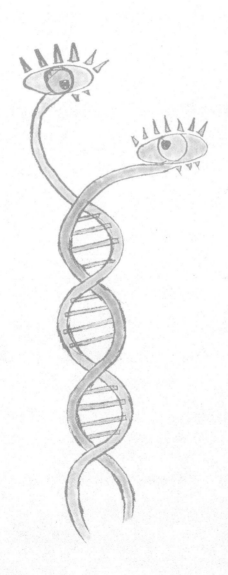

"荷尔蒙经济学"之
凡勃伦效应

一种商品价格定得越高越走俏。美国制度经济学家凡勃伦最先注意到这一现象，它反映了人们进行炫耀性消费的心理愿望。

如果新娘这一"产品"是因成色好、气质佳，或与自己情投意合而价格高企，那么尽情炫你的耀，让别人说去吧！

综述：不痛快，无婚姻
江南春与陈玉佳：爱上女主播
李兆会与车晓：另类富二代寻人路线
姚明与叶莉：体坛伉俪，财富新秀
罗红与王蓉旻："好摄之徒"的生活隐痛

综述
不痛快，无婚姻

2011 年 4 月，"股神"沃伦·巴菲特的儿子彼得·巴菲特来到中国宣传他的新书《做你自己》（*Life is what you make it*）。不少中国媒体都称彼得为全世界最受人瞩目的"富二代"之一。

"美国没有富二代啊，你们觉得我符合条件，可从小时候开始，父亲就要求我自食其力。"彼得如是说。

彼得是美国一位有名气的音乐家，1991 年第 63 届奥斯卡最佳影片《与狼共舞》中的"火舞"配乐就是他作的曲。那个时候他 33 岁，一位事业小有所成的青年才俊。

他说自己从没想过继承父业这回事。众所周知的是，巴菲特 2006 年时宣布，将自己所持有旗下伯克希尔公司的绝大部分股份（市值超过 400 亿美元），陆续捐给他的好友——比尔·盖茨夫妇的基金会，巴菲特倒也打算给每个孩子留大约 10 亿美元的"家产"，但仍然是以注入慈善基金会的方式。

就在 2011 年 4 月，美国银行发布的一项调查结果显示，财产超过 300 万美元的美国富人当中，计划将来把财产留给子女者"少得可怜"。此前更有美国逾百名亿万富豪联名向国会请愿，希望千万不要听取一些声音而取消遗产税，因为让子女不劳而获是"最大的错误"。

　　和从来没有被父亲要求进入华尔街一样，彼得的两次婚姻，也完全是自己的选择，他现在和第二任妻子珍妮住在纽约。

　　与彼得有类似状况的美国青年才俊（当然现在的彼得有些老了）不计其数。譬如创办了彭博社的纽约市长迈克·布隆伯格的女儿，生于1983年的乔治娜·布隆伯格，对政治不感兴趣，对财经传媒亦不感冒，而是对马术情有独钟，她曾两次获得北美青年马术锦标赛的冠军。毫无疑问，她找男朋友，其市长爸爸是不会进行任何干涉的。

　　彼得和乔治娜的例子在美国是一种常态。可拿到中国，情况就不同了。由于传统文化的影响和观念等因素，在很长一段时间里甚至到现在，许多中国企业家和富豪们，仍然坚定地认为子女有接班的义务。对他们的婚姻，自主权有是有，但不是百分百。2010年年初，我听一位广东的朋友说，当年的"中国女首富"、玖龙纸业董事长张茵，正为大儿子刘晋嵩物色媳妇。

　　刘晋嵩生于1982年，是张茵和前夫生的，原本不姓刘，在张茵和现在的丈夫刘名中结合后，才改姓刘。刘晋嵩在美国留学期间只要一回国探亲，就被张茵安排到玖龙"实习"，毕业后即被要求加入玖龙，2009年成为执行董事。你看，他的道路，似乎是张茵给设计好的。现在轮到婚姻了，就算是一名思想观念西化的"海龟"，也可能难违父母之命啊。当然张茵是不承认这一点的，2010年"两会"期间我问她关于给儿子"相亲"的事，她虽然否认了，但眼神里露出一丝不自然。

　　当然，并不能说子女继承家业或婚姻遵父母之命就一定是坏事，还如刘晋嵩来说，在母亲张茵眼中，他从小就比较"乖"，也认为接班是天经地义的，于是能够沉下来做事，这对家族企业来说，绝对是福音。

　　但如果是强扭的瓜，肯定甜不了，譬如我在重庆采访"摩托大亨"、宗申集团董事长左宗申时，他说一开始是希望女儿左颖接班的，但左颖兴趣不大，留学回来后，并不愿意待在宗申集团辅佐老爸，而仍然是全世界到处跑，顺便做些投资。左宗申感慨说，女儿的事情管不了，就任她去折腾吧，包括她的婚姻。

改革开放之后，富人阶层开始涌现，等他们的孩子长大成人并开始成为现在我们所说的"富二代"时，最早也是 20 世纪 90 年代中期，换句话说，70 后和 80 后——现代商业社会的中流砥柱——是中国真正意义上像彼得书名一样"做你自己"的第一代，其婚姻信条可以概括为"不痛快，无婚姻"。

富二代中多有青年才俊，但青年才俊绝不只是富二代。相反，就算看起来再开明的企业家，当他们的子女恋爱及谈婚论嫁时，他们所给出的"参考意见"，或多或少都会影响甚至左右到子女的婚姻。

当然，也有口味相同的两代人，一桩婚姻就会顺理成章，譬如俏江南董事长张兰和儿子汪小菲。

成为本章所提及的"青年才俊"所需满足的一个核心条件是，他们的恋爱和婚姻必须具有百分百的自主权。我选择了四个不同类型的商人，分别是李兆会（山西最大民营钢企掌门人）、江南春（分众传媒创始人）、姚明（前 NBA 球星、商人）和罗红（好利来创始人）。

李兆会是"富二代"吗？是的，但这个富二代样本与众不同，原因是他的父亲 2003 年年初被人枪杀了，彼时他不到 22 岁，还在澳大利亚留学，噩耗传来后只得中断学业，回家奔丧，不久后执掌海鑫钢铁。李兆会的爷爷奶奶还健在，六叔李文杰任海鑫总裁，但这不等于说他的董事长一职是虚职，也不代表他沿着父亲旧有的产业发展思路走下去。恰恰相反，他掌舵海鑫几年，助其壮大成为了一艘集产业资本与金融资本于一体的"巨舰"。我在山西采访时，李文杰酒后说，他从心底佩服自己的这位侄子。

李兆会的个人能力赢得家族充分信任，他的婚姻自然也是自己做主了。

不过，想想看，尽管李兆会和汪小菲娶的都是娱乐圈明星，但还是有本质区别的。那便是路径的不同，前者是从投资到娱乐，意外之收获；而后者是从娱乐到娱乐，有意而为之。

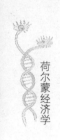

　　再来说江南春。江南春在最近一年的演讲中，说得最频繁的两个词就是70后、80后。他是1973年生人，靠个人努力创办分众传媒，并在美国挂牌上市。事业大起大落，以及结婚生子，使他蜕变为一名成熟的商人。与江南春同龄的陈天桥、丁磊、马化腾等人，是中国商界大多数青年才俊的代表。相对于王石、张瑞敏、李东生、鲁冠球、沈文荣等改革开放后中国第一代创业者而言，他们是第二代；如果说由于时代因素，第一代创业者曾走在政商混沌的边界的话，第二代们的财富积累相对要透明得多。

　　这种区别同样表现在婚姻上。与王石和王江穗的结合有父母做媒，沈文荣和陈红华的结合基于沈身上中共党员的"光辉"相比，江南春们的婚姻，完全是自己相机抉择的结果。江南春的妻子是凤凰台的主播陈玉佳，他们俩在36岁的本命年时结为连理，一个是广告业，一个是传媒业，更注重事业的相互支持与提携。

　　陈天桥的情形与之类似。他原本有可能成为上海市最年轻的区长秘书，但他"弃政从商"，于20世纪90年代末离开政府部门进入一家证券公司，不到一年后离开，创办盛大。但就在这几个月的时间里，他认识了现在的妻子雒芊芊，他们从恋爱到结婚，只有两个月的时间。雒芊芊是陈天桥的创业伙伴兼贤内助，现在仍是盛大的董事。

　　本章写到的第三个案例是姚明。姚明并不能称之为"企业家"，但我思忖再三，仍选取了这一样本。因为在运动员向商业转型的成功案例中，李宁和姚明无疑是最具代表性的两位。而相对于李宁的传统发展路径，姚明靠投资（包括实业投资和财务投资）建立了一个姚氏帝国。尽管他们俩的妻子，都是自己在体育运动生涯中的伙伴，但由于二人在商业路径上的不同，两位女人在他们婚后所承担的角色是不同的。相对于陈永妍的相夫教子，叶莉在美国陪姚明比赛期间进修会计专业，似乎是在为读懂财报作准备。

　　2011年5月中旬，胡润发布了一份少壮富豪榜，在56位年龄小于40岁的中国富豪榜上。其中，李兆会、江南春、姚明均榜上有名，他们的家族财富分别是 100 亿元、75 亿元、10 亿元。姚明是这份榜单的最后一名，同时也是上一届胡润百富榜（实际上是"千富榜"）的最后一名，但被称为"最年轻的白手起家的上榜富豪"。我对胡润说，你也是舍不下姚明这一特殊标本啊。

顺便说一下上述少壮富豪榜。56 人当中，有 44 人是白手起家的，占到了将近 8 成。少壮富豪榜的前两名分别是马化腾和杨惠妍，前者是白手起家，后者则是继承财产。广东、上海、浙江是盛产"少壮富豪"的前三大省市。

如果说把"青年才俊"也定义为 40 岁以下的商界精英的话，本章中提到的罗红，似乎就有些"老"了。我们必须承认，40 岁只是一个数字上的简单界限，譬如李彦宏是 1968 年生人，黄光裕是 1969 年生人，他们当年的创业和婚姻的情形，与江南春和陈天桥差不了太多。不过，我把罗红列入本章，并非是觉得他只有 40 岁出头，而是因为他是中国企业家群体当中，少有的能够将企业经营得很好同时自己又"玩"得特别逍遥的一位。通俗来讲，就是既有钱，又有闲。他作为一位摄影爱好者，被国际媒体评为"全球有杰出业余爱好的 24 位世界领导人"之一。

如果说出生于 20 世纪 50 年代初的王石作为企业家群体当中的登山爱好者为人们所津津乐道的话，出生于 20 世纪 60 年代末的罗红则更值得我们研究。因为万科毕竟是上市公司，治理结构完善，而且华润是第一大股东，王石准确来说只是一位经理人。而好利来并非公众公司，但罗红在摄影和商业上都能做到非常出色。

罗红现在的"两栖"生活，是现在许多 70 后、80 后想过但过不了的。我在采访他的时候说，如果有一天，中国的企业家都像你一样，能够做起"甩手掌柜"，就说明我们的商业文化已经又上了一个层次了。我并没有任何恭维之意。中国的企业家可能是世界上最勤奋的商人群体之一，但他们并不是最快乐的群体之一，除了政经体制使得他们的安全感有所缺乏之外，传统文化中"大就是美"的观念，也是让他们活得累的主要原因。

那么，掀开罗红的婚姻面纱，看一看这位年龄40多岁，而气质至少要年轻10岁的洒脱之士，是如何驾驭这一切的，特别是在婚姻遭遇危机时，是如何应对的。

从上述四种不同类型的青年才俊的婚姻中来看商业的变迁，是很好玩的一件事情。没有人不想在生活中痛痛快快地狠爱一次，正如没有人不想在商业上痛痛快快地大干一场，但现实总有很多沟壑。他们的跨越之道告诉我们，一个在恋爱和婚姻上具有充分的自主权且又负责任的商人，才有可能把企业也经营得有条理、有声色；反之亦然。

江南春与陈玉佳
爱上女主播

"70后现在都要'奔四'了，80后也正'奔三'；70后已是今天中国社会的中流砥柱，而80后更是中国经济未来的希望。"号称"中国最大的数字化媒体集团"的分众传媒创始人兼CEO——江南春于2010年8月11日在台北参加《旺报》"两岸和平创富论坛"时如是说。对出生于1973年的他而言，这更像是说给自己的一番话。

江南春祖籍宁波，在上海长大。2009年，即其36岁本命年的7月，他在台中市与凤凰卫视主持人陈玉佳结为夫妻；陈是台中人，彼时已有4个月的身孕。这一年年底，她生下一子。

江南春2010年在公众视野的几次露面均非常有意思。第一次是年初参加的一场婴童行业论坛，江南春大谈育儿经。第二次即参加上述台湾《旺报》的论坛，《旺报》是旺旺集团董事长蔡衍明一年前创办的一份媒体，而江南春和陈玉佳儿子的小名正是"旺旺"！

中国不少企业家都钟情女主播。江陈二人是怎样的一对组合，财经男和女主播的搭配又有着什么样的规律呢？

别有风味的"江陈会"

台湾海基会董事长江丙坤和大陆海协会会长陈云林之间的商谈被台湾媒体称之为"江陈会"。截至 2009 年 4 月底，"江陈会"举行了 3 次。非常有趣的是，3 个月后，当江南春和陈玉佳在台中市大办婚礼时，有台媒饶有兴致地称这是另一个版本的"江陈会"，甚是形象。

江南春和陈玉佳的婚宴开了 25 桌，来宾当中不乏各路豪杰，如台中市市长胡志强、旺旺集团董事长蔡衍明、凤凰卫视总裁刘长乐、新浪 CEO 兼总裁曹国伟等。二人先是在欧式花园中的圆拱形花门下举行证婚仪式（证婚人是刘长乐，主持人为胡一虎），然后在众人祝福声中放飞气球，订下终身。婚礼现场还播放了他们亲手剪辑的见证其牵手的"纪录片"——两人不愧都是传媒界人士啊。

2009 年 11 月我到台湾参加《远见》杂志主办的华人企业领袖高峰会时，现场听台中市市长胡志强谈 ECFA（海峡两岸经济合作框架协议），他的构想十分大胆前卫。台湾的朋友告诉我，胡一直是位激情四射型官员。在江陈二人的婚礼上，他亦不例外。"我是台中的大家长，刘长乐老板是凤凰的大家长，佳佳是台中的女儿，台中市人才辈出，台中出品，必属优秀！"胡志强在致辞时称。

最为有趣的胡志强也开起了"政治玩笑"："江陈会（指江丙坤、陈云林）第 3 次才拥抱，但这个（指江南春、陈玉佳）一定不会等到第 3 次才拥抱！"他笑着问两位新人什么时候拉手的，"第一次约会时就拉手了！"江南春说，言外之意是二人属一见钟情。

顺便一提的是，2009 年 12 月，第 4 次"江陈会"在台中市举行时，胡志强没有了几个月前的轻松劲儿，而是紧张到了极点，因为容不得出半

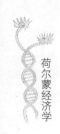

陈玉佳、江南春

图片来源：CFP（视觉中国）

点纰漏，更不敢想有流血冲突发生。

陈玉佳毕业于台湾"国立中兴大学"企管系，毕业后在一所高职学校当过营销学老师，后来进入电视行业，先是在台湾卫视（TTV）任主持人，后转到八大电视（GTV），最后加盟凤凰卫视，主持《凤凰气象站》和《新闻 Fun 轻松》，2008 年北京奥运会期间主持过《金牌大猜想》。

江南春毕业于华东师范大学中文系，是一位学生诗人，入校不久后就任学校"夏雨诗社"社长。起初一年的时间里，他始终沉浸在文学的世界里。直到大二下学期，他开始在一家广告公司兼职，商业才能很快显现出来，大三时（1994 年）成为校园里"带着 4 万多元的移动电话上课的同学"。这一年，他创立永怡传播公司。这是分众传媒的前身，分众传媒于 2005 年在美国纳斯达克挂牌上市。

据陈玉佳称，2007 年 10 月，她在北京大学读 EMBA 时，在课堂交流时讲到分众传媒的案例，后通过朋友与江南春相识。由于两人同年同月生，距离被拉近，不久后擦出了感情火花。江南春称自己与陈玉佳属"同一种企业文化"，所以"没什么融合成本"，"我是双鱼座，她是白羊座，很好相处的"。江南春似乎对星座颇有研究。

有人说婚姻对江南春改变较大——先前那个雄心勃勃、停不下脚步的创业者不见了，双休日关掉手机、陪伴妻儿成为如今江南春最惬意的事情。而在我看来，分众传媒经历过大起大落后，江南春本已到了放慢脚步的时候了，婚姻只是适时充当了催化剂而已。

从来都是幸运儿

与陈玉佳相识之前的江南春是一个样子，相识之后的江南春是另外一个样子，前后泾渭分明，判若两人。

前一个江南春的特征是富有激情、焦躁、好胜。江南春曾放言，要将所有的竞争者都远远甩在屁股后面。他讲这话是有底气的，那便是分众传媒仅用两年半的时间，打造出了一个遍布中国 40 多个城市，2 万栋楼宇，日覆盖 3000 万中高收入阶层的楼宇电视广告网络，月营收超过 4000 万元，并于 2005 年 7 月登陆纳斯达克，融资逾 10 亿元人民币，创下当时纳斯达克中国概念股融资规模之最。

随后两年半的时间里，江南春和他的分众传媒更是显现出一种"舍我其谁"的气场，疯狂扩张，先后并购了数十家公司。"我不停地盯着财报看，"江南春后来接受《外滩画报》采访时称，"如果你用赚 1 倍的钱，去买赚 5 倍的钱，你的 1 元钱马上就变成了 5 元，这很容易让人着魔。"

这个时候，结婚生子对像打了鸡血一般的江南春来说，是遥不可及甚至令人憎恶的事情。"我觉得孩子会耽误我做事情。"他说。

除了将分众传媒做得更大更强之目的外，江南春想用最快的速度向投资者证明自己的英明，然而到头来，他陷入一个和自己较劲的怪圈里。因为每一次并购，分众传媒股价都会跃升，江南春便随之兴奋，为了维持这种快感，他只有加紧持续并购。问题是，双鱼座的他，并不是一个果敢的

人，他专断但不果断，接二连三并购掩饰了决策前他的纠结和痛苦，但对他而言，似乎除了往前走，别无他选。

江南春的赌性表现得最为突出的一场战役是并购玺诚传媒。玺诚是分众当年强劲竞争对手之一，在分众上市后，希望"卖身"，但遭江南春拒绝。当两年后玺诚也要挺进纳斯达克时，江南春大惊失色，遂在其上市前夜，以超过 10 亿元人民币的现金闪电收购。结果玺诚的表现令投资者大失所望，江南春于 2008 年年底宣布重组玺诚。

2008 年年初，35 岁的江南春让出 CEO 一职，一方面，他认为"分众帝国"基本成形，应当尝试走职业经理人的路子；另一方面，和陈玉佳的相恋，点燃了他对享受生活的向往，尤其是如江南春所言，二人性格、价值观、人生观、处事原则都相近，"很有趣味，生活不会那么累"。

正是在 2008 这一年，玺诚的不景气、无线业务的歇业等，使分众完全陷入低潮，之前疯狂的并购也戛然而止。似乎应了那句老话"鱼和熊掌不可得兼"，这和本书中写到的另一对夫妻——TCL 集团董事长李东生和妻子魏雪的情形极为相似，TCL 在受海外并购严重拖累时，李东生收获了爱情。

如果不是事业遭遇大俯冲，江南春很难开始认真反思分众的商业模式和自己的性格缺陷，而如果没有陈玉佳的出现，江南春的反思就不会那么深刻，相反可能蜻蜓点水，匆匆展开反攻。从某种意义上来说，江南春从来都是个幸运儿。

2009 年年初，他重任分众传媒 CEO，坦言要克服自己好斗和专断的冲动，谨慎作出决策。这时，他和陈玉佳的婚姻也确定下来，一切都是令人期待的新的开始。"我终于找到了原点。"他说。他也曾想把分众卖给新浪，自己彻底"歇一歇"，结果未能如愿，只好从新赶路。

结婚后的江南春焕然一新，其特征是沉稳、老到、幽默、享受生活。虽然终有一天他还是会按捺不住自己的冲动，在事业上烧一把旺火——无论是率分众传媒痛打翻身仗，还是将分众传媒卖个好价钱，他至少不会像先前的那个"江南春"一样自以为不可一世了。

江南春和陈玉佳刚开始恋爱时，陈玉佳叫江南春"春春"，据台湾媒体报道，后来全球金融海啸，她改称江南春"旺旺"，意思是希望事业不受冲击，越来越旺。陈玉佳怀孕后，他们约定：如果是女儿，小名就叫小旺妹；如果是儿子，小名则是小旺旺。

2009年8月8日，医生打电话告诉陈玉佳她怀的是儿子，江南春知道后非常兴奋，因为8月8日是台湾的父亲节。"这一消息是他（江南春）在父亲节收到的最好的礼物。"陈玉佳后来回忆称。

分众传媒2008年和2009年的净亏损分别为7.707亿美元和2.088亿美元，2010年，净利润为1.843亿美元，算是打了个翻身仗。"通过重新专注于核心业务，2010年是分众强劲增长的一年。"江南春在年报发布会上称。

江南春最近两年参加一些论坛，所谈话题总是70后、80后是社会发展和消费的主力。2010年在《旺报》论坛上这样讲，在3个月后的创业家年会上这样讲，2011年在一次酒业论坛上这样讲，之后在一次电子商务投融资论坛上，还是这个话题。江南春是我见过的在不同论坛中最具应付能力的企业家之一——他现在显然已经厌倦了出席名目繁杂的各种论坛。

财经男的女主播情结

这年头，诗人——特别是经济条件不佳的诗人如果有些张扬，往往会被人贴上"寒酸"的标签，而资本雄厚者呢，往往常以缅怀自己当年的诗人生活，或抑或扬当下的生存状态，江南春便是一例。2010年，江南春有次对媒体记者说，如果自己还保留有当年的纯真，今天也许会是个很棒的诗人。"像奥地利诗人里尔克一样写诗是我的一个梦，"他说，"如果可以选择，我愿意在一个花园里，轻轻松松写着小诗。"

不过话又说回来，有一项或曾经有一项特殊的个人爱好，是能够为自己的人格魅力或企业家形象加分的，特别对生于20世纪70年代及之前的

中国商人来说，这项个人爱好能够有效地帮着褪去身上的一些草莽气——不管这草莽气是自己真的带有的，还是仅存在于公众意识当中。代表人物如写诗的江南春和黄怒波，玩摄影的罗红和杜厦，热衷国学的茅忠群和梁冬等。

"爱上女主播"算是一种爱好吗？这问题既八卦又严肃。2009年8月，英国《金融时报》中文网发表了一篇署名为吴迪的撰稿人文章，标题是《成功男人有女主播情结？》。作者开篇引用了一位"海龟"男的经典语录："我这样的，即使找不到凤凰卫视的，怎么也应该找个央视N台的吧。"

这话够雷人，但很率性。众所周知的商人和女主播结合的例子除江南春与陈玉佳外，还有郭广昌（复星集团董事长）与王津元（上海电视台主持人），吴征（阳光媒体和红岩资本创始人）与杨澜（《杨澜访谈录》主持人），丁健（亚信科技创始人之一、金沙江创投董事总经理）与许戈辉（凤凰卫视主持人），王梓木（华泰保险董事长）与敬一丹（中央电视台主持人）等。

上述四对案例中，除了1985年结合的王梓木和敬一丹均是第一次走进婚姻殿堂外（之前他们同时分别考上了北京广播学院和清华大学的研究生）外，其他三对，均是费了一番"周折"后才走到一起，并被人贴上郎才女貌等标签的。

郭广昌的元配夫人是他的师妹谈剑，复星集团当年五位创始人中的唯一女性。二人离异后，郭广昌与另一位师妹、上海电视台主持人王津元结合，他们后来生了一个女儿。郭广昌参加中央电视台2004经济年度人物颁奖礼时，王津元就坐在台下。他声称在家里常接受妻子大人的"访问"。央视主持人陈伟鸿问，未来希望给自己的子女留下什么，"首先我想我的财富会留一些给我的女儿，因为我不想我可爱的女儿像我这样劳累，"郭说，"但是更重要的我会给她健康……并让她去做自己喜欢做的事情。"

值得一提的是，谈剑与郭广昌离婚后并没有离开复星。她现在的身份是复星集团监事长、星之健身俱乐部董事长。星之健身俱乐部隶属于复星集团旗下的体育产业部，2001 年即成立，旗下还有投资管理和文化传播等子公司。离异后仍默契有加，而且还是这家中国最大民企之一的"监事长"，这的确是中国商业史中少有的婚变样本。

吴征和知名女主持人杨澜的公众熟悉度更高一些。他们结合前，分别有过一次婚姻。杨澜与前夫的婚姻仅维持了一年左右，她在哥伦比亚大学读书时与吴征相识，后来给吴征生了一儿一女；丁健与凤凰卫视主持人许戈辉结合之前，也曾有过一次婚姻，他们的结合极为低调，有意避开公众视线，许戈辉后来为丁健生下一女。

女主播往往被认为是"知性美女"的代表群体之一。"爱上女主播"在中国财经界形成了一道亮丽风景线。最近几年另一个路人皆知的例子，是原国家开发银行副行长王益与央视主持人刘芳菲的恋情，王益后来踉跄落马，一审被判死缓。刘芳菲在法庭作证时称自己和王益一度谈婚论嫁，只是"因王益家人反对"，造成两人无法成婚。

把王益归入自己同类人的行列或许会让江南春觉得有些"别扭"，但就像江南春有着诗歌情结一样，王益有着浓烈的音乐情结——曾创作大型交响乐《神州颂》。独特的个人爱好，殊途同归，都为他们征服女主播增加了筹码。

李兆会与车晓
另类"富二代"寻人路线

最近几年，李兆会（海鑫集团董事长）家族始终是各式富豪榜上的"山西首富"，胡润在 2009 年和 2010 年给出的财富估值都是 100 亿元；海鑫集团是山西最大的民营企业，主业是钢铁，另外涉足资源、金融、地

产、儿童教育等诸多行业。

我应该是唯一一个和李家人喝过酒的财经记者，时间是2009年5月底。

那个时候，坊间盛传海鑫钢铁可能被山西最大的国有钢企——太原钢铁并购。我想一探究竟，于是跑到山西采访，从太原到运城，最后来到闻喜县。遗憾的是李兆会当时不在山西。不过我和李文杰——李兆会的六爸（六叔，山西人叫法；海鑫集团总经理）软磨硬泡，使得这位号称从不接受媒体采访的家伙不但开了口，还邀请我和他们家族的人一起喝了顿酒。

我猜那天李文杰一定有什么高兴事，他跟我聊了许多，聊家族事，聊企业经营，甚至还聊了政商关系。他希望我回去后不要写什么文章。我没有答应，也没有不答应。

我后来还是写了一篇报道，虽然主题是关于并购，但李文杰肯定还是不高兴。2010年1月初的时候，我之前采访过的一位海鑫钢铁的员工发邮件给我，说李兆会月底大婚。我向李文杰求证，他不接电话，也没有回短信。

1月25日，李兆会大婚，新娘是华谊女星车晓——她在电影《非诚勿扰》中出演那位"一年一次"的性冷淡女。一个1981年生，一个1982年生，算是挺般配的了。

这是一场隆重的婚礼，闻喜县这天热闹非凡。不少政府官员前来道贺——作为纳税大户的海鑫集团向来是当地政府的座上宾，现在他们自然要投桃报李；一些一线的演艺红星均有贺礼相送。最为开心的要数海鑫的近万名工人，每人都有500元左右的红包。李兆会"富二代"和车晓演员的角色，使得二人的婚礼备受瞩目。

尽管我没有到婚礼现场，但是看到一些娱记的报道，有些忍俊不禁。

婚姻路径

李兆会和车晓是如何认识的呢？

李兆会和新娘车晓

图片来源：CFP（视觉中国）

他们举行婚礼那几天，一家媒体记者称"好不容易才从一位知情人士口中得知，车晓与李兆会的认识是在去年年初和成龙的一次饭局中"。报道还称，"成龙海仓慈善基金"是以成龙和李兆会父亲李海仓的名字命名的。

这家媒体一本正经的姿态实在可爱，颇有娱乐精神。

第一，据我所知，李氏家族成立有慈善基金会，但是名称为"海仓慈善基金会"。第二，这一基金会的成立时间很晚，2008 年年中李兆会才开始筹备，9 月向民政部递交材料报批，12 月中旬才拿到牌照，而这个时候，车晓和李兆会已相识。第三，成龙确实是海仓慈善基金的形象大使。

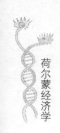

2009 年年底基金会成立一周年庆典在北京举行，成龙和翁虹夫妇等艺人都有出席，但是一个月后李、车二人在山西大摆婚宴时，成龙正在广州宣传他的新片《大兵小将》，有记者好奇地问起他的"媒人"角色，成龙没有回答，但坦言自己并不知道他们要结婚。

李兆会是一个办事缜密的人，他为海仓慈善基金找一位总干事都煞费苦心，如果成龙果真与他私交甚好，怎么可能在全世界都知道他和车晓大婚的消息后，成龙并不知情呢。

与人们以娱乐圈思维去演绎李兆会和车晓相识的过程太单纯了些。在李兆会处，娱乐没有圈，资本才是红娘——李兆会与生前被誉为"山西钢铁大王"的父亲李海仓相比，更精确地来说是一位"资本家"——他与马云、鲁伟鼎（万向集团总裁，鲁冠球之子）等人关系甚密，而马、鲁二人皆投资了华谊兄弟，是华谊的股东。车晓出演《非诚勿扰》与之后嫁与李兆会，就不难理解了。

"李兆会—马云和鲁伟鼎—华谊兄弟—车晓"这一财经图景才是这场婚姻的真实路线。

最近几年，李兆会待在闻喜的时间非常之少，他频繁穿梭于上海、北京、香港等地，在资本市场上玩转魔方（股票、期货等），为海鑫集团"输血"。譬如，在 A 股市场最为火暴的 2007 年上半年，李兆会抛售近 1 亿股民生银行，套现逾 10 亿元；下半年又先后吃下银华基金 21% 的股权、山西证券 3.84% 的股权。这一年中，他更是在二级市场买卖过中国铝业、鲁能泰山、益民商业、华电国际、兴业银行等多只股票，手法十分凌厉。

李文杰告诉我，2007 年海鑫在资本市场的收益达 20 亿元，即使在市场惨烈的 2008 年，其收益亦逾 10 亿元。"这些都是兆会的功劳。"他说。

2009 年 3 月底，海鑫又将所持 3866 万股民生人寿保险股份转让给浙江万向集团旗下一家资产管理公司（转让后海鑫仍持有民生人寿逾 3.7 亿股），李兆会与鲁伟鼎的关系不言自喻。

两个月后我和李家的人喝酒，是在闻喜大酒店，这是闻喜县最好的酒店，李兆会和车晓后来的结婚宴会，也是在这里举行的。山西人的酒量实在太好了，李文杰更不一般，他那些侄子们（李兆会的堂哥堂弟）喝得有些摇晃了，他还是一脸镇静。在我们的包厢里喝完，他又拿着酒瓶和酒杯上楼，和楼上另一包厢里同样喝得酣畅的闻喜县政府领导们举杯畅饮。

我被李文杰"点名"和他一起上楼陪当地政府官员们寒暄，其中几个官员，其实我白天采访过，算认识了。我看李文杰喝了不少，问他是否可由我替他喝几杯——我显然太不懂规矩了，他连忙拒绝，坚持自己喝。从楼上下来时，他倒是有些微醺了，不过还是不忘向我强调："海鑫3年内销售额会做到300亿元（2008年的销售额为120亿元）。"

天知道他究竟喝醉了没有。

郎才女貌

车晓何许人也？她是北京电影学院表演系2004届毕业生，海军电视艺术中心的演员，经纪公司是华谊兄弟，出生在北京一个文艺氛围浓厚的军人家庭。小名车妞，父亲车晓彤和母亲王丽云都是总政话剧团的演员，前者演过《长征》、《使命》、《亮剑》、《建国大业》等革命和红色题材剧，是刘伯承的"首席替身"；后者的代表作有《幸福像花儿一样》、《婆家娘家》、《北风那个吹》等。

有趣的是，王丽云1991年和葛优等人合作的电影《过年》使葛优获得了当年的百花奖最佳男配角奖；时隔17年后，车晓在电影《非诚勿扰》中和葛优搭戏，获得了第30届大众电影百花奖最佳女配角提名。

车晓给人的感觉是性格直爽，城府不深。她获得百花奖提名时，有人问她的感受，"我得到提名已经很满足了，"她说，"要是只出现4分钟就能拿奖，也太赚了！"

车晓父母一直为车晓的婚姻着急，王丽云有次做客北京电视台一档节目时，坦言担心车晓成为"剩女"，并曾发动亲戚朋友为其物色人选。而

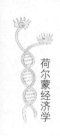

王丽云的朋友、演员舒耀瑄到影院看了《非诚勿扰》后，非常可爱地打电话给王丽云，问她"寻婿工程"的进展如何。

殊不知，那个时候，车晓已结识了李兆会。

李兆会是一位非常特别、有些另类的"富二代"。"另类"源自命运的残酷——2003年1月20日，他的父亲李海仓在自己的办公室因为一起小纠纷被与他同岁的一位同乡枪杀，震惊全国，有人称"一只蚂蚁把一头大象给轻轻绊倒了"；彼时在澳大利亚留学的20岁出头的李兆会于是被紧急召回国内，不久后出任海鑫集团新掌门，他的六爸李文杰任海鑫集团总裁。

需要提及的是，2002年11月27日，全国工商联亮相的新一届领导班子中，非公有制经济人士首次过半，新当选的全国工商联副主席当中有11位民营企业家，李海仓名列其中，另包括柳传志、张宏伟、罗康瑞、王玉锁等人。然而没有想到的是，两个月后，李海仓即死于非命。

如今的海鑫集团主楼大厅里摆着李海仓的塑像，鲜花簇拥。给我印象最为深刻的是李文杰、李兆霞（李兆会妹妹、海鑫集团副董事长）等公司高层办公室墙上的两样东西，一是实时监控大屏幕——所在楼层楼道里发生的一切，尽可掌控，如有情况，可马上撤退（显然，李海仓遇刺后，李氏家族对安全事宜非常重视），二是皆挂有李海仓的巨幅画像。

从父亲去世到如今大婚的7年中，李兆会因为异常低调，使得他在外人眼中越发神秘。无论如何，他掌舵海鑫后，李海仓当年创造的"双50"（企业总资产50亿元，年销量额50亿元）的数字，翻了一番，达到"双100"。

青出于蓝而胜于蓝。到底是父亲被害后的临危受命造就了他的这种脾性，还是其性格原本彪悍，抑或两者兼而有之？

答案自然是兼而有之。据李兆会在澳大利亚读书时的同学称，他在澳洲时憨态可掬，很孩子气。父亲被害改变了这一切，或者说让李兆会将本属于自己年龄段的性格束之高阁，取而代之的是要直面危局，并在爷爷奶奶的帮助下消除家族纷争、理顺公司股权。他成长的加速度显然应当也必须超越同龄人。

从这一点来说,车晓与李兆会的结合可用郎才女貌来形容——前者并非花瓶,后者止于骄逸。

回归传统

李兆会和车晓的婚礼是完完全全的中式风格,且就在李氏家族所在的山西闻喜县东镇操办,显然有告慰长辈之意。

婚礼上的几处细节可见一斑。一是李兆会和车晓身着传统的唐装和旗袍,车队前是两排中国舞狮子,海鑫集团门口搭起了彩色拱门,路两旁的树上挂满了红灯笼和红飘带,不收下属彩礼,而是向员工大派红包——所有这一切,都是李兆会爷爷和奶奶的意愿,这两位家族权威对最富山西传统特色的习俗情有独钟。

二是尽管宴席摆在闻喜大酒店,但婚礼是在海鑫集团厂区内的体育中心举行,而李海仓当年就安葬在海鑫厂区。

三是李兆会大婚前的请柬都是以母亲的名义发出的,李兆会的细心显露无遗。"认亲"部分也极为隆重,台上的李兆会的爷爷奶奶、母亲及六爸、车晓父母,以及台下大爸、二爸、四爸等家人坐看新人行地道而隆重的山西礼数。

对婚礼上的李兆会本人而言,他一改平时的神秘和深沉,变得非常开放甚至调皮。譬如一开始婚礼上禁止拍照,李兆会知道后取消了这一规定,又如当主婚人让李兆会现场亲吻车晓时,李满脸笑容,孩子气地向嘉宾们喊道"想看的话,掌声就再热烈些"。

与其说此时的李兆会与资本市场上手法凌厉的李兆会几乎判若两人,不如说这是他真实的另一面。我在《他们比你更焦虑:中国富豪们的隐秘忧伤》一书中,于一篇题为《江湖冷艳,重返原点》的短文中写道:"大

佬们的忧郁多种多样，为财富多寡忧郁，为政商关系忧郁，为公司治理忧郁，可是到最后往往发现，最记挂的还是自己的安全、健康，妻儿的聚散和家庭的幸福。"

李兆会令人敬畏之处，在于将内心质朴的个性和凶狠的商海手法非常好地糅合到了一起。在目前家族财富超百亿的 80 后"富二代"之中，自觉做到这一点的并不多。李兆会和新希望集团董事长刘永好之女刘畅等是难得的样本。

如果非要给 80 后的"富二代"的生活再画个符号的话，那么就像股票市场的"大小非"一样，"富二代"同样有"大小富"之分。当然，这里所谓的"大"与"小"除了与财富的多寡有关外，同时与财富观和财富品质相勾连。

如果说"富二代"们有一个共同的"短板"的话，那便是他们大多不习惯像上一代人一样拥有处理政商关系"你中有我，我中有你"的手法。李兆会也在此列。7 年当中，李兆会与李海仓生前最大的不同，则是在政商关系处理上风格的二致。

山西省钢铁行业协会秘书长祝峰亮告诉我，在 2007 年山西钢铁行业协会的一次会议上，时任协会会长的太钢董事长陈川平（后任山西省副省长）及其他副会长级的钢企负责人在主席台上就座，同为副会长的李兆会未能前来参加，由李文杰代为参加，按照游戏规则，李文杰只能在台下就座；第二年，李文杰干脆也不参加，而是由海鑫一位副总经理代劳。

在山西这样一个非常注重人情世故的北方能源大省，不善于甚至不屑于主动维护与政府间的关系显然在常人眼里是不可思议的事（准确来说，海鑫不注重维护与省级政府部门的关系，它和闻喜县政府的关系甚密）。2009 年 5 月，麻烦来了。在全国钢铁业重组浪潮中，山西最大的国有钢企太原钢铁有意将海鑫钢铁纳入麾下。李文杰告诉我，他和李兆会的应对之策是太极拳法。

并购事宜后来暂时搁浅了，但并没有终结。按照山西省的产业规划，太原钢铁将在几年内成为山西省的"巨无霸"（通过疯狂并购组建山西钢铁总公司）。海鑫钢铁与之或明或暗的博弈仍在进行中。2011年4月底，山西省委书记、省人大常委主任袁纯清等人，在山西运城市和闻喜县众官员的陪同下到海鑫集团视察。这一事件到底预示着山西省委省政府对李氏家族的重视，还是说他们仍在为太钢并购海鑫作"行政性调研"呢，坊间声音不一。

不过在我看来，多年之后，当李家爷爷奶奶去世，当李文杰慢慢老去，海鑫完全由二代掌控时，也不排除李兆会将海鑫钢铁卖掉的可能性；金融投资和资本运作远比管理一个员工超过万人的钢铁企业省心得多，而海鑫集团2011年年初进军儿童教育等行业的举措，也意味着李家在积极寻找新的利润增长点。

无论海鑫这一"山西最大民企"最后的命运如何，车晓大概只能是个旁观者的角色了。她在商业上给不了李兆会什么启发，她同时也难舍演艺舞台。"我不会因为生活好了就放弃演戏，"车晓在2010年11月初参加"时尚先生盛典"时说，"如果有一天我不干这行了，不是别的原因，只是因为厌倦了，跟结婚一点关系都没有。"

姚明与叶莉
体坛伉俪，财富新秀

"我不会为房地产公司代言的，"姚明一脸严肃地说，"现在房价确实高。"

2011年4月中旬，姚明回国参加博鳌亚洲论坛青年领袖圆桌会议。其间的一场公益酒会上，谈及代言话题时，他这样说道。

在本书选取的所有的案例当中，只有姚明和叶莉不能称做是严格意义上的企业家伉俪。我一开始想选李宁和陈永妍，他们当年也都是体坛明星，李宁公司 2004 年就在香港上市，李宁成为中国运动员当中商业转型最为成功的代表。2010 年胡润百富榜上，李宁财富为 100 亿元人民币。

但我还是选择了姚明，他在 2010 年胡润百富榜上资产是 10 亿元。抛开财富多寡来说，姚明这个样本也非常有价值——与出生于 1963 年的李宁相比，出生于 1980 年的姚明走的路线要现代得多——包括财技。除了在 NBA 拿到超千万美元的年薪外，姚明的收入还包括三块，一块是代言费，一块是股票投资——他是 A 股上市公司合众思壮的第四大股东，第三块是实业投资，众所周知的包括上海男篮、加州健身俱乐部、YAO 餐厅、巨鲸音乐网等。

姚明和叶莉是 2007 年结的婚，3 年后叶莉生下一女，起名姚沁蕾。也就是说，他除了球员和老板等角色外，丈夫和父亲之角色也是重要或说是最重要的一部分。

姚明的财技是如何练成的，在姚明的诸多身份特别是商人身份中，叶莉又扮演着怎样的角色呢？

不俗的商业运作

姚明在 NBA 的年薪是多少？作为"选秀状元"的姚明 2002 年和火箭队签了一份 3 年的合同，总价值是 1804 万美元。到 2005 年的时候，又签了一个 5 年的合同，分别为 1245 万美元、1376 万美元、1507 万美元、1638 万美元、1768 万美元。

美国著名篮球新闻网站 HOOPSHYPE 2010 年 9 月初公布了 2010—2011赛季的 NBA 部分球员的年薪，并列出了年薪最高的前 30 位 NBA 球员，科比以 2480 万美元的年薪名列榜首，姚明以 1768 万美元的年薪位于第八。

姚明一年的商业代言收入在 1700 万美元左右，这和他在 NBA 的年薪

姚明、叶莉和女儿姚沁蕾

图片来源：CFP（视觉中国）

不相上下。这个数字来自于 2010 年《体育画报》公布的国际职业运动员收入排行榜。姚明一年收入为 3437 万美元（约 2.3 亿元人民币）。

他代言过或目前仍代言的品牌有几十个，2010 年 7 月他回了一趟国，一周多的时间里就拿下魔声耳机和汤臣倍健两份代言合约。汤臣倍健是保健品直销企业，比较敏感。姚明接下这一单，关键的一环是，他对"姚之队"（姚明商业策划团队）负责人章明基的充分信任，他在发布会上称："我现在也有女儿，更重视家庭，对健康的认识更加感性。在做慈善之外，我也非常希望大家都能关注健康。"

坊间有消息称姚明这一项代言的进账就达千万元人民币。不过，汤臣倍健不差钱，它请姚明代言，更主要的原因是为其冲刺创业板 IPO 助威。

姚明任代言人不到 5 个月，汤臣倍健以 110 元的发行价成为这一年创业板的最贵 IPO，融资额近 15 亿元。

实业上，姚明投资 YAO 餐厅和巨鲸音乐网是在 2006 年，投资加州健身俱乐部（"姚明运动馆"）和上海男篮是在 2007 年——"姚之队"似乎是有意赶在姚明、叶莉举行婚礼前，助其完成商业上的布局。但是，如果说所有投资从主意到执行，都是"姚之队"在运作，姚明只是财经界的"傻大个"，那就大错特错了。

2010 年 4 月 2 日，北京一家名叫合众思壮的企业在 A 股挂牌上市，它是国内领先的卫星导航定位产品生产和服务企业，姚明是合众思壮"任我游"产品的代言人，持有这家公司 67.5 万股原始股，为第四大股东。合众思壮受到了资金的热烈追捧，上市后两个交易日股价就突破了 100 元，也就是说，姚明这一项投资，账面财富就达 6750 万元。

合众思壮上市前几天，在朋友的牵线下，我在北京和其创始人兼董事长郭信平长聊过四小时。郭信平是山东人，技术男，接受采访的头一小时，他都沉浸在自己的世界里，大谈卫星导航原理，在纸上画满图形，从美国的 GPS 谈到中国的北斗，兴奋得眉飞色舞。他告诉我，他是 2005 年和姚明接上头的。彼时合众思壮公司是美国最大的导航型 GPS 生产商——Garmin（中文译为"佳明"）的中国总代理。郭信平看中了姚明，建议佳明公司聘请姚明做产品代言人。

碰巧的是，佳明公司的会计师和姚明的会计师在同一家事务所任职，一番牵线之后，姚明与佳明公司顺利签约。3 年之后，郭信平自己签下已非常熟识的姚明为合众思壮的代言人。这个时候，合众思壮与佳明的合作已经越来越"松散"，2011 年起郭信平正式与佳明彻底分手。

"我公司（合众思壮）及所在行业的资料、数据、分析报告，姚明本人都会逐一查阅，"郭信平说，"他会很直接地就合作细节提出疑问和建议。"

我听了郭信平这句话后很是吃惊。现在不少演艺或体育明星做投资，要么是跟投，要么就是"被投资"，姚明这种认真和细致，确实很难想象。这正是他成为合众思壮第四大股东的开始。

姚明不仅有着独到的投资眼光，而且还善于抓住机会将团队利益最大化。细心的人可能注意到，其实巨鲸音乐网财务总监应旻子与姚明并列合众思壮第四大股东，而姚明是巨鲸的投资人之一。我问郭信平，应旻子到底是怎样一个角色，是姚明或者章明基的代理人吗？郭信平笑而不语，只称"里面的关系复杂"。

低调的婚礼

叶莉是 1981 年生人，比姚明小一岁，也是上海人。他们 1997 年认识，1999 年开始恋爱（当时东方男篮和东方女篮住在同一个训练基地），2007 年 8 月结婚。他们是典型的职业伉俪。这和李宁、陈永妍夫妇很是相似，陈永妍和李宁也是同乡，两人少年时期进入广西体操队。1982 年新德里亚运会上，李宁和陈永妍双双夺得了男、女子体操全能冠军，两人感情升温，这时的李宁 19 岁，和 1999 年的姚明一样。

姚明在和叶莉结婚前传出过一条有些无厘头的绯闻。2007 年年初，美国《体育画报》一名记者报道了一条消息：姚明和比他大 10 岁的黑人女演员尼娅·朗走得很近。"姚明从小就观看尼娅主演的电视剧《贝莱尔的新鲜王子》，他曾多次邀请尼娅与其约会……"

"这也太离谱了吧！"姚明此后接受国内的《体坛周报》采访时说。他说看到这一消息时，叶莉就在他身边："那哥们儿也太能编了。都什么跟什么呀？而且尼娅也太矮了，才一米五七，我是两米二六，听着靠谱吗？"

2007 年 8 月 6 日，姚明和叶莉走进了婚姻的殿堂。不过对想"挖料"的记者们来说，这一天相当令人沮丧。原因是姚家的保安和保密工作做得太靠谱了。

晚上 6 点半的婚礼，不少记者中午就开始到上海浦东香格里拉酒店蹲

点，下午两三点时，酒店大堂聚集的记者及摄像就将近50人。有急性子者通过宾客电梯上到三楼，想到婚礼现场的盛世堂提前"踩点"，却发现那时已摆上了护栏，且有两位酒店保安把守。3 半点左右，有人发现盛世堂还有另一个通道，三道护栏，保安人数众多，一直通向室内的红地毯可能超过50米长、8米宽。记者们深信，姚明一定会从此处走进婚宴大堂。

一直等到五点半，身着白衬衣、黑西裤的姚明，突然从婚礼大厅旁边一个之前大家都不在意的休息室走出，大步流星走到不远处的消防通道，不足10秒钟便没了踪影，直到婚礼开始，他直接和叶莉出现在一起。一切看起来就像是变戏法。

一位当时在现场"蹲点"的记者朋友告诉我，当时一位女记者在等待过程中颇感无聊，弹起走廊一头摆放的钢琴，而且弹的是婚礼进行曲，一下子吸引了大伙的注意力——大家以为姚明和叶莉出现了。最惨的要数那些在上海几个码头守株待兔的记者了——之前有消息说姚明和叶莉会一起游黄浦江。

这一天，除了一位记者拍到了两张并不清楚的姚明的单人照，所有的记者都被挡在了姚、叶婚礼的场外，一边饿着肚子，一边听姚明的新闻发闻人张驰辟谣说，婚宴菜单里并没有鲍鱼，真让人哭笑不得！

据称姚明和叶莉婚礼的宴席每桌万余元，在香格里拉酒店算是普通水平了。参加婚礼的嘉宾，大多身着便装。想想姚明的美国同伴们婚礼或生子时的那种高调，姚明的低调让记者们觉得有些不可思议。

所以这些安排，均是姚明自己的主张。这个生于1980年，彼时只有27岁的大男孩，在朋友圈子里以稳重著称。有人说他生性如此，有人则说和他到美国打球有关——视野开阔但张弛有度。

姚明和叶莉的婚礼一时间被热议。最有趣的莫过于他们收到的一份礼物——一幅二人身着婚纱礼服照的卡通画，上面写着一首小诗："金榜题名一身荣，良缘喜结福平添，潇洒人生手牵手，YY1＋1ML。"这一小诗最后几个代码和数字，让人们很费解，大家依稀记得，2004年姚明买过一辆蓝色宝马，改装一番过后，车尾镶了一组代码是"YY–11"，"YY"显然是姚明和叶莉两人姓氏的第一个字母，"11"则是他们分别在火箭队和中国女篮的球衣号码。

"1+1是生宝宝的含义"，有人说，"ML可能是Make Love（做爱）的缩写。"更让人捧腹的是一位网友的推测："1ML=1Million，意思是100万元礼金的意思吧！"

这一年的年底，在一次由全国妇联和一家媒体合办的"2007中国和乐家庭榜样"评选中，姚明和叶莉获得了"特别奖"，和他们一起领奖的年轻夫妻当中，有出演《武林外传》而走红的演员姚晨和丈夫凌潇肃，不过，姚晨和凌潇肃于2011年年初离婚了。

"姚之队"CFO？

姚明婚后在某活动现场被央视一主持人问道：叶莉是一个好太太吗？"应该是一个好太太。"姚明微笑着说。他显得有些矜持。

"篮球在你们的生活中占的比例大吗？"主持人紧追不舍。"我们的生活还有更多其他丰富多彩的东西。"姚明给巧妙地顶了回去。

其实这一问题更好的问法是："你们在篮球外其他领域还有什么共同爱好？"姚明和叶莉最大的共同爱好是篮球，但是随着他们年龄的增长和结婚，叶莉退役，而姚明在商业上一路高歌，他们之间是否会产生隐形的隔阂呢？

如果这样推断，则有些咸吃萝卜淡操心的味道了。现在的青年才俊找老婆，无论是本章写到的分众传媒江南春找到女主播陈玉佳、"山西首富"李兆会找到女演员车晓，还是俏江南董事长张兰儿子汪小菲找到台湾娱乐明星大S（徐熙媛）等，自己欣赏兼端庄贤惠最重要，至于能否给自己以商业上的启示或帮助，已经不那么重要——如果在商业上有共同语言，算是"意外惊喜"了。

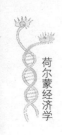

时代在变，年轻人的价值观和婚姻观也在变。

不过姚明和叶莉在商业意识上的差别是明显的。前者敢于冒险，非常有主见；而叶莉对投资的兴趣则要冷淡一些。

郭信平还给我讲了一个颇能显示姚明个人风格的细节。合众思壮当年在为旗下汽车导航品牌"任我游"选译英文名称时，在"GoU"和"UGo"之间举棋不定，姚明直言前者优于后者，"哈哈，你知道一个点子值多少钱吗？"姚明狡黠地一笑，"当年索尼进入美国时，SONY写作'SO·NY'，可以让人联想为'SO NEWYORK'，中间那一点，值600万美元哪！"

叶莉要内秀得多，她虽然常和姚明一起参加一些活动，就在我写作本文初稿的2010年4月9日晚，姚、叶夫妇还一起参加了火箭队的巴蒂尔和妻子筹备已久的卡拉OK慈善之夜。姚明一身浅色休闲装，叶莉身着蓝色晚装。两人那辆大型运动型轿车一出现，即成为全场焦点，大有喧宾夺主之势。事实上叶莉并不习惯参加这些派对。她不爱化妆，甚至不爱逛街，而是喜欢读书、听音乐。

据叶莉在休斯敦大学学英语（非攻读学位）期间的一位同学所讲，姚明和叶莉在休斯敦时住的西南一隅的小镇上，华人不少，但二人很少参加什么聚会，特别是当姚明外出比赛时，叶莉就会变成一个绝对的"宅女"。

但这种形式上的分别，并不代表两人之间的距离在拉远。相反，叶莉很早就开始追赶姚明了。2006年她刚到休斯敦时，在休斯敦大学学语言，为了适应美国生活，过语言关似乎是必须的。但不久之后，叶莉开始在休斯敦大学修会计专业本科学位。在中国家族企业当中，丈夫做掌门人，妻子做CFO（首席财务官）的例子不胜枚举，叶莉以后会成为"姚之队"的CFO吗？

需要提及的是，姚明的投资收益并非想象中的芝麻开花节节高。巨鲸音乐网何时开始赢利仍是未知数。2011年4月底时，有传言称姚明在上海男篮上的投资浮亏2000万元，有记者向姚明求证，姚明显得很冷静地说，亏损在意料之中，他早有思想准备。

而他参股的上市公司合众思壮，上市后第四个交易日股份最高升至近114元，此时姚明所持股票的市值近7700万元，一年后，合众思壮股价跌至不到40元，等于说姚明这部分资产一年间缩水了三分之二。这部分股票的解禁时间是2013年4月。

姚明是中国企业界的一位财富新秀，我们不必将其符号化，他毕竟刚过"而立"之年。他于2011年7月退役。如果有一天他建立了一个真正的姚氏商业帝国，回头来看，他现在经历的这一切，只不过是前奏而已。

一旦面对聪慧可爱的女儿，姚明就重新回到一副大男孩儿的模样。他很晚才对外公布女儿的名字为姚沁蕾。"我之前为什么不肯说呢，主要是因为怕告诉大家之后，有人这样算啊那样算啊，拿名字'八卦'。"姚明说。

当记者让姚明讲一些他和叶莉的育儿经时，姚明很是风趣："一般情况下，孩子笑的时候，我就出现；孩子一哭，妈妈就出现，我就溜了。"

罗红与王蓉旻
"好摄之徒"的生活隐痛

"我的太太（王蓉旻）一度无法理解我，当时我们关系搞得有些僵。"罗红的眼神有些忧郁，"我也曾试着放下相机，但我做不到。摄影是我的最爱，胜过我的生命啊。"

2009年8月7日上午，北京，罗红的办公室。我和他聊起不久前他被评为联合国"气候英雄"（他是亚太地区及发展中国家唯一获此殊荣者）的事，不知道怎的话题转移到了他的家人，他便在不经意间揭开了自己生

活的隐痛。

罗红是谁？中国最大烘焙连锁企业之一的好利来公司创始人、总裁，不过他在环保和摄影界的名气更大一些。2009 年年中，《福布斯》杂志评出"全球有杰出业余爱好的 24 位世界领导人"，罗红是其中唯一的中国人。

沃伦·巴菲特、大卫·洛克菲勒、比尔·福特等人亦名列其中。巴菲特的"杰出爱好"是四弦琴——当年追求后来的妻子苏珊时便是每晚到人家家里弹琴，而洛克菲勒和福特的爱好分别是昆虫学、空手道。

虽然人们都知道巴菲特四弦琴弹得很出色，但他的第一属性似乎永远是投资家。而罗红与巴菲特的不同之处在于，好多人都误以为摄影就是他的本行，却忘记或并未留意到他的企业家的第一身份。

究其原因，罗红在长达 10 年的时间里始终是一个"甩手掌柜"，要不 10 年间到非洲拍摄野生动物近 30 次，以及南极与北极之旅可能很难实现。罗红是如何调配和演绎好他的双重身份的？他和王蓉旻之间的感情和婚姻又是如何经营的？

甩手掌柜的诞生

中国企业家群体中摄影爱好者很多，譬如万科集团董事长王石、中坤集团董事长黄怒波、新希望集团董事长刘永好、家世界集团创始人杜厦等人，但罗红摄影时间之久和造诣之高都非他们所能比。

罗红出生于 1968 年，自小生活在四川雅安，这是一座地处川藏、川滇公路交会处的小城。20 世纪 80 年代初，读初中的罗红第一次摸到一位同学带到学校来的父亲的照相机，爱不释手。这成为他高考失利后选择到成都一家照相馆做一位学徒的发端。罗母起初甚为反对，罗父则表示支持，称只有做自己喜欢的事，才能将事情做成、做好。

20 多年后罗红称自己生命中最重要的是两个人，一位是他的父亲，一位是妻子王蓉旻。如果说罗父给了罗红最好的人生启蒙而让他难忘的话，王蓉旻则是在后来帮着罗红寻找人生边界和平衡过程中让他感激万分的。

罗红和王蓉旻的相遇是在 1990 年，彼时罗红所在的照相馆惨淡经营、负债累累，而王蓉旻是一家小公司的出纳。二人的结合，与王母对罗红良好的印象息息相关；不过后来这一印象被一些媒体演绎成了王母对罗红有可能干一番事业的"直觉"。

1991 年，由于为母亲庆生而发现市场上并没有专门的生日蛋糕，罗红索性携妻回到雅安老家，开办了一家名叫"喜利来"的西饼屋。在一个空白的市场上，一个新生事物的出现自然会非常吸引眼球。门庭若市很快成为现实。

之后的罗氏夫妇，开始了全国大迁徙——先是于 1992 年关掉了雅安的蛋糕店，到兰州的黄金地段重新开张，并将店名改为"好利来"；然后是到吉林、辽宁、黑龙江等地开店（亲自操刀，非发展加盟商），1995 年在北京前门开了一家门店，一年后因入不敷出关张；1997 年将公司总部搬至沈阳（2003 年又迁回北京）。

1998 年，好利来成为中国蛋糕第一品牌，仅在沈阳就开了 30 家店，全国近 50 家。此间的一个段子后来在坊间广为流传。世界最大奶油生产商之一的美国维益食品公司派人来和好利来接触，以试探合作的可能性。由于兴趣不大，罗红顺口说："找你们的总裁来跟我谈吧。"未曾料到维益公司创始人罗伯特·维益果真包机来了中国（当时一天的停机费超过 10 万元人民币）。

"那段时间，我忙到连睡觉的时间几乎都没有了，"罗红对我说，"企业扩张的速度超过我的想象，我感觉有些难以驾驭，力不从心。"

罗红担心的事情发生了。1999 年，好利来遭遇了灭顶之灾。不过颇为吊诡的是，压垮他的最后一根稻草，并不是产品品质或企业经营上出了问题，而是一个民间说法——东北传称"九九归一"不甚吉利，1999 年最好不过生日，甚至不适合结婚。

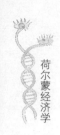

好利来业务顿时一落千丈，"当时跳楼的心都有了，可惜我的办公室在二楼。"就像漫画大师朱德庸说自己的漫画把人的困境幽默化了一样，罗红把商人的困境给幽默化了。他开始大规模裁员。尽管后来他采取了一项非常奏效的激励措施——让公司副总们集体退出集团管理层，把全国市场分为五个大区，副总们分赴这五个地方做领头羊，并持有一定股份，但他内心对商业的兴趣正在减退。

往好里说，这意味着罗红从商人向企业家的蜕变，但客观而言，这与罗红的征服欲有关——在商业上，他习惯给自己设定一个高目标，然后全身心投入，当目标一旦实现，他便觉得索然无味。换句话说，他做企业并不是为了上市或进入 500 强诸如此类，他甚至对这种口号性的东西和资本运作从来都持鄙夷不屑的态度；他只是为了好玩，只是为了证明自己的创意能够实现。

罗红的人生天平的两个托盘上，放置的分别是商业和摄影。2001 年开始，他重燃摄影梦，与以往的每年偶尔到中国西部搞搞小创作不同的是，这一次，他做的事情更为恢弘。从这一年的 10 月，到 2010 年 9 月，他一共去了非洲 28 次（其中 2006 年一年间他去了 6 次）。

刚开始几次去非洲，罗红叫着好利来的一些业务骨干陪他一起去，这些人兴高采烈。然而 3 次之后，没人再愿意参加了。"这不怪他们。我曾连续十几天早上五点多钟就出发，晚上八九点钟才回住地，连我雇来开车的黑人司机都不干了，给再多的小费也不干了。"罗红说，"客观地说，在体力上、精力上我并不比他们都强，但我对摄影的热爱，是他们没有的；这种热爱对我来说是一种强大的精神力量，支撑着我坚持到底，并且'拖垮'了他们。"

鱼和熊掌

罗红说他从摄影中弄明白的最重要的道理是，学会了从镜头里从容取舍。不过，尽管他沉迷于摄影，但好利来的销售收入却节节攀升，2006 年的营收就超过了 16 亿元。这显然是中国商业史中比较另类的一个企业家样本——执掌的企业既非家族制，又非上市公司，却能在创始人长期缺位的情形下运转良好。

事实上，逐渐淡出好利来，做起"影子掌门人"，这种有点逃避意味的转变从另一个角度而言，也是追求完美的一处注脚——找个合适的职业经理人或许能帮自己把事情做得更好。他找到的这个人是谢立（曾经是肯德基成都区经理）。

罗红虽不涉足好利来具体经营，但他给谢立画好了一个大圈：不急于扩张和上市。在规模增长最快的 2004 年，好利来一年内新开了 150 家店，而之前的总店数只有近 300 家。谢立因此写了"检讨书"，并遭到了降薪的处罚。"一味追求快速开店，容易导致人仰马翻，"谢立说，"罗总对我的'处分'是有道理的。"

这一次之后，罗红放心地做起了百分百的甩手掌柜。2008 年 9 月，当三聚氰胺事件将中国牛奶行业的劣根性暴露无遗时，罗红正在昆明打高尔夫。他打电话给谢立，才知道好利来的牛奶供应商是谁，在确认供应商不在问题企业名单时，他继续悠然自得于球场。

在摄影上不断突破，商业上也收获多多，罗红似乎打破了孟子"鱼和熊掌不可得兼"的理论。但如果换到事业和家庭这一坐标系的话，他还是遵循这一规律的——罗红告诉我，2005 年前后，他和妻子王蓉旻的关系急转而下，一方面由于他并无太多闲暇照顾妻子的感受，另一方面与王母去世后罗红未能回家照料后事不无干系。

关系僵持了许久，罗红决定"封镜"，以示妥协。但他心里非常不甘。再到后来，夫妻间得以相互谅解——罗红开始带着妻子一起，拍摄全球的不俗风景。

在罗红的办公室里，挂有一幅他趴在雪地里和南极企鹅脸对脸"交流"的大照片，意境甚为静谧。接受我的采访时，罗红刚刚从非洲回来，

肯尼亚纳库鲁湖的火烈鸟令他流连，最好玩的一个图景，是一只美洲豹刚刚捉到一只羚羊。"美洲豹喜欢先把到手的猎物带回树上，玩耍休息一番后，才从容享受。"罗红说，"大草原上的猛兽里，只有它会爬树，所以还是树上安全，没谁来骚扰。"

如果罗红是只美洲豹的话，好利来就是他的羚羊，而摄影不就是给他安全感的那棵树吗？

2006年12月29日罗红在博文《加拿大之行的一点感慨》中写道："这次陪妻子和两个儿子去加拿大，心中有一种久违的惬意与温暖。确实，很久没有这样一家人在一起安安静静地度过一段舒适的时光了。平时不是在公司忙，就是外出摄影，很少陪家人。妻子有时候希望我在家陪陪她，我却总是说忙，说工作和事业更重要。结果我儿子都说我是'野生的爸爸'了……"

8个月后，他在另一篇题为《第15次非洲之行记：最幸福的一次》的博文中写道："我要告诉大家，这一趟非洲之行，我的家人一直和我在一起，我的太太，我的两个儿子，我们一直在一起……"

王蓉旻始终是罗红的贤内助，任劳任怨，在幕后支持"跨界"的夫君。她迄今为止唯一一次站到台前，还是代罗红做一项公益活动。2008年4月上旬到北京市大兴镇，与镇政府就投资修建"和睦敬老院"事宜签订协议书。

她还是一个好母亲。由于罗红长期在全世界各地摄影，两个儿子的家教只能由王蓉旻来做。一聊到儿子，罗红的两眼就会突然放光。"儿子是我们的骄傲，"罗红说，"最近我参加的一次企业家沙龙上，我的读初中的大儿子的即兴演讲轰动全场，有人问他老爸的教育方式，他语出惊人：'要放养而不是圈养！'"

顽商的惆怅

"我再度准备出山了。"近3小时的采访快结束时，罗红突然对我说。

他说的出山，是指花更多时间待在国内、重新指点好利来的江山，"我觉得公司现在节奏太慢"。

他终于按捺不住自己重新在商业上有所建树的冲动了——尽管好利来现在在全国已开了 1000 家店，2008 年的营收超过 20 亿元。但面对克莉丝汀、85 度 C 、面包新语（Bread Talk）等竞争者跑马圈地的凶悍和登陆资本市场的凌厉，他明白好利来必须再来一次革命和跨越。

罗红——这位彻头彻尾的完美主义者的脾性暴露无遗。尽管他语速较慢，一快就会有点结巴（可能跟动物待久了的缘故吧），但他从来都不是一个没有商业野心的人。

我为罗红这一类型的商人想到了一个名称——顽商。汉语词典中"顽"字的解释之一是"不容易开导和制伏，固执"。罗红正是如此：有自己的一套游戏规则，在自己天马行空的思想里肆意驰骋，没想到在本想"自我麻醉"的途中顿悟，在舍与得、快与慢、放与收等方面打通了摄影与商业间的关节，甚至他说他在摄影途中笃信了基督教。

罗红从 20 世纪末在商业上开始遭遇打击到转而情迷非洲用了两年时间，从淡出管理到意欲重新回归用了 10 年时间。这与万科集团董事长王石颇有几份相似——王石从被诊断出血管瘤到去西藏旅行用了两年时间，登山 10 年，在探险与企业管理理念上无不特立独行。

我在采访罗红不久后，在中山大学听了王石一场演讲后采访他，我跟他提起罗红，他说中国企业家原本就应当这么洒脱的，但现在大家都觉得很奢侈。

罗红说他在国内企业界没什么朋友，极少参与各种论坛和活动，问他在全球有没有推崇的企业或企业家，他沉思片刻，有些茫然地从嘴里蹦出两个字："没有。"不过我后来看到，2010 年 10 月底的时候，罗红赴青岛参加"2010 稻盛和夫经营哲学青岛国际论坛"，稻盛和夫被尊称为日本四大"经营之圣"之一，也是唯一一位在世的"经营之圣"。

在论坛上，罗红作了一个演讲，题为《为心中的大梦持续付出不亚于

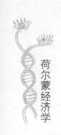

任何人的努力》。如果不熟悉或不能走进罗红的世界，一般人会觉得"大梦"这个词有些务虚，但罗红并非爱用大词之人。他将自己创业时的激情用到摄影中来，然后将摄影中的精神愉悦移植到企业管理上来，使他完成了一次又一次的超越，他想让好利来的每一位员工，都能体会到自己的这一经验或者说可称之为享受的东西。"我的追求是全体员工物质和精神两方面幸福的同时，为社会的进步与发展作出贡献。"罗红说，这便是他的大梦。

罗红在青岛作这次演讲时，为800多位中日企业家展示了他拍摄的部分帝企鹅作品、黑天鹅作品以及同名蛋糕。黑天鹅蛋糕，正是罗红"出山"后的主要作品，他想再造一个好利来——打造中国奢侈蛋糕顶级品牌，如果你订购了一款这个系列的蛋糕，好利来将用劳斯莱斯古斯特专程送往婚礼现场。

罗红说他一直有一个梦，将摄影艺术与蛋糕艺术完美结合，做中国最美的蛋糕，他现在显然正在路上。

稻盛和夫在现场显然被罗红打动了，他举起蛋糕，很庄重地说："罗红先生，我看了您拍的帝企鹅和黑天鹅蛋糕的照片，听了您的发自内心的演讲，我认为您的这一切都是与生俱来的，也就是说是天生的，或者说你是个天生之才，真的！罗红先生，我是这么想的！"稻盛和夫并不是在拍马屁。

作为一名记者，我认为最近几年中国食品餐饮行业当中最值得尊敬的两家企业，分别是海底捞和好利来，其共同点在于，他们比其他企业更注重让消费者和员工同时获得精神上的富足感。

非常有意思的是，罗红的第一家黑天鹅蛋糕店开在长春，沈阳紧随其后，要知道东北正是10多年前他的伤心之地，10年后，他的再一次的非凡开始，是否有"复仇"之意呢？这跟史玉柱当年因盖"中国第一高楼"而兵败珠海，10多后又重回珠海，将巨人网络南方研发总部基地定在珠海的事有得一拼。

　　"顽商"是这个时代一道独特的风景；"顽商"往往是惆怅的，不过似乎也正是这种惆怅成就了他们。而从生活的角度来看，比惆怅的顽商更惆怅的，或许是他们的家人——史玉柱当年还在创业期时，和妻子董春兰离婚了。

第**4**章
打开职业经理人的家门

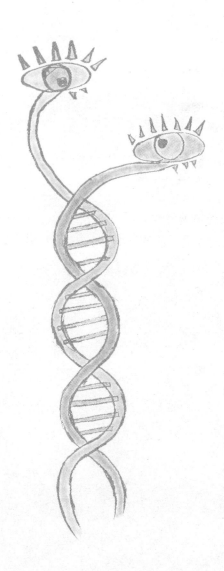

"荷尔蒙经济学"之
边际收益递减规律
一个以资源作为投入的企业，单位
资源投入对产品产出的效用是不断
递减的；简单来说，投资做一项事
情，开始的时候，收益值很高，越
到后来，收益值就越小。
无论再耀眼的光环和再高的报酬，
经理人在精神上的"边际愉悦度"
一定是递减的。要么早点找点乐子，
要么明修栈道、暗度陈仓，绝不能
让这一规律蔓延到婚姻上。

综述：先扫一屋，再扫东家
王石与王江穗：盈车嘉穗，王石请罪
唐骏与孙春蓝："打工皇帝"夫妇
的"游击战"
陈景河与赖金莲："中国金王"的烦恼
阚治东与张松妹："证券教父"的
纪委内人

综述
先扫一屋，再扫东家

聊完老一代、新一代等各种类型的企业家夫妻，现在轮到聊一聊职业经理人们事业和家庭之辩证关系了。

第一条法则是大白话：职业经理人的另一半不适合在同一家企业任职。夫妻作为创业者在家族企业中都有可能互相掣肘或消耗，使整个管理层的决策不够顺畅或事倍功半，如果一位职业经理人的妻子或丈夫也服务于同一家企业，不管任什么职务，都是非常不妥当的，弊大于利。

有没有人明知山有虎，偏向虎山行呢？当然有。在一些家族制企业，特别是创始人夫妇的兄弟姐妹较多的企业当中，这种情况还是经常能够见到的。不过，这种"裙带主义"程度较深的企业，内部若无纷争则万事大吉，但一旦有利益纠纷，之前建立起来貌似庞大的产业帝国，很有可能会受到致命打击甚至一夜间崩塌；同样，因为难以做到透明，也很难上市成为公众公司。

2011年1月初，中国企业联合会职业经理人资格认证管理办公室和数字100市场研究公司共同发布了一份《2010中国职业经理人调查报告》。我注意到两个数字，一个是，有近四分之三的职业经理人曾服务于两家以上企业，而在2008年，有65.3%的职业经理人仅服务过一至两家企业；

另一个是，31 岁至 40 岁年龄组的职业经理人由 2008 年占比 30.7% 增长到 2010 年的 62.2%。

除非从企业内部培养出来，如果职业经理人是"空降兵"，往往被寄予厚望，如将企业业绩扭亏为盈、优化企业治理结构、开疆拓土等，而且往往还给了期限。在这样一种情形下，职业经理人承受了巨大压力，你不能向任何人抱怨，哪怕你很难适应原先的企业文化，你收了一分钱，就要交出一分钱的货来，在这种情形下，经理人流动性不频繁才怪。

然而除非你自行创业，你换了一个新东家，一样要面对上述考验，有时有过之而无不及。虽然经理人年轻化的趋势比较明显，所谓年轻就是资本，但如果找不到舒缓压力和宣泄情绪的方式，悲剧会再次上演。

这个时候，经理人的另一半的作用就不可小觑了。

因为本书的主题是中国企业家的择偶与婚姻，而本章写的是职业经理人群体，为了看起来不那么突兀，我选择的四位人物分别是王石、唐骏、陈景河和阚治东。

万科的第一大股东从来都是国有企业——先是深圳市属的国有独资企业深圳经济特区发展公司，而后是央企华润集团（准确来说是华润股份有限公司），但创办者王石不失为一位知名企业家。

唐骏被称为"中国第一职业经理人"，先是服务于外企微软，然后又先后在盛大和新华都两家民企任职，但是，他在 1993 年前后，即进入微软前，曾创办过三家公司，用他自己的话说，好歹当过一段时间"私证小老板"。

陈景河是紫金矿业董事长，紫金矿业第一大股东是隶属于福建上杭县政府的闽西兴杭国有资产投资经营有限公司。不过，与王石的万科类似，陈景河一手创办了紫金矿业，紫金矿业的决策机制也更像民企。

阚治东是金融界人士，先后做过申银证券的南方证券的总经理，相比于上述三位，阚治东更接近一个官场中人。不过，他两轮的职业经理人经历，都暗淡收场。他现在在做 PE（私募股权投资），算是个民营企业家了，不过路线仍然与各地的政府机构"结盟"。

王石、唐骏、陈景河和阚治东，除了都有点老（2011 年的平均年龄是 55.5 岁），可谓是中国企业界最为典型的职业经理人代表了。他们打理事业和家庭关系时所作出的决定，不管是错误的还是正确的，不管是明朗的还是隐秘的，都对我们有一定的启发。

我采访他们四个人时，这种感受很明显。他们比一般的中国商人更为谨小慎微。如果用江湖语言来说，他们比普通中国企业家要更会"表演"。所谓"表演"并不是贬义词，而是说，同样一句话，到他们口中时，如何得体地表达出来，他们要比别人更为仔细地斟酌一番。

每一个成功的职业经理人背后，都可能隐藏了一个非凡的贤内助。他们四人亦如是。妻子们在他们事业沉浮时所充当的角色和起到的作用，非常值得去揣摩和研究。

她们大体可分为三种类型。第一种类型是王石的妻子王江穗。王江穗家庭背景不一般，早期曾给予了王石一定的支持，但她始终没有进入万科。王石后来到处登山，四海为家，她也曾有怨言，但后来明白，最好的相处之道是无为而治。这一点与本书提到的罗红和王蓉昱很是相似。

第二种类型是陈景河的妻子赖金莲和阚治东的妻子张松妹。赖与张是大多数职业经理人之贤内助的代表，她们一定不能走到丈夫所在企业的"前台"，但是，她们永远是丈夫私下寻求帮助时的"首席代表"。

第三种类型是唐骏的妻子孙春蓝。孙春蓝是唐骏在北京邮电大学的同级校友，夫唱妇随，先到日本，后赴美国，在唐骏事业的每一个关口，孙春蓝都送上建议；但唐骏特立独行，几乎从未采纳，他过度自信，甚至有些自恋。

曾任香港华润创业董事总经理、北京置地和万科等多家公司董事的黄铁鹰写过一本书，叫做《谁能成为领头羊》。"少数的佼佼者如何从一个具有自恋意识的自然人，成为一个不自恋的优秀管理者呢，"他在书中写道，"必须经历炼狱般的考验。"

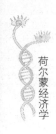

没有人知道，唐骏是否把 2010 年的"学历门"事件视为这样一次考验和契机。

王石与王江穗
盈车嘉穗，王石请罪

说到王石，许多人首先想起的不是万科，而是"登山"二字。一次我采访王石时，我太太与我在一起，回来后她不断向我唠叨关于登山和航海（王石接受采访时称他 60 岁后会去航海）的话题，说那是挑战极限但又不乏"浪漫"的事情。你看，这就是女人的直线思维。

就在我写作此文初稿的 2010 年 5 月 22 日上午，王石，这位 8 个月后就要满 60 岁的家伙，继 7 年前第一次站在珠穆朗玛峰之巅后，再一次成功登顶，他也成为了登上珠峰的人当中最年长者。

王石出身于一个军人家庭，曾当过兵，做过铁路工人，并在广东经贸委工作过 3 年。1983 年，他进入深圳经济特区发展公司（简称"深特发"）工作，第二年创建现代科教仪器展销中心，主要做办公设备、视频器材的进口销售业务。

1988 年，这一展销中心进行股份制改造，且最终改名为深圳万科企业股份有限公司（也是在这一年，万科跌跌撞撞进入了房地产行业）；尽管万科不再是深特发的下属企业，深特发持有万科的股份也不算多，但万科的股权实在是太分散了，深特发一直是其第一大股东。直到 2000 年，深特发所持有的股份卖给央企华润，王石当时写了一篇轰动一时的文章，题为《再见了，老东家！》，他把给万科找了一个财大气粗的新靠山称之为自己的"得意之作"。

换句话说，把王石称之为企业家并不合适，他自始至终都是一位国企干部、职业经理人；他的政治意识强于商业思维，我想称他为"企业政治家"或许最为合适。华润成为第一大股东伊始曾想"收编"万科，但最后败于王石的谋略。之后10多年的时间里，万科经营团队始终保持了独立性。2010年，万科的销售收入超过千亿元人民币。

不过，王石自从1999年第一次登上珠峰后，就对登山探险产生了深厚的兴趣。之后10年多当中，登山几乎成为了他的"主业"。他的家人无时无刻不在为王石捏一把汗；妻子王江穗曾建议他停下挑战自我的脚步，但从未奏效。这就像上一章提到的罗红，摄影是其全部，妻子王蓉旻让他停止摄影就像要了他的命一样。

王江穗的父亲曾是广东省政府高官，王江穗自始至终都不曾在万科任职，也没有在公众视野出现过。但是，2007年的"股票门"事件，王江穗一时成为了舆论焦点，王石后来甚至公开道歉。证券史上买卖自家股票者前赴后继，与其说外界小题大做，不如说是人们发现偶像身上出现污点时按捺不住内心的焦躁和愤懑。

后院起火了

王石于2003年第一次登珠峰时，用他后来的话说，一进山，万科股价就开始跌，而当他平安下山后，股价又止跌回升。但是，2007年的一次登山，却是完全相反的情形。

这一年的6月中旬，王石拿到了一个荣誉证书，他成了瑞士国家旅游局和驻华大使馆授予的"瑞士旅游形象大使"。瑞士日内瓦是联合国最老的总部之一，现在每年一届的世界经济论坛，也是在日内瓦达沃斯举行的。

王石喜不自胜，因为他可以马上攀登向往以久的瑞士最高峰杜富尔峰（Dufourspitze）。

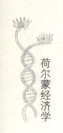

他与两名同伴钟建民、阿旺7月初飞到瑞士，当地时间7月7日中午出发，乘火车至洛藤伯登（Rotenboden）与两位登山向导会合，五人同行，最终于7月8日上午11：32到达海拔4634米的杜富尔峰。

就在王石开始向阿尔卑斯山脉进发的前一天，横盘月余的万科A开始爆发，当天收报于19.38元，之后一路向上，至7月23日收盘26.36元，10个交易日里涨幅高达36%，其后仍是高亢不已，8月9日收盘超过35元，也就是说，一个月的时间里，万科股价涨幅超过75%。

万科的亢奋是A股亢奋的一处缩影。正是在这一年，沪指像脱了缰的野马一样飞奔，于10月16日摸高至有史以来的最高点——6124.04点。但万科在7月的急速拉升，更与其不断有利好消息发出有关，先是7月10日发布公告称将与亚洲最大上市公司之一的嘉德置地下属的零售业地产凯德商用合作，而后是7月13日召开股东大会，审议增发事宜，紧接着，7月16日，万科宣布增发通过，并公布了上月的漂亮成绩单——实现销售面积72.2万平方米，销售金额56.6亿元。真可谓好事儿都让万科给摊上了。

天下本无事，只怕有心人。7月10日，有人在深交所网站上看到了一则公告：王石妻子王江穗于7月6日——这一"黎明前的曙光"之日——买入了4.69万股万科股票；若以成交均价19.4元计，涉资逾90万元。

这一公告一下子在资本市场炸开了锅。在多数人的眼中，万科是中国上市公司治理的标杆企业，绝对不可能会出现这种事情——这一年的6月底，万科还荣获了"2006年度中国主板上市公司十佳管理团队"称号。就像电视剧《手机》中陈道明的那句台词一样，女人在一起，不是故事就是事故，标杆上市公司何尝不是如此。万科在众星捧月中，出了事故。

满城风雨。7月20日，万科不再缄默，发布《关于王江穗决定卖出万科股票的公告》，称王江穗买入万科股票是其代理人"在王石和王江穗均不知情的情况下"所为，并称王江穗已决定在7月23日卖出所购万科股票，并将所得的全部收益上缴公司。发人深省的是，公告接着自证清白，称王江穗的买入行为并不违反《证券法》等法律法规。

就在同一天，王石在自己的博客上写了一段文字，标题是《作为万科董事长，深表歉意》。与其说是为王江穗"股票门"事件道歉，不如说进行澄清。"在瑞士登山期间获知家人购买股票的事，"王石说，"经与国内联系，方知操作失误所致，家人并不知此事……这是一个意外事件，如果换一个账户，或者换一个股票代码，它可能也就是投资委托人和受托人之间的一场小小烦恼而已，然后很不幸，偏偏是我妻子的账户，偏偏是万科的股票……"

最富有诗意的一句，是王石称王江穗"只是一个普普通通的纤弱女子"，"她没有聪明到像一些传闻所说的那样，是一个擅长抄底的短线高手，她连自己掌管股票账户的兴趣都没有，更谈不上利用内幕消息来赚钱。另一方面，她也不会愚鲁到为了区区几万股万科股票的收益，拿我们一生的清誉去冒险"。

《意外》以外

王石为王江穗的澄清，让人想起了古天乐和叶璇主演的电影《意外》，假到真时真亦假。哦，叶璇凭借此片获得了香港电影金像奖最佳女配角奖。

有人对王石的"道歉"表示理解，但仍有不少人表示质疑：代理人和王江穗到底是什么关系呢？代理人能在王江穗不知情的情形下自主买入上百万元的万科股票，即使如王石所言，换了一个非万科高管家属的账户买进了万科股票，如何能让人信服与内幕交易无关呢？

一组非常值得关注的数据是，从2007年6月1日至7月10日，一个多月的时间里，深市高管及亲属成为买卖自家股票的常客，操作次数共计368次，其中高管本人操作180次，配偶操作97次，兄弟姐妹操作56次，子女操作18次，父母操作17次。

很显然，除高管本人违规炒股外，庞大的"亲友团"中，配偶比重过

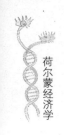

半，堪称绝对主力。有人调侃称，王江穗虽然低调，但还是很"潮"的。

王江穗"股票门"事件的真相究竟是什么？其实对证券界人士来说，这只是一层薄薄的窗户纸，说出来的人便是"皇帝的新装"寓言里那个可爱但不讨人喜欢的小男孩儿——万科内部至少有一只私募，众高管亲属及其他人士的账户，都被拿来分散撒网，做一些股票投资。

东晋时期有位名为王嘉的文学家写过一部志怪小说，叫《拾遗录》，其中一句为"成王五年，有因祗之国，去王都九万里，又贡嘉禾，一茎盈车"。这便是日后"盈车嘉穗"的典故，意即粮食丰收，满载而归。

"盈车嘉穗"之穗，联系"股票门"事件中王江穗之穗，真可谓：盈车嘉穗，王石请罪。

不过更多人前仆后继，而不用请罪。就在王江穗事件闹得沸沸扬扬的7月20日，上市公司 *ST 惠天（惠天热电）副总经理张超英的妻子王慧颖买进公司股票 1 万股，而从 7 月 27 日开始，*ST 惠天连续拉出 7 个涨停，原来香港一投资公司正在与 *ST 惠天接触，商谈重组事宜。

近水楼台先得月，莫过于此。

对亲友团炒股事件层出不穷，监管部门的态度是睁一只眼闭一只眼。他们明白，多数内幕交易处于潜伏状态，露出水面的无一不是犯了低级错误。但是，这是否就构成了不作为的条件呢？

金融学者尹中立彼时在一篇文章中旗帜鲜明地称，不可对王江穗股票门事件手下留情，相关责任人应当受到法律的制裁。

尹举到了美国一起与王江穗事件同时发生的事件，7 月 20 日，美国证券交易委员会（SEC）对道琼斯公司董事会成员、香港东亚银行主席兼 CEO 李国宝提起民事诉讼。原因是他涉嫌与一项正在调查中的内幕交易案有染。

什么样的内幕交易案呢？两个月之前，SEC 在曼哈顿对一对夫妇——王勤竞和梁家安提起诉讼，原因是他们此前购入了 41.5 万股道琼斯股票，获利数百万元。梁家安是华润万众创办人、香港商人梁启雄的女儿，而李国宝与梁启雄私交甚好，李国宝在传媒大亨默多克的新闻集团收购道琼斯之前向梁启雄提供了消息，而梁随即向女儿、女婿提供了资金布局道琼斯股票，不料不久后被查出。

因为涉案人员皆为香港人士，这一事件在香港掀起了轩然大波。最终，SEC 和当事人达成了和解，并进行罚款——梁启雄和王勤竞分别被处以 1620 万美元和 8 万美元的罚款。而李国宝则迫于压力，辞去香港特区政府行政会议成员一职，香港特首曾荫权对此深感惋惜。

两起案例，反差鲜明。最鲜明的对比是，相比于王石在博客中长篇累牍口口声声的辩解，和深交所后来一脉相承的澄清，李国宝在内幕交易案后也曾发表了一段声明，内容非常简短："基于我本人和美国监管机构的和解协议，我不能就案件再作任何评论。面对一连串的负面报道，就像你向我挥多少拳，奈何我也不能反抗。"

遮蔽的家门

传媒和投资者向王石和王江穗挥过来的拳头，更像是打在中国证券监管体制的身上。虽然这一体制依旧纹丝不动，但这种拷问却不可或缺，也弥足珍贵。中国经济转轨似乎越深入就越麻木，没有更多更硬的拳头，它带给普通人的，就会是循环不止、层出不穷的失望和悲情。

关于内幕交易的"新规"几乎年年有之，但一到认定和量化等实质阶段，它的功力就蜕化为威慑力，甚至连威慑力都事倍功半。好在一些大案要案，总会发生，总在发生，多少能起到倒逼的作用。

2010 年判定的一起大案之一是黄光裕案。5 月 18 日，法院认定黄光裕犯非法经营罪、内幕交易罪、单位行贿罪，三罪并罚，一审判决其有期徒刑 14 年，罚金 6 亿元，没收财产 2 亿元；黄光裕的妻子杜鹃有期徒刑 3 年6 个月，罚金 2 亿元。3 天后，最高检查院、公安部发布的《关于刑事案件立案追诉标准的规定（二）》，其中对内幕交易立案标准进行了细化——

交易额超过 50 万元即可追诉。

王石 2007 年遭遇的王江穗"股票门"事件，和第二年汶川地震后的"捐款门"事件（彼时王石称万科捐款 200 万元是个适当的数额，企业捐赠活动应该可持续，而不应当成为负担，每次募捐，万科普通员工捐款以 10 元为限），前者将他的妻子牵涉了进来，后者险些逼其辞任万科董事长。

这是他近些年当中教训最为深刻的两记拳头。我在 2009 年 8 月采访王石时，他仍对"捐款门"事件耿耿于怀，坦言教训深刻。对这一事件，王石在错误的时机说了一句原本正确的话，舆论压力外，万科大股东华润的母公司内部也有"倒王"的声音，这种"乘人之危"的手法让王石很是不爽——尽管他后来说自己当时已经做好了辞去董事长一职的打算。

王石有时很悲观。他写过一篇文章，标题叫做《经商必读〈胡雪岩〉?》。"今天的企业家奉若神明要学胡雪岩，是因为他的'红顶之道'在转型中的中国社会依然有效，"他说，"而一旦失去政府后台的支持，无论胡雪岩还是徽商，都兵败如山倒……从历史的角度讲，我们是传承他而来的；中国企业家的成长之路必须崎岖坎坷，对此，我是相当的悲观……"

"股票门"事件是王江穗的名字第一次也是迄今为止唯一一次出现在公众视野。王石比谁都懂得，作为一名"企业政治家"，自己的内人是非常不便走到台前曝光的，这是由中国特殊的政经语境决定的。有几个人能像深发展董事长法兰克·纽曼一样，携妻一起参加 CCTV 中国经济年度人物颁奖礼呢！

顺便一提的是，中粮集团于 2009 年成为蒙牛的大股东后，原先时常提及妻子申淑芬多么支持自己的"大嘴"牛根生，也把家门给关了起来。

牛根生和王石不是一路人，但他俩都是美邦服饰的独立董事，美邦服饰催生出"中国服装业首富"周成建。我在 2011 年 4 月中旬在上海采访周成建的时候问他，三聚氰胺事件中，牛根生的拙劣表现已使他的个人品牌价值为负了，你还敢聘他做独董？周成建说，不能一巴掌把一个人拍死嘛。当然我知道,美邦筹备上市时,三聚氰胺事件还没发生呢。

不过巧合的是,10天后,美邦服饰发布公告称,牛根生"因个人工作原因"辞去美邦服饰的独立董事一职。

2011年,王石60岁,他没有去航海,而是选择了游学。生日一过,他即飞赴美国,打算先在哈佛大学做上一年的"访问学者",然后再到欧洲学习两年。美国时间5月24日晚,他在微博上写道:"哈佛不就像一座现代社会的修道院吗?一座浸润在知识海洋,呼吸着自由空气的修道院。"

唐骏与孙春蓝
"打工皇帝"夫妇打"游击战"

唐骏被冠以"中国打工皇帝"、"第一职业经理人"等称号。他现在的身份是新华都集团总裁兼CEO。

2008年8月,也就是唐骏到新华都上班后没多久,我到福建作新华都集团董事长、"福建首富"陈发树的报道。我接触了陈旗下百货、旅游、矿产等主要业务板块的负责人,他们在谈话过程中都对唐骏这一"空降兵"拿天价薪酬(号称10亿元人民币的"转会费")颇有微词。

而唐骏不在乎这些说法。一来,他平时是待在上海的——他提出的将新华都"行政总部"迁至上海的建议被陈发树采纳了,与上述这些跟随陈发树多年的经理人很少谋面;二来,他的路子跟这些经理人不同,陈发树请他过来,是希望能借助他的视野和人脉,在进入新的产业领域及资本运作上有所作为。

我打电话给唐骏时,他絮叨很久,豪情万丈,特别提及要把新华都旗下的港澳资讯(陈发树收购来的一家金融信息服务公司)打造成"中国的

彭博社"。他保持了一以贯之的高调，而陈发树需要这么一个与自己性格互补的经理人。

可是，现在的唐骏就像隐形人一般，很少出现在公众视野。他之前逢年过节给熟悉的企业界及记者朋友们发短信的习惯，也暂停了。这一切都与2010年他遭遇的"学历门"事件有关。

其实，当质疑声起时，他只要承认拿获得的美国西太平洋大学的博士文凭含金量不高，道个歉，风波也就过去了。但是，他自始至终非常固执地为自己辩驳，正是这一态度，使得他的公众形象大打折扣。

唐骏为什么会这么孤傲、执拗？从他的儿时经历、感情及婚姻史中可见一斑。

自信与自卑

唐骏于1962年出生在江苏常州的农村。他在自传《我的成功可以复制》的开篇，描述了自己13岁在建筑工地做童工，以及被父亲告知长大了要和哥哥分家，而现在就要自己筹建婚房的经历。

"我小时候就是这样过来的，人生还有什么不能承受，"唐骏写道，"2005年年底至2006年年初，是我在盛大做总裁最艰难的时期，我没有离开，当时就想，一定要顶住，一定要为中国的职业经理人争口气。"

唐骏称自己小小年纪受到"肉体和精神的双重折磨"，于是暗下决心，要改变周遭的一切。这也是大多数所谓成功人士在自传中的励志语录。

多数从农村走出来，后来在自己从事的领域有所成就的人士，大多完成了一个过渡或者说两个阶段，那便是：小时候因为自卑而自信，无知者无畏；长大了因为自信而自卑，天外有天。

对唐骏来说，他顺利突破了第一个阶段，但是在第二个阶段，他完成得不够出色。

从留学日本到飞赴美国，从微软总部到回国任职，从盛大总裁到新华都 CEO，这些个转变当中，他其实都走得踉跄。譬如，唐骏在日本留学时，和有着很强的民族情结的导师发生了冲突，才使得他萌生了离开日本的想法，他去美国前，向导师谎称赴美参加一个专业学科的年会；又如，唐骏离开微软、加盟盛大，是因为微软在亚洲的管理架构不合理，他遭遇严重掣肘迟迟难以突围；而他离开盛大，一个主要因素是他的风格，很难适应陈天桥的家族企业文化，他水土不服，力不从心……

但是，唐骏认为自己的每一次转变都是"华丽转身"，从一个高峰驶向另一个高峰。他常避重就轻，为自己的脸上贴金。有人质疑，他就自圆其说。他业务能力很强，而男人不掉眼泪、职业经理人不怨天尤人，在亚洲文化中都被称为美德，但是于唐骏而言，他的"刻意自信"和硬撑的姿态，越来越让他周围的同事和朋友有所讨厌——因为不够真实。

2010 年"学历门"事件是他的本命年一劫，当唐骏的面纱被揭开时，他仍然活在自己的世界里，低估了大众舆论的杀伤力，他甚至觉得大众有些小题大做。直到最后才觉得大错特错，盲目自信把自己害惨了。可是这个时候，他再出来道歉或作解释，为时已晚，他只是与自己熟悉的朋友喝茶聊天时，感叹自己的虚荣心作祟，以至于跟头栽得这么大。

他的近 50 载的人生历程中，自信和自卑就像一对孪生兄弟，深深扎根在他心里，且几乎每时每刻都在发力。这两种情愫的此消彼长，成就了唐骏曾经的辉煌，也制造了今天的暗淡。

夫唱妇随

不服输是唐骏最大的特点，他的感情经历也富于这一色彩。

唐骏自称在北京邮电大学读书时心气甚高，对本班的女同学不感兴趣，而是放眼全校范围内 80 级的漂亮女生，"很快，我就在心里排定了一份北邮 80 级 50 大美女的榜单，姓名、专业等信息一一了然于胸……"

这句话容易让人想起美国小伙儿马克·扎克伯格，众所周知，他当年

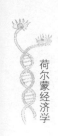

在哈佛大学读书时做了一个程序，为学校女生的姿色打分，他最终创始了Facebook。

当然，与扎克伯格的"玩真的"相比，唐骏所谓的榜单，只是他现在大加渲染的消遣品而已。他说自己"非常有胆略"地看上了榜单上一个电信工程系的女生，然后从个人简介到国家形势，最后到爱情表白，他写了三封信后终于赢得了约会机会；但这段感情刚要开始就夭折了，原因是唐骏说谎了：他把自己花8块钱买给这女孩儿的裙子说成了25块钱。

孙春蓝是唐骏上述初恋女友的同班同学。相比于唐骏的出身，她的条件要优越得多——母亲是兰州邮电管理局的局长。他们后来在北邮的一场舞会上亲密接触，之后便开始约会、确定恋爱关系。

唐骏在大四时曾在中科院半导体所实习，看到不少出国考察或在国外研修归国的老师和师兄在学校受到重视，很是艳羡，于是放弃在本校读研的机会，萌生留洋念头。但是彼时北邮两个公派出国读研的名额已经用完，他找来北京市高等院校的研究生招生手册，逐页翻找有关公派出国的信息，同时打电话查询确认。

结果，他幸运地得知北京广播学院（现中国传媒大学）名额尚未用完；接下来，他跑到北广，向研究生处的老师谎称自己有着强烈的投身广播事业的意愿和决心，最后意外获得了一份推荐信，加上到教育部出国司的软磨硬泡，他获得了赴日留学的资格。

1984年毕业后，孙春蓝分配到了天津港务局，唐骏为赴日留学作准备，到大连外国语学院学习日语。他们这一年当中见面并不多。第二年10月，唐骏正式飞往日本，到名古屋大学就读，而孙春蓝仍然待在国内。他们靠写信和打电话维系关系，孙春蓝每周日晚上都会打电话到唐骏兼职端盘子的一家餐馆。

来到日本后，唐骏看到有的留学生与妻子待在一起，一问才知，自己虽然是公派留学，但妻子可以以个人名义来日本留学。1986年暑假期间，唐骏乘船回国，在江苏常州老家和孙春蓝举行了婚礼。婚礼过后一周，孙春蓝就和唐骏一起去了日本。

分隔两地

婚后20年当中，唐骏夫妇在一起的时间不到10年（1986年至1990年，1992年至1997年）。也就是说，超过一半的时间，他们二人是"错位"的，是分隔两地的，直到2005年年底才没有再分开。

1990年，唐骏因受不了日本导师对中国人的排斥和蔑视，不辞而别，飞赴美国。有必要一提的是，孙春蓝一开始并不支持唐骏这种赌气的做法，但唐骏执意而为，孙春蓝只好服从，然后叮嘱他，如果在美国打不开局面，可以撤回日本，因为有她"留守"。

孙春蓝的这种性格贯穿了她和唐骏的整个婚姻生活。在唐骏不按常理出牌时，她会表达自己的担忧，谨慎地给出自己的建议，但基本上都未被唐骏采纳。尽管如此，她也会和唐骏一起去承担接下来的一切，不再去讨论谁是谁非和得失多寡。

唐骏最后来到加州理工学院。这一学校规模虽不算大，但在美国久负盛名（在2010年《美国新闻与世界报道》世界大学排名上名列第10），唐骏去的时候，马上是该校的百年校庆。不过，唐骏并没有在这里做系统性的研究，也没有在这里获得任何学位，只是在机房为自己躁动的创业心作准备。

孙春蓝看唐骏不可能再回日本了，就申请赴美签证，但遭到拒绝。直到1992年4月，才顺利到达美国与唐骏团圆。唐骏从之前和朋友合租的三居室的房子搬了出来，和妻子租了一套酒店式公寓，"每月租金1200美元，很奢侈，但这也算是我和小兰一年多来备受煎熬的日子的一种补偿吧。"唐骏说。

所谓"三十而立"。唐骏随后在不长的时间里，成立了三家公司，一家是软件公司，一家是影视娱乐公司，还有一家是移民律师事务所。没错

儿，这位后来被称为"中国打工皇帝"的家伙，还是有这么一段时间是自己做老板的。不过，除了软件领域他相对熟悉外，其他两家公司他纯粹是玩票性质。

1994年，唐骏的几家公司基本没什么业务，管理也乏善可陈。他有些厌倦了，但孙春蓝劝他不要灰心，专注做一家公司，专注一个领域，并坚持下去。可唐骏已萌生了加盟微软公司的念头。

经过多轮面试后，唐骏被录用，他打电话给孙春蓝，妻子并没有太多激动，"你自己还是要想清楚"，毕竟，这是与创业完全不同的另一条路。这一年，她生了一个女儿，取名唐惟子；孙春蓝不久后也加入了微软公司。

唐骏回国，在上海组建微软大中华区技术服务中心是1997年，微软中国公司也是在那一年在北京成立的。他对妻子说自己只是属于"借调"性质，过些时间肯定还是要回到美国。但是，他食言了，他自此没有回美国工作。

孙春蓝带着孩子，一直在美国生活到了2005年年底才回到中国。这中间，是唐骏事业变化最为剧烈的几年：2002年他荣升为微软中国区总裁，2004年离开微软，转投陈天桥旗下做总裁，2005年年底则是盛大业绩最差的时期。

也就是说，唐骏的名声从无到有、从小到大的8年，正好是和妻子分隔两地的8年。

因担心自己的工作地点还会发生变动，加上不会做饭，唐骏在上海一直是租房住，其中在上海徐家汇的环球富豪东亚酒店住了4年。哪怕孙春蓝带着他们的子女回到上海时，也是住酒店。"我们物理意义上的家就是酒店。"唐骏说。他排遣压力的主要方式一是打篮球，二是吹萨克斯管。

和"能源首富"的异同

讲到这里，唐骏的人生轨迹已经明了。他是中国的打工皇帝，但皇帝有三宫六院，唐骏在事业浮沉时，连正常的家庭生活都没有；他是两个孩子的父亲，但他履行父亲的义务，不过是打打电话，以及每年短暂地见上几次面。他把事业当成栖息地，到头来发现江湖易冷、名声易逝，只有妻儿才最真实，才是自己的心灵港湾。

按理说，孙春蓝的能力并不逊色于唐骏，除了做妻子外，完全可以做他事业上的知己和倾诉对象。实际上并非如此。他们分开后的所有大小决定，都是唐骏自己所作，"先斩后奏"。

他的一位朋友告诉我，这一方面与他性格上的强势有关；另一方面，则与他的出身背景有关，"不管在日本和美国的见识有多广，唐骏从骨子里仍是传统观念，始终认为女人的主业就是相夫教子，也不宜插手男人的事业和决策"。

唐骏的经历，让我想起来与之类似的无锡尚德太阳能电力有限公司董事长施正荣。他们的人生有太多相似之处，不过最大的不同是，施正荣在关键时候对妻子张唯的建议很是重视。

施正荣也是江苏人，出生在扬中农村，比唐骏小一岁。他也是 24 岁结婚，彼时也是在攻读研究生，妻子张唯的姑妈是施正荣的小学老师，这是他们在上海知遇的开始。他们初次见面，所讨论的话题是爱因斯坦的相对论。

施正荣 1988 年年初被公派到澳大利亚新南威尔士大学深造，起初和他的师兄等四人"蜗居"在一套一居室，他的第一份工作，则是每天早上到麦当劳兼职，晚上到一间咖啡馆兼职。张唯于不足一年后的 1988 年年底，飞赴澳大利亚与施正荣团聚，二人单独租下一间公寓。

施正荣在澳大利亚期间追随的是被称为"世界太阳能之父"的马丁·格林教授。1991 年，施正荣凭借薄膜太阳能电池的研究成果获得博士学位时，在悉尼的生活条件已大为改善，妻子、房子、车子、票子、孩子等，用中国一句时髦的比方来说，"五子登科"，样样俱全。此时的施正荣不想马上投入原领域的实战工作，而思忖着投资超市，以获得殷实回报，

或者以自己的专利参股一些找上门的合作者，以获得丰厚的股票期权。

然而，这些想法均被张唯给驳回去了，她坚决要求施正荣坚持原来的专业路线——施正荣之后先是留校 3 年做研究员，而后筹建太平洋太阳能研究中心，任执行技术董事。有时候，女人对一个男人事业的成功有着不可估量的功劳，这在施、张二人身上体现得可谓淋漓尽致。

施正荣回国创业是 2000 年的事了，这一年年中，施正荣考察了长三角多个城市，认为建造一家太阳能电池企业的时机渐趋成熟，与此同时，张唯也极力鼓励他创业，"要搞学问就待在澳大利亚，要创业还是要回中国"。即使当施正荣遇到挫折时，她也是一边安抚其情绪，一边帮其出谋划策。

5 年后，无锡尚德在美国纽交所上市，施正荣于第二年成为胡润百富榜上的"能源首富"；通用电气高管罗琳·波尔森于 2008 年 6 月访问韩国时，对《朝鲜日报》记者说："10 年后超过比尔·盖茨的全球巨富热门人物将是中国企业家施正荣。"

同是科班出身，同样都有一名贤内助，唐骏和施正荣二人的事业路线完全不同。虽然不能说施正荣获得今日之成就的决定性力量在于妻子张唯，至少他的人生当中没有什么缺憾。

同样，没有人知道，假如当初唐骏听了孙春蓝的建议，在日本继续待了下去，或是在美国坚持把自己的软件公司做了下去，抑或回国时把她也带了回来，他现在是什么样的一种情形——这里的"情形"，并非事业上的成就大小，而是指性格上的健全与否。

性格决定事业格局。唐骏在自传中称像他一样想改变自己命运的农村孩子为"弱势群体"，并称一旦进入社会，就要改变自己的性格，"如果一个人连性格都不想改变，就不要奢谈成功"。唐骏后来凭自己的偏执和变通之道，成了所谓中国身价最高的职业经理人；这个时候，他亟须又一次的性格改变，但他忘了自己的话。

2011 年 5 月底，有朋友跟我说，唐骏已经和孙春蓝离婚了。我随即发短信向唐骏求证，晚上 9 点 25 分，他回复道：哈哈，我们现在在一起练高尔夫呢！

陈景河与赖金莲
"中国金王"的烦恼

"你要帮我为紫金矿业'中国第一大金矿'的称号正名啊，要不我给你其他几家矿山的联系方式，你来做篇文章？"

这是 2008 年 8 月 20 日，我到厦门采访紫金矿业董事长陈景河临走时，他对我说的一番话。彼时紫金矿业回归 A 股刚 4 个月，正是"高歌猛进"时，甘肃阳山金矿号称自己是"亚洲第一大金矿"，让陈景河很是不爽。一直以来，陈景河和紫金矿业在投资者面前有意无意树立"带头大哥"的形象。

陈景河是个一生与"金"字结缘的家伙：他从小生长在紫金山脚下，大学毕业后即到紫金山搞地质勘探，近 20 年后，这里被确认有着一座超级大金矿，功臣陈景河遂被称为"金王"；他的妻子叫赖金莲，他们一起开过一家私人公司，名字叫"金皇"……

紫金矿业是近年来中国争议最大的矿业企业集团之一，不仅在于一家国有控股公司造出了陈发树和柯希平等超级富豪，更在于其始终摆脱不了污染的罪名，最近较为严重的一次是 2010 年 7 月的汀江污染门事件。紫金矿业也因此被坊间称之为"紫金矿孽"。

作为紫金矿业的创始人和掌门人，陈景河是一个什么样的人物？妻子赖金莲在其近 20 年的创业生涯中，又充当了怎样的一个角色呢？

"空头支票先生"

陈景河出生于 1957 年，是福建省永定县高陂乡上洋村人。他中学就读于高陂中学，这是一所创办于 1942 年的学校，在校史名人簿上，有陈景河、中华全国总工会书记处书记陈荣书等人的名字。1978 年，即"文化大革命"后恢复高考次年，陈景河考取了福州大学地质专业，4 年后毕业。

恢复高考后的第一拨大学生无疑引人注目。这拨学生当中，后来进入政界的代表人物有李克强等，文艺界的有张艺谋等，法学界的有贺卫方等，企业界有陈景河、李东生和黄宏生等人。

陈景河从福州大学毕业前几个月，就作为最年轻的队员，跟随闽西地质大队，在福建上杭县紫金山一带走走停停、敲敲打打。

大学一毕业，陈景河就经人介绍与在龙岩市立医院（后改后为龙岩市人民医院）工作的赖金莲结婚了，两人都是"铁饭碗"，被认为是门当户对。他们在第二年生下一子，取名陈磊。

农民出身的陈景河是一个工作狂，除了结婚生子，婚后近 5 年的时间里，与赖金莲一直处于两地分居的状态。直到 1986 年，赖被调至闽西地质大队医务室，两人见面机会才多了起来，过起较为正常的家庭生活。

史书上记载，福紫金山一带，在宋朝曾出产过黄金。但是后来便没了记录，近百年中，前来"淘金"者络绎不绝，却悉数一无所获，空手而归。

一直到 1992 年时，虽然大体可以确定紫金山蕴藏金矿，不过由于探明储量很小，品位也很低，加上开发经验和技术不足，这一矿山并没有引起太多重视，陈景河就是这个时候，从地质大队被调到上杭县矿产公司（紫金矿业前身）任经理。

后来的事情众所周知，陈景河引进了一种叫做"堆浸"的技术，改变了紫金矿业的命运，也改变了自己甚至整个福建上杭县人的命运。以 2011

年 5 月的平均股价计，紫金矿业（上市公司）的市值接近千亿元人民币，此前一年净利润超过 48 亿元。

在"2010 中国企业 500 强"榜单上，紫金矿业位列第 283 名。

不可否认的是，无论紫金矿业后来引发了多少的争议，它一开始被发现的过程值得一提——这是中国内地改革开放的号角吹响后，一个穷县城抓住一根救命稻草改变自身命运的一处缩影。1987 年上杭县的 GDP 约 2.5 亿元，10 年这一数字则接近 20 亿元（2009 年超过了百亿元）。

紫金矿业的官方网站上有陈景河创业伊始时被妻子起绰号"空头支票先生"的两个段子。段子之一是陈景河 1995 年曾向赖金莲承诺，公司利润达到 500 万元时，就带她出去旅游，然而陈总是变卦。"利润达到 1000 万元时，又称 2000 万元时再说。"赖金莲说。

段子之二是，2001 年，儿子陈磊考取中国科技大学，国庆期间，赖金莲"赖上"陈景河，要其陪同到安徽探望儿子，然而到了合肥后，全家一起到九华山游玩的计划突变，陈景河扔下母子二人不管，自己跑去考察安徽一矿点。

陈景河不放妻儿的"鸽子"才怪——2001 年正是紫金矿业改制、引进民营资本后的"元年"，他自然更兴奋，也更卖劲。紫金矿业的特殊性之一也正在此，虽然是一家国有企业，但发展路径酷似民营企业。

金皇往事

赖金莲脾气温和，是陈景河难得的贤内助。1986 年她被调到闽西地质大队医务室后，颇有"主人翁"意识的陈景河，没等妻子完全安置下来，就迫不及待地带她上山参观。他双肩驮着儿子走得轻快，而赖金莲跟跟跄跄，累得上气不接下气。

2009 年 6 月，我乘车上过一次紫金山，汽车经过偏窄的路段时，我似乎看见当年将前程绑在紫金山的那个年轻的三口之家，正充满喜感地在

爬行。

2000 年的改制是紫金矿业企业史上的重要一役。与坊间关于陈发树、柯希平等人当年"慧眼识金山"的传说正好相反的是，彼时陈景河带领紫金矿业公司高管到香港、深圳等地招商，但无果而终。"人家对我们不感兴趣啊。"他回忆称，"当时紫金矿业的资产评估只有 1 亿元。"

最终福建省政府出面，给新华都、恒兴实业等省内知名民营企业"打招呼"，两家企业的掌门人陈发树、柯希平情非得已，双双入股，成为紫金矿业前两大自然人股东。

陈发树和柯希平也未曾料到，正是这种"赶鸭子上架"，成就了自己。2002 年开始，国际黄金价格进入上升通道，年初每盎司黄金价格为 270 美元，6 年后冲破 1000 美元，紫金矿业 2003 年和 2008 年分别登陆 H 股和 A 股更使他们如虎添翼，成为胡润百富榜上的"福建首富"和"厦门首富"；我在《南方周末》先后作过两人的报道。

陈景河和陈发树及柯希平的关系比较好，除了都是福建同乡，且都在紫金矿业身上赚了个盆满钵满的原因之外，更重要的一点是，他们各自所持的股份，都不对大股东——地方政府构成威胁，但他们及派驻的代表，又能在紫金矿业上下，形成了一股话语权合力，使得大股东能不遗余力、积极主动地为自己保驾护航和争取资源。

面对两位"首富先生"——准确来说两位歪打正着、坐享其成的首富先生，陈景河自然也要盘打自己的小九九——虽然自己只能算作一个职业经理人，但毕竟是创业者。

根据紫金矿业招股书，2004 年 7 月，他受让大股东金山贸易公司所持有的 600 万股紫金矿业，受让价是 0.1 元/股，两年后以同样价格又受让了逾 4000 万股，加上从陈发树旗下的新华都受让的股权，紫金矿业在 A 股挂牌时，陈景河共持有超过 1.1 亿股，他付出的成本是 735 万元，但按照紫金矿业上市首日的收盘价，其身家接近 16 亿元，溢价近 210 多倍。

此后由于紫金矿业股价下行，以及陈景河的几次减持，至 2011 年 5 月底时，他还持有 8800 万股，市值超过 6 亿元。

如果我们视他的上述收入为国企对高管的股权激励的话，值得关注的是 2004 年 3 月 18 日，陈景河和赖金莲在厦门注册了一家公司，名为厦门金皇科技咨询有限公司，经营范围为"矿山地质、采矿、选矿的技术开发、研究、咨询；批发零售矿产品"，注册资本 300 万元，两人共出资 200 万元，分别持有 34% 和 32.7% 的股份，法人代表是赖金莲。

你看，陈景河终于按捺不住自己的冲动了，搞起了"体外循环"，赖金莲也不再做医生了，而是来帮丈夫执掌这家公司。这无疑是中国企业史最常见、最有趣的事件，不过于陈景河而言，他这一步棋并不明智，至少为时已晚——紫金矿业于之前一年成了一家公众公司，陈景河也被评为福建省"经济年度人物"，如果金皇公司与紫金矿业发生关联交易，他必须作出解释，而解释未必能消除公众的猜疑。

公开资料能查到的金皇公司的投资项目之一，是参股 2004 年 11 月成立的紫金金属公司，出资 300 万元，占股 1%。而紫金金属公司，是紫金矿业的子公司。这一信息最先为公众所知，是上市公司西部矿业发布参股紫金金属等公司公告时的 2007 年 11 月。

陈景河和赖金莲当然也预料到"金皇"可能给自己带来的麻烦，他们最后收手。2007 年 5 月底，他们分别将自己的股份，按照当初的价格转让给了一对名叫林俊昌和林常兰的夫妇。这个时候，正是紫金矿业备战回归 A 股时。尚不清楚这对林姓夫妇是否与陈氏夫妇有关联。

再无踪影

赖金莲其人其名，从此再也没有进入过公众视野。这也是"中国特色"——并不在企业任职的民企掌门人的夫人们，尚没有在公开场合随夫抛头露面的习惯（除非他们的丈夫身陷囹圄时各显神通），何况陈景河是一家大型国企的经理人。

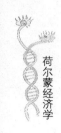

紫金矿业正是从挂牌上海证券交易所开始，越来越受到传媒、公众及中小投资者的批评和质疑。不到 3 年的时间里，紫金矿业发布公告超过近 150 次，且至少有 10 次引起投资者较大质疑。其中以信息披露不力为最。

较为严重的一次是 2010 年 7 月的汀江特大污染门事件，我第一时间的调查结果表明，污染起始日为 6 月 5 日，但一直到证监会立案调查前，紫金矿业坚称污染日为 7 月 3 日。

一直以来，紫金矿业被视为是"高成长性"、"具有长期战略投资"的蓝筹股。A 股上市前夕，紫金矿业曾邀请一箩筐的主流基金公司基金经理和券商研究员到其上杭县的大本营参观、交流，当这些人问及其关于估值、环保、税收等问题时，紫金高管们就像小学生背乘法口诀表一样对答如流。其间有人说网上有消息称紫金山附近江里的水正在变臭时，紫金矿业董秘郑于强回答道："今天中午就让大家尝尝我们江里的鱼。"

令陈景河头痛的还有，一方面，陈发树和柯希平的疯狂减持套现，加剧了中小投资者对紫金矿业成长性的担忧（2009 年陈发树一人累计套现金额约 45 亿元）；另一方面，紫金矿业在伊朗、秘鲁、加拿大、菲律宾、南非等国的并购又接连失利。

2009 年 6 月我到福建上杭县出差时，和同康村等紫金矿业附近几个村庄的村民们聊天，得知他们正在幸福的烦恼中。原来，他们当年因为林地被冲毁而补偿的紫金矿业原始股，放到这一年的 4 月解禁后，暴涨了 600 倍，几乎家家甚至人人都成为了"百万富翁"，然后由于他们被告知要交税，而未能如数拿到现金，于是反应激烈，甚至与紫金矿业和当地政府发生了冲突。

与其说村民们为股票变现"缺斤少两"而被激怒，不如说他们一直以来在遭受污染等方面所累积的对紫金矿业的不满一下子爆发了。

企业发展越快，与投资者和当地民众的关系越差，紫金矿业没能逃出这个怪圈。这时，陈景河不但把妻子赖金莲给"雪藏"了，他甚至恨不得把自己也给藏起来。例证之一是，2009 年之前，陈景河每年都会到附近的村庄里拜年，发表"一家人"式的感言，而 2009 年之后，陈景河的拜年计划中止了，2010 年"污染门"事件后，见到他更难了。

值得一提的是，"污染门"的处理结果，以紫金矿业副总裁、原紫金山金铜矿矿长陈家洪及其他几位中层被刑拘，以及包括县长邱河清、副县长蓝富雁、环保局长陈军安等在内的一批上杭县官员被免职告终，陈景河个人只是于 2010 年 12 月收到了福建省环保厅开具的一张 70 万元的"罚单"。

但他不服，遂向福建省环保厅提交了《陈述与申辩函》，并称"本人是紫金矿业集团公司的董事长、法定代表人，不是法律规定的直接负责的主管人员，也不是其他直接责任人员"，这一说法令坊间哗然；福建省环保厅最终没有采纳他的申辩理由，称"（紫金矿业）相关文件中明确规定陈景河对公司负总责"。

有人说陈景河太"张狂"了，不过仔细想一下，中国的大型国有企业出了事故，譬如东方航空、中国远洋等央企衍生品交易巨亏，鲜有"一把手"受到处罚的，这便是中国国情。也有人说，紫金矿业是陈景河一手做起来的，现在他离开后，短时间内很难找到取代者；更有声音称，如今他的"后台"硬，没人敢"动"他。

无论如何，20 世纪 80 年代那个朴实憨厚，和当地百姓打成一片，带着媳妇上山的"淘金者"陈景河不见了，剩下的，是一个让不少人觉得有些生疏的陈景河。没有人知道，陈景河是否叩问过自己，一个国企高级经理人的终极目标是什么，不过现在的景象一定是他不想看到的，但也是他难以控制的。

阚治东与张松妹
"证券教父"的纪委内人

"这是我太太单位发的杯子，被我拿来用了。"57岁的阚治东指着一个白色水杯，杯子上写着他太太的名字——张松妹。

这是2009年12月13日上午，阚治东在其上海办公室接受我采访时的开场白。此前一天，他的传记《荣辱20年：我的股市人生》举行首发式，尉文渊等老友纷纷过来捧场。

阚治东、尉文渊、管金生曾被称为中国证券史上教父级人物。尉是上海证券交易所首任总经理，阚与管分别是国内最早的两家证券公司申银和万国（后合并为申银万国）的首任总经理。不过，几年后，三人人生轨迹均划出一条开口向下的抛物线——管金生因1995年"3·27"国债期货事件后被判17年有期徒刑，尉文渊亦引咎辞职。

阚治东的运气稍佳，1997年被免去申银万国法人代表等职、被处以5年市场禁入后，转战深圳创投业（深圳创新投资公司），2002年重新杀回证券业——南方证券，但最终未能挡住南方证券破产清算的宿命。2003年年底，他被深圳市委组织部批准辞去南方证券总裁一职。之后，他稍作休整，于2004年成立深圳东方现代创业投资管理公司，进军PE（私募股权投资）业。

用他的话说，尽管"在中国要做事，必须依靠组织"，但从这时开始，他彻底脱离体制，不再帮国家打工，而只为资方负责。东方现代最重要的一个投资项目也是阚治东最成功的一项投资乃国内最大风电设备制造商之一的华锐风电。华锐风电于2011年1月中旬在A股上市，虽然开盘即跌破发行价，但按首日的收盘价计，阚治东所持股票的市值将近10亿元。

7年当中给阚治东记忆最为深刻的，是2006年3月的一段牢狱生活——他被指（在南方证券工作期间）曾操纵证券交易价格。而就在他进

阚治东

图片来源：CFP（视觉中国）

入看守所前夕，华锐风电投资事宜到了最后阶段。所幸的是，他在高墙内只待了 21 天，就被取保候审，一年后又被通知免予起诉。

他现在的头衔是上海东方汇富创业投资管理有限公司总裁。董事长是尉文渊，他们与全国各地的地方政府合作，成立了多只产业投资基金。他虽然不再是国有企业的职业经理人，而可以称之为民营企业家或投资家，但他仍然小心翼翼地维护、利用着与"组织"的关系。

阚治东传记末页的一张照片，是他和长期在纪委工作的妻子张松妹，以及 2009 年从澳大利亚留学归来的儿子的合影。不过，12 月 12 日晚上的酒宴上，他的儿子来了，儿媳也来了，唯独妻子张松妹缺席。阚氏贤内

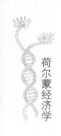

助，也只在关键时刻才抛头露面。那么，就让我们从阚治东的牢狱生活，来看看他们这一对"夫妻档"吧。

铁窗里的证券气息

美国经典电影《肖申克的救赎》里，银行家杜方入狱后，由于帮狱警们避税，从而为自己和狱友们赢得了啤酒。影片中一群犯人在肖申克监狱天台上享用啤酒的情景给人印象深刻。

阚治东2006年有过类似的经历。由于为上海看守所的狱警们提供了股票信息，阚治东获得了队长专门护送他回监舍的待遇，且还有牡丹烟可抽。

阚治东个儿不高，1米7左右，体形中等，有烟瘾、爱喝酒。说到烟，让人想起另一个场景。阚治东是2002年进入南方证券的，这一年他50岁，"五十而知天命"不适合他，他喜欢刺激的东西。

用他的话来说，一切都很突然，有一天他接到时任深圳市委常委、组织部部长的许宗衡（后任深圳市市长。2001年5月9日，因受贿案被判断死刑，缓期两年执行）打来的电话，要他尽快去其办公室。见面后，许很热情地递上一支芙蓉烟，还没等阚点着，就对其说："市政府领导认为你是南方证券新班子的最合适人选……"

不要觉得3块钱一包的牡丹烟，就比普通包装一盒就要20来块的芙蓉王差得多。在监狱里，仅仅有烟可抽这一形式，已令多数犯人羡慕不已，因为这代表他"背后有人"。阚治东不以为然，他说他靠的是自己的能耐。

阚治东与杜方最大的区别在于，杜方若非日积月累偷偷在牢房里打凿一条令人震撼的逃亡地道，将不止蹲20年。而阚治东尽管蹲完上海的监狱到深圳接着蹲，牢房换了一个又一个，但加起来的时长，也不过只有20天出头而已。

非常有趣的是，阚治东住的第一间牢房，第一个跟他搭话的狱友亦是证券界人士——海通证券北京营业部一位洪姓人士，罪名是涉嫌挪用客户保证金。事实上在当时，券商挪用客户保证金是业界"公开的秘密"。

阚治东被转关到深圳看守所 402 监仓后，"同仓狱友甚至比我还熟悉南方证券，"阚治东说，"因为这里曾关过孙田志、李振伟（均曾任南方证券副总裁）等一批南方证券的骨干及员工，有些员工我甚至并不认识。"

而阚治东转到 505 监仓后，第一个和他搭讪的是创投业邱姓人士——因经济案件被判 13 年。阚不太熟悉被褥怎么摆放，看守打开铁门让他到 502 监仓"参观学习"。而刚到 502 门口，监仓里就有人伸手与阚热情地打招呼——大鹏证券原总裁徐卫国，这时，在 202 监仓的刘波（与阚同案的原南方证券董事长）也挤过来和徐寒暄……

这显然是中国证券史上颇具戏剧性的一幕。"置身这样的场景，我百感交集——如果把管金生、张国庆（原君安证券创始人）、陈浩武（原湖北证券创始人）等人也关在这时，那么几乎可以开一次中国证券业的开创者大会了。"阚治东感喟道。

由于阚治东是突然被拘留的，彼时他最担心的是妻子张松妹没做好思想准备。"要知道，我在银行工作期间的老同事，原光大集团董事长朱小华被双规时，其在申银万国工作的妻子在美国跳楼自杀了。"

妻子的营救艺术

阚治东显然低估了妻子的心理承受能力。张松妹的睿智丝毫不逊于阚治东。特别在突发事件面前，她的基于职业敏感的冷静和变通，常为阚的朋友们所乐道。

阚在上海看守所待了没几天就被押往深圳。深圳看守所的作息时间是早上 7 点起床，7 点半早餐，8 点半到 9 点半学习，10 点半午餐，11 点半到中午 1 点半午休，2 点到 3 点学习，3 点到 4 点体能锻炼，4 点晚餐，晚餐后是自由时间（可洗澡、洗衣服），晚上 7 点可以看电视（基本是只有

《新闻联播》），8 点半睡觉。每天上午和晚上两次点名。

这一切对他来说，无一不是"新奇"却冰冷的，但他从未感到过畏惧，除了后来他所言的"清者自清"外，最重要的是，他深谙营救他的人马会马上出现——一个人的江湖地位和人脉，决定了他在遇到风险时的神情。

果不其然，深圳看守所的第二个晚上，两位"穿着制服"的人透过铁窗向阚治东嘘寒问暖，并传递了张松妹等亲人好友均已赶到深圳等消息。第三天早上，阚治东收到了看守所送来的存款单。

什么是存款单呢？犯人进来后即领到一张存款卡，外面的人可以不断往上面存钱，以便使犯人在里面能买小炒、日用品等。当然，价格要比牢外贵得多。牟其中的两位狱友出狱后也曾向我详细介绍了湖北洪山监狱的情形，与深圳看守所情形类似。

阚治东第一次领到的存款单有好几张，总共几千元，而存款人就有一大串，"领衔"的是妻子张松妹，以及陈玮、白颐、刘龙九、谢坚辉等一大批阚治东在上海和深圳的旧部与新友紧跟其后。阚是个聪明人，自然明白是妻子在暗示他，有如此多的人在关心他的处境。

出狱后阚治东果然得知：张松妹很快来到深圳看守所后，却不允许探监，压抑之余，无意中发现监狱存款规定中的一个"漏洞"，即每次存款不能少于 200 元、不得多于 3000 元，但是存款人可以随便写。于是张松妹便想到了上述的变通办法。其实，这也算不上什么变通，对长期在纪委工作的张松妹来说，这简直是小菜一碟。

此后几天，阚治东陆续又收到了不少存款单，均是数目不大但人数众多。他是地道的"铁窗红人"，不过处世娴熟的阚治东与狱友们打成一片，并没有发生曲高和寡的景象。阚治东正是这样的一个人，他符合天蝎座的所有典型特征，有敏锐的洞察力，同时相信自己的直觉，富有好奇心，非常好胜，但懂得适时适度收敛。

张松妹对丈夫最大的营救无疑是聘请律师。先是一男一女两位律师——赛杰拉夫和南洁。前者是阚此前在深圳的酒桌上认识的，后者与阚相识多年。二人到看守所见到阚治东时，捎去了一份张松妹写给阚治东的信，大意是请他务必保持冷静，"家中一切都好，尉总（尉文渊）对公司的事情已作了安排"。除了信件，张松妹还托律师给阚治东捎来了一支烟。

不过，两天后，阚治东的两位律师全换了，新律师其中一位是上海的陶武平。换律师其实是尉文渊等人的主意。在阚治东刚入狱后，尉文渊兴师动众，请上海律师协会会长和深圳律师协会会长牵头，搞了一个律师团，然后推举陶武平和另一位张姓律师做阚的代理律师。

陶武平，这位比阚治东小三岁的律师可不是等闲之辈。他接手的案件之当事人中，既有凌宝亨（上海市国资委原主任）等社保案落马官员，又有力拓案三位被捕员工中的刘才魁，甚至还有刘嘉玲等演艺明星，以及盛极一时、被称为中国最大民营企业集团的"德隆系"掌门人唐万新。

阚治东的矛与盾

21 天的铁窗生活结束后，阚治东到深圳经侦局办理取保候审手续，张松妹终于有些释然，旁边一位警官见状和她说笑："今天你不想打我了吧？"原来，张松妹甫一接到经侦通知时，不相信他们所列出的阚治东的"罪状"，遂大闹一场，并拒绝签字。

取保候审办完之后，阚治东本打算在深圳待上一天，张松妹却执意要当天飞回上海。"她当日离开的决心很大，我也只能听从。"阚治东后来回忆道，"我和妻子惊魂未定，看见警车驶过就怀疑他们是否放了我之后又后悔了，要重新抓我回去。"

直到飞机起飞时，张松妹才长舒一口气。在随后的申诉过程中，无论是帮阚治东联系上海的大医院补全取保候审手续，还是耗费大量时间帮阚分析在南方证券工作期间的各种文件和会议纪要，她都发挥了重要作用。

当然，起到更重要作用的是，阚治东身后的更多的"亲友团"人士的

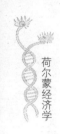

资源支持，以及他向时任深圳市委书记的李鸿忠、时任深圳市市长的许宗衡，以及证监会领导申诉时提交的情况汇报。案件先后移交至检察院和法院，陶武平律师为了应诉，合编成的《阚治东证据目录》包括的书证超过了 200 份。

2007 年 4 月底，阚治东在检察院一份不起诉决定书上签字，自此他重获自由。

当年中国证券业的拓荒者，多数后来半被动半主动地遭遇羁绊或身陷囹圄，已是一道奇特的景观。而他们最后自我解救或被解救后，大多选择了从事 VC（风险投资）和 PE（私募股权投资）行当，也是非常值得关注的。

尉文渊和管金生是 1995 年折戟的。这让人想起电影《肖申克的救赎》的另一个名称《刺激 1995》。管金生，这位江湖大佬、阚尉二人的大哥，先是入狱，然后是保外就医，随后在北京过起隐居生活。"管金生的酒量还要胜我一筹，他刚出狱时我们哥几个一起畅快地喝过一次酒，后来又和他一起陪一些领导喝过一次酒。此后就没跟他谋面了。"阚治东对我说。

不过阚治东告诉我，他并没有看过《肖申克的救赎》。我一激动，在离开上海前，买了一张碟片，送到了他手中。其实，相比于尉文渊、管金生等人的悲壮来说，阚治东的所谓坎坷经历，被他自己过分渲染了。

据阚的朋友称，张松妹是阚治东传记《荣辱二十年》的"监事长"——帮阚治东重新审核资料，推敲一些话的说法，对一些敏感的人与事模糊处理。

张松妹后来很少出现在人们的视线当中。譬如在 2009 年 12 月 12 日阚治东新书出版庆祝酒会上，阚治东酒喝至痛快时，总对当年到黑龙江插队的日子如数家珍。"我深爱着北大荒，怀念那时的知青饭馆。"已喝下近一斤古越龙山的阚治东半醉并醒地说。

我问他，你太太怎么没来呢？"她没必要来。"他说。

如果说当年他习惯性"金屋藏娇"是因为自己亦商亦官身份之"原

则"的话，现在他这么谨小慎微，则是有意而为之，尽管这不是他的本意，但他担心这位纪委夫人站到前台，不经意间会成为人们关注的另一个焦点。

他从来都是一个矛盾的人。想想他在事业两个关口时的表现吧。第一次，他离开申银万国并遭到处罚的同时，一边怀揣"英雄无用武之地"的忧虑，一边对工行上海分行、宝钢、新鸿基、深发展、上汽等公司抛来的加盟邀请，他无一没有尝试的冲动，不过最后阴差阳错进入了南方证券；第二次，他离开南方证券后，一边下定决心远离政治，自行创业，一边仍对体制内甚为眷恋。

现在阚治东的角色，其实是体制内与体制外资源的"整合专家"。他找到了一条适合他自己的路——到中部省市去；他在安徽、河北、宁夏、黑龙江省市成立了多只产业投资基金，他的做法是——上下求索，左顾右盼。"上下求索"是指依托行政力量，但打"市场牌"；"左顾右盼"是指既要寻找大投资机遇，又对退出渠道未雨绸缪。

2011 年 3 月，他在当年自己"下乡"的地方——黑龙江黑河市成立了另一只产业投资基金，同时被聘为黑河市人民政府经济顾问，他彼时在微博中写道："黑河市面积相当于两个台湾岛，人口 150 万，是一个资源丰富的地级市。近 20 多年黑河市与全国各地一样，各个方面都发生了翻天覆地的变化，可遗憾的是，至今没有一家上市公司……"

第 **5** 章
"女主外，男主内" 面面观

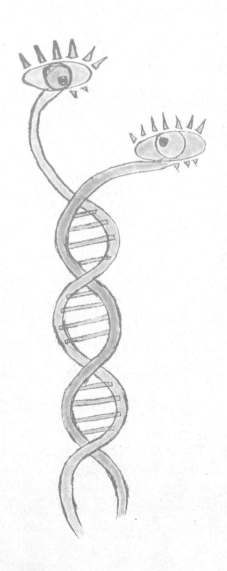

"荷尔蒙经济学"之
比较优势论
如果一个国家在本国生产一种产品的
机会成本低于在其他国家生产该产品
的机会成本的话，则这个国家在生产
该种产品上就拥有比较优势。
从作为一种稀缺资源的角度来说，
女性企业家具有性别上的"比较优
势"，但商业不是走秀，到头来拼
的还是团队作战力。

综述：丈夫做"二把手"，有所为
有所不为
张茵与刘名中：女首富与牙医往事
俞渝与李国庆：精于算计的"联合
总裁"
周晓光与虞云新：其实都是"一把
手"
吴亚军与蔡奎：地产界神秘夫妻档

综述

丈夫做"二把手"，有所为有所不为

全球20位拥有10亿美元的白手起家的女富豪里，有11人来自中国，其中6人排在前10名——这是2010年10月中旬胡润发布新一届女富豪榜时提供的一组数字。

这6位女富豪分别是张茵、吴亚军、陈丽华、秀丽·好肯（原名戴秀丽，现随夫姓）、朱林瑶和张欣。她们执掌的企业分别是玖龙纸业、龙湖地产、富华国际、人和商业、华宝国际和SOHO中国，其中除了张欣任SOHO中国CEO外，其他5位，均可以视为"女主外，男主内"的案例。

那么，在前5人当中，丈夫现在在家族企业中任职的只有一例——张茵的丈夫刘名中任玖龙纸业副董事长；吴亚军的丈夫蔡奎和朱林瑶的丈夫林国文，曾分别在龙湖地产和华宝国际任职，但后来均告"隐退"；陈丽华的丈夫是电视剧《西游记》里唐僧的扮演者迟重瑞，自始至终未曾在富华国际任职；秀丽·好肯的丈夫安东尼·好肯是英国一位教师，也从未在人和商业任职——即使戴秀丽现在也只是在人和商业中任非执行董事一职，董事长兼行政总裁是她的弟弟戴永革。

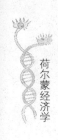

全球白手起家的女富豪

排名	国家	姓名	财富（亿元）	年龄	财富来源
1	中国	张茵	380	53	玖龙纸业
2	中国	吴亚军	280	46	龙湖地产
3	中国	陈丽华	270	69	富华国际
4	西班牙	Rosalia Mera	240	66	Zara
5	中国	秀丽·好肯	220	47	人和商业
6	俄罗斯	Elena Baturina	200	47	Construction, Private equity
7	中国	朱林瑶	180	40	华宝国际
8	美国	Doris Fisher	170	78	GAP
9	美国	Oprah Winfrey	160	56	美国电视主持人
10	中国	张欣	150	45	SOHO 中国

来源：胡润百富及福布斯（2010 年）

在中国商业文化当中，如果夫妻两人都在家族企业中任职，且是通常情况下丈夫任董事长、妻子任 CEO 或 CFO 的情形，那么妻子的出色表现无论对企业内部还是外部形象而言都是加分行为；但是，如果是妻子任董事长、丈夫任 CEO 或 CFO 的情形，丈夫的出色表现虽然一样让企业受益良多，但他并不宜向外界展示或张扬太多。

为什么会是这样呢？一方面与中国传统文化因素有关，古语说"女子无才便是德"，按照传统的道德规范，女人只需服从丈夫就行。但这一情形慢慢变了，变成了现在我们常说的"女人顶起半边天"。这个时候，一个男人，如果妻子贤惠而又有才华，并且加入企业当中来辅佐他，则会被认为是这个男人的福气。

但是，如果妻子的才干突出、性格要强，是企业的"一把手"，做"助手"的丈夫若也是一个强势的管理者，且大有压倒之势，要么他们一开始就是角色就错位，要么就是丈夫"越位"。这种情形如果出现，最好的方式是丈夫隐退或者学会藏匿。

我在本章中选取了四对夫妻，两对是上文提到过的张茵和刘名中夫妇、吴亚军和蔡奎夫妇，另外两对是俞渝和李国庆夫妇、周晓光和虞云新夫妇。他们的发家之地分别是东莞、重庆、北京和义乌——在地图上正好是东南西北，能够画个圈了。他们都在或曾在家族企业中任职，且女人大都为"一把手"。

这四个案例适合于上述"定律"。刘名中是张茵的好搭档，虽然是玖龙纸业副董事长，但鲜有走到过前台。玖龙纸业于2008年陷入"血汗门"事件时，张茵出来开发布会，刘名中也出现了，但他几乎没有发言；而玖龙纸业一位员工告诉我，在公司年底的"联欢晚会"上，张茵和刘名中都会讲话，但刘名中只是寥寥数语。

有人可能会说，刘之前是张的牙医，并不太懂得企业经营。此言差矣。刘名中是巴西籍，以前虽没做过纸业生意，但做过钢铁贸易，并非对商业一窍不通。再说，中国现在是巴西纸浆的第一大出口市场，刘名中对巴西的熟悉，是张茵的商业棋局里不可或缺的一个环节。在刘名中的思维中，台面上的事，由张茵一个人应付就足够——哪怕有时并不得体。当然，他原本性格就比较温和。

相比之下，吴亚军和蔡奎性格都比较强势——他们当年开始创业时，并非创办一家"夫妻店"，而是各创各的业，最后吴亚军这边机遇好、发展迅速，蔡奎才加入进来。他们后来在经营龙湖地产时，虽然分工相对明确，一个管战略战术，一个管日常经营，但是摩擦常有，加上吴亚军从一开始就认为应当"去家族化"的想法，最后蔡奎辞去此前在龙湖地产的职务。

后两对夫妻则是另外两种蛮有趣的情形，俞渝和李国庆同是当当网"联合总裁"，这在中国企业家恐怕也是甚为少见，尽管我们知道俞渝对资本市场更为熟悉，而李国庆对图书及日常经营更为专注，但他们两人的性格实在太像了，都是精于算计、从不认输、有着钻牛角尖精神的完美主义者。他们之间曾经矛盾不断，但后来对外宣称一切得以调解，找到了生活

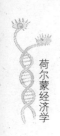

的平衡术。但 2010 年当当网上市后李国庆和所谓的"大摩女"对骂事件，掀开了他们俩尴尬关系的一角。

周晓光和虞云新的情形与张茵和刘名中的情形比较相似，都是男人更懂得谦让和包容。不同之处在于，虞云新虽然名义上是新光集团副董事长，但由于饰品和房地产是新光集团的左右手，周晓光负责饰品，他负责房地产业务，实际上两人都是"一把手"。2010 年他们拍下了"义乌第一高楼"超级项目地块，准备在地产业务上大干一场。只是虞云新懂得，他必须避开镁光灯的聚焦，有的时候他甚至主动把一些成绩，按在义乌市唯一一位全国人大代表的周晓光身上。

民国时期朱自清在游记《山野掇拾》中写道："他们不畏缩，不鄙夷，爱人而又自私，藏匿而又坦白。"他的这句话，何尝不适合在家族企业中任妻子"助手"的中国商人呢？藏匿不是贬义词，而是一个中性词，如果要用一句话取代，那便是——有所为有所不为。

赘述这么多，只为表达"男主内，女主外"的夫妻档中，男人的角色扮演艺术问题。不过，应该为中国女企业家们多喝一声彩。女人在承受压力、抢占和利用资源等方面，整体要逊色于男人，但她们能够突破樊篱、成为成功的女企业家，值得我们敬畏。

中国女企业家协会 2004 年的一项调查显示，彼时中国女企业家约占中国企业家总数的 20%，现在这一数字在 25% 左右。特别在服务业，由于女性企业家更关注、更能用心地去体验用户对产品反馈和体验，可能比男企业家更容易成功。

美国两位电视节目主持人在 2009 年合写了一本名为《女性经济学》（*Womenomics*）的书，其中抛出一个"资产/雌激素之比"的概念，称女性与公司赢利之间存在必然联系，女性高管越多的公司赢利能力越强。

这一说法引起了很大争议，批评者称它存在年龄歧视，因为更年期过后，女性不再拥有那么多的雌性激素。这种批评有道理。不过，如果把"资产/雌激素之比"换成"资产/夫妻搭配与和睦指数之比"，我倒是完全认同这两位主持人了，不过如果这样的话，书名或许就得改名为《家庭经济学》了。

张茵与刘名中
女首富与牙医往事

　　2010 年 3 月 2 日，我和张茵一起吃午饭，其间我对她说："我给你讲个真实的事情，但你不许笑。"她很好奇。

　　事情是这样的，2009 年的一天，《南方人物周刊》约我写一篇关于张茵家族的文章，我答应了，遂采访了几个人，看了一些报表，查了许多资料，但是有关张茵的丈夫、玖龙纸业副董事长兼行政总裁刘名中的信息实在太少了。就在那天晚上，我梦见了和刘名中在一家茶馆喝茶，不过他临时有事，匆忙离开，我追出茶馆大叫：喂，你还没留一下你的手机号呢！此时已经在车上的刘名中，在后窗玻璃上写了一串共 11 位的数字：136×××××××就在这个时候，我醒来了，但还记得这串数字，正好床头有笔，就在迷迷糊糊中写到了纸上，然后倒头接着睡去。第二天早上起来，我按照写下的号码打过去时，发现这是归属地为珠海的号码，遗憾的是——停机了。

　　张茵听了这个故事后哈哈大笑："真是日有所思，夜有所梦啊。"

　　没错儿，自从张茵于 2006 年成为"中国女首富"后，就成为媒体追逐的对象，可是，刘名中就像一个藏在深山老林里的道长，很少亮相，这让人们充满好奇。他们到底是怎样的一对夫妻，在运营现在是亚洲最大造纸企业的玖龙纸业过程中，又是如何分工的呢？

拒绝上榜，妇唱夫随

如果以一个词概括东莞的鲜明特征的话，那便是"小城大亨"。这个只有百万人口，且外来人口过半的小城，2010 年的 GDP（国内生产总值）超过 4000 亿元人民币。但是，东莞上市公司数量不足 10 家。换句话说，这里的隐形富豪实在太多了。

有一次我在东莞采访，一个企业主喝酒喝多了，半醉半醒地说，他的财富有数十亿元，而身家远超过他的同城商界好友更多。"我们从来不上什么富豪榜，"他挥了一下手臂，酒气冲天地说，"胡润也好，福布斯也好，也发现不了我们。"

张 茵

图片来源：CFP（视觉中国）

这真是戳到了胡润的痛处。胡润曾说，制作富豪榜 10 多年，东莞、福建、武汉、北京、东北的富豪，是调研难度最大的五个群体。张茵是东北人在东莞，调研难度可想而知。胡润 2003 年刚到东莞调研张茵时，问了一些当地的商人，"张茵是谁？我不知道这个人"是最常见的一种回答句式。

但胡润还是挖出了这匹黑马富豪。这源于他看到一条信息：2002 年，张茵旗下的美国中南贸易公司，是美国出口企业当中集装箱用量最多的一家。

2003 年 10 月 3 日，胡润将调研结果——包括张茵家族 25 亿元资产及玖龙纸业一些信息等，传真至玖龙公司，同时给她的丈夫刘名中以及助手菲利普发了电子邮件。

"我们绝不能上什么富豪榜。"这是张茵看到传真及邮件后的第一反应。

"好，那我给他们（胡润）回个邮件，传递到这层意思。"刘名中说。第二天，刘名中就给胡润回复了邮件，邮件是用中文写的，口气甚为书面、含蓄："贵公司关于中国大陆百富榜的传真收悉，非常感谢。经研究，有关贵公司要求敝公司给予答复的内容，我公司不考虑出版。谢谢！"

胡润没有回复，这令张茵心急如焚。10 月 6 日深夜，因担心胡润不懂中文，菲利普给胡润回了一封英文邮件："再次提醒，我们不同意贵公司发布关于我们的任何信息，否则后果自负。"

16 分钟之后，刘名中亦再次给胡润发了一封英文邮件，称："我们是一家私人公司，请尊重我们的隐私。如果没有经过我们同意擅自发布关于我们的任何信息和数据，那只好对簿公堂了。"

显然，在这个回合中，张茵和刘名中夫妇口吻严肃了好多，甚至有了"威胁"的味道。

胡润曾给我看他与张茵夫妇的来往邮件，他很是感慨东莞"藏富"式商业文化。

而对所谓的"对簿公堂"，他则一点都不在乎——早在 2000 年，胡润就曾接到过任正非执掌的华为公司发来的律师函！

胡润最后自然"辜负"了张茵。10 月 15 日，2003 胡润百富榜发布，张茵以 25 亿元的财富排在第 17 位。

张茵和刘名中最终自然也没有采取什么行动。一来他们原本就只是做"吓唬状"；二来，也是最重要的一点，新晋首富丁磊（网易 CEO）彼时成为了民间的财富偶像——这得益于网易股价在过去 20 个月的时间里暴涨了

近 70 倍。而张茵第一次上榜，位置并不足够靠前，自然难以引起人们的太多关注。

当 2006 年张茵成为"中国首富"时，人们才像 3 年前的胡润一样"惊讶"地发现，原来张茵在造纸行业已经打拼了 20 载，她在成为中国商界明星时，已在美国特别是华人圈甚为知名，有媒体称她为"中国当代的花木兰"。

牙医的进化

刘名中是张茵的第二任丈夫。张茵有两个儿子，分别生于 1982 年和 1992 年，大儿子是和前夫所生，二儿子则是和刘名中所生。大儿子原本不姓刘，张茵与刘名中结婚后改名为刘晋嵩。

张茵祖籍黑龙江，家中兄弟姐妹 7 个。她结婚较早，生下大儿子时只有 25 岁。3 年后，她怀揣 3 万元跑到香港，靠回收废纸赚得第一桶金。由于性格要强，脾气较急躁，加上一心扑在事业上，她和丈夫的感情出现裂痕，不久后宣告离婚。

张茵的这一情形，后来在史玉柱身上发生过——史玉柱也是在事业蒸蒸日上时，和妻子离婚的。不过，张茵是女人，她迈出离婚这一步，对她内心的触动要更大一些。她后来极少提起当年事。

刘名中出生于中国台湾，成长于巴西，在巴西做过贸易，精通葡萄牙语、英语，后来成为一名牙医。张茵是他的患者之一。他和张茵在 1987 年认识，彼时张茵的生意越做越大。她公开挑战香港废纸行业掺水的潜规则，一时成为焦点人物，但随之而来的是恐吓电话。张茵仍然倔犟地还击，丝毫没有惧怕之意。"可能当时年龄太小，不知道'死'字意味着什么。"她后来回忆称。

她的这一行为令刘名中有所触动，加上刘的性格相对温顺，张茵在刘名中身上找到了精神慰藉，两人感情擦出火花，不久后结合在一起。

1988 年，张茵在广东东莞设立工厂（东莞中南纸业，玖龙纸业前身），主要生产生活用纸，产品销往全国各地。之后不久，由于香港废纸的数量和质量均不能满足内地造纸厂的需要，他们遂于 1990 年前往美国，创建了美国中南公司。

与当当网的李国庆之于俞渝，新光饰品的虞云新之于周晓光等"管家＋谋士"类型不同的是，刘名中更多扮演的是管家的角色，很多时候他只是一个执行者。

由于一边是中国公司，一边是美国公司，张茵和刘名中商量分工，她决定自己负责美国业务，中国这边主要由刘名中负责。也就是说，此后的大部分时间里，张茵要频繁穿梭于美国和东莞之间，而刘名中则长期坐镇东莞。有人说这是典型的"妇唱夫随"，也有人说刘名中从小在国外长大，并不会因此感到"没面子"。

我问及张茵这一话题，她以一副外交辞令的语气回答："我们家还是很民主的，不存在谁服从谁的问题，如果要说服从的话，则一切以大局为重喽。"

1996 年，由于国内高档包装纸供不应求，他们顺势而为，在东莞创建玖龙纸业公司，其第一台机器年产能就达 20 万吨。这一年，美国中南公司出口所用集装箱，位居全美企业第 4 位，张茵也于次年美国一项"女性企业 500 强"的评选中成为唯一入选的中国女性。这是她事业的第一个高峰。

10 年后张茵站在人生第二个高峰的主要推力是玖龙纸业在香港的成功上市。李兆基、郑裕彤这些香港商界枭雄均参与认购。玖龙 3 月挂牌，之后半年里股价一路狂奔，至胡润 10 月发布富豪榜时，股价是发行价的 3 倍！算下来，张茵家族所持股票市值是 260 亿元，胡润给其美国产业以 10 亿元人民币的保守估值，最后确定其资产为 270 亿元。

成为全球瞩目的改革开放后"中国第一位女首富"后，人们开始好奇她有着什么样的身世。刘名中是牙医，是中国世俗社会中的"小角色"，

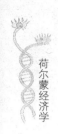

"张茵的父亲是做什么的呢，听说是部队中的高层？"有人发出这样的疑问。其实这是很值得玩味的一种现象——现在的中国商业社会，很多行业，很多时候，由于政商关系混沌，人们越来越对"白手起家"的企业家感到怀疑。

"我父亲只是一个小连长，"张茵对我说，"在我小的时候他就已经转业，后来到广东韶关一家矿厂做了厂长。"

过山车：宝贵一课

刘名中和张茵的感情甚笃，他们习惯早起晚睡，两人常不约而同到玖龙食堂就餐或是打盒饭。"常看到他们一起吃盒饭的情景，"玖龙（东莞）公司一位中层告诉我，"每年春节前玖龙四大基地都要举办有颇具规格的'春晚'，董事长和总裁场场必到，董事长有时兴致来了，会挥舞着荧光棒在台下为演员们喝彩。"

2008 年无疑是他们夫妇两人印象最为深刻的一年。首先使其成为众矢之的的，是身为全国政协委员的张茵在提案中的三点建议——建议劳动密集型企业取消无固定期限劳动合同，建议降低富人税负，建议对进口选择高效节能环保设备的企业，免征 5 到 7 年进口关税和增值税。此言一出，坊间哗然。在媒体的传播效应下，张茵成为"为富不仁"者的代表人物。

事件刚刚平息不久，香港一家民间团体发布的一份《2008 年首季香港上市企业内地血汗工厂报告》中，玖龙纸业赫然在列。舆论再次哗然，张茵大怒，她斥责这一民间组织是"无良组织"。

这件事让张茵急躁的脾性，不愿正视自己、急于反驳批评者等软肋一股脑儿地暴露在人们面前。最糟糕的是，彼时已上市两年的玖龙纸业，竟然没有一个维系公共关系的部门。

在接二连三的危机中，刘名中在一次玖龙的媒体通气会上出现。这也是除例行出席玖龙财报会之外，唯一一次出现在公众面前。

可是，他几乎一言不发。相反，张茵急于表达她想表达的，哪怕连张茵的弟弟、玖龙行政副总裁张成飞也急不可耐向记者解释一大堆，结果发现愈主动愈被动。

"我脾气有时很急躁，我丈夫常引导我，给我开解。"张茵后来说。

2008年他们夫妇俩也在资本市场溃不成军。玖龙股价在2007年最高峰时摸高到了近27港元，这一年的胡润百富榜上，尽管张茵是"榜眼"（首富是碧桂园的杨惠妍），但资产是770亿港元。然后，到2008年10月时，股价最低跌到了0.7港元。与一年前的最高位相比，缩水幅度达97%！

而就在这一年年底，"玖龙破产传闻"又甚嚣尘上，几乎与此同时，坊间又传出张茵和刘名中离婚的消息。不久后，张茵父亲又因病去世。

所谓祸不单行，大概莫过于此。

"离婚传言流传时，由于是我们的私人问题，我们的投资者虽不便说，但他们很难受。他们最终还是来问我们了，我们只好向他们解释、澄清。"张茵说。

幸运的是，张茵家族在2009年通过出口转内销等策略调整，以及延续之前通过回购公司股票、提前偿付部分银行贷款以提振投资者信心的做法，使玖龙的业绩走出了泥潭。2009年10月，玖龙股价回升至超过10港元。

这时，从花旗到大摩，众投行像令人爱恨交织的墙头草，一改先前的看空，重新将玖龙调高至买入评级。由于行业复苏与并购重组被普遍预期为造纸业的两大关键词。我问张茵，应该有不少投行与投资机构找到张茵，给出一份份精彩的并购方案吧。"是啊，不过他们几乎无一例外地碰了一鼻子灰。"她说。

而刘名中也并未闲着，他一直做着张茵的"外交官"。譬如2008年6月初，张茵以私人（香港风凰林业投资有限公司）的名义，与云南省政府签下一个名为"关于发展速生丰产林项目的战略合作框架协议"，项目的

投资金额高达近60亿元人民币。有趣的是，在签约仪式上，张茵缺席，由刘名中取而代之。

"从张茵表示出来云南投资的意愿到现在锤子落地，刘名中先生一年来是云南的常客。"云南省一位官员称。

无声的蜕变

"在我面前，张茵哭过。"广东总工会副主席孔祥鸿说。

两年后，另一位广东商界女杰——霸王集团总裁万玉华，在从之前陷入的"致癌风波"中突围后的一场新闻发布会上痛哭流涕："我们夫妻俩付出多少心血又有谁知道……在中国做企业为什么就这么难呢？"

万玉华和她的丈夫陈启源（霸王集团董事长）被称为"中国洗发水行业首富"。2009年6月，即霸王上市后不久我采访万玉华，两个多小时的时间里，她一口水也顾不上喝，滔滔不绝，讲"中药世家"的渊源、讲陈家的祖谱等，在听到她说创业近20年来自己虽经历大风大浪，但"心态一直很平和"时，我索性打断她："你信佛吗？"

"我不信佛，我信我自己！"她脱口而出。"我信我自己"既道出了一家从夫妻作坊到行业龙头之珠三角企业的原动力，却也将特立独行、控制欲强等地域商业文化特征折射无遗。

张茵和万玉华的情形不尽相同，不过他们都经历的大俯冲让他们切肤体会到，在中国做企业，自信心的崩塌是多么容易的一件事情。而他们的哭泣，也形成了中国商业变迁中一道独特风景线：在"女主外"的夫妻企业家样本中，不管女杰的性格再怎么强势，她们的心理承受能力还是要比男人弱一些。

如今的张茵和刘名中显然成熟了许多，也开放了许多——尽管有的时候是形式主义的开放，但至少不再有2003年年初上榜时的惊慌，不再有2008年因风波缠身而试图讨好媒体的愚蠢行为；大风大浪之后，大儿子刘晋嵩也如期"上位"，于 2009 年 8 月 3 日，由非执行董事升至执行董事，同时获得 300 万份购股权，而玖龙在天津和重庆的巨型项目也陆续开工，可谓否极泰来。

与新希望集团董事长刘永好曾表示"女儿刘畅 30 岁后才能接受媒体采访"类似的是，张茵与大儿子刘晋嵩约法三章，其中一条即为必须避开传媒，低调行事。

2009 年 11 月底，由国侨办主办、广东省侨办承办的"第七期华裔新生代企业家研修班"的 30 多名学员中，有香港富豪之女，有马来西亚国会议员之子，张茵也为刘晋嵩报了名。研修班的其中一站是到东莞调研，刘晋嵩开心地向同学们发出邀请——到玖龙喝茶。而学员们到达东莞当日的宴席上，刘晋嵩只是在席间露了一面。

"晋嵩有接班的义务，我从小就锻炼他吃苦耐劳和踏实做事的能力。"当被问及企业传承事宜时，张茵抛出这样的回答。

"那晋嵩什么时候结婚呢？"我问张茵。坊间曾传出过张茵为儿子相亲的消息。

"他的婚姻他做主，"张茵大笑，"他不会像刘德华那样偷偷结婚的。"

俞渝与李国庆
精于算计的"联合总裁"

如果把地产商任志强称做"任大炮"的话，当当网创始人之一的李国庆，则是十足的"李大嘴"了。从来没有任何一个上市公司的老板像李国庆一样口无遮拦，甚至有些精神分裂：一边在微博上讽刺前女友当年甩掉自己时的"无知"，一边又在当当网于美国挂牌上市当天请前女友做嘉宾；

一边和投行签下合约，一边又公开骂娘……

李国庆和妻子俞渝分别出生于 1964 年和 1965 年，他们 1996 年年初认识，年中开始拖拍，当年 10 月结合，也算是"闪婚"了。他们的头衔都是当当网"联合总裁"，在 2010 年之前，给外界的印象一直是"女主外，男主内"，并且搭配得还算不错，直到 2010 年当当网上市后，人们才知道，同样精于算计的他们，实际上却"联合"得并不如外界想的那般完美。

"闪婚"前传

外界多以为当当网的雏形是俞渝创建的，实则是李国庆。对李俞两人的结合来说，有两个时间点可圈可点，一为 1987 年，一为 1996 年。

1987 年是北大社会学系才子李国庆毕业的年份，他进入了国务院发展研究中心。在校期间，他曾任北大学生会副主席，毕业前夕在一家出版社兼职做策划编辑，尽管没赚到什么钱，但让他对图书行业有了一定了解。

对李国庆自己所撰写过的文章，有人说他大二下学期写过一本近 30 万的著作，名为《中国社会改造之我见》。是不是真有这么本书，我没有查到，也未向李国庆求证，如果属实且为独立完成，不说他是少年老成之奇才，至少也是个热血青年了。他的这种热血延续至今，在和所谓"大摩女"对骂时，就像打了鸡血一般。

想起来两个人，一个是已故经济学家杨小凯，一个是中国企业界曾经的枭雄牟其中，前者在 20 岁时写过一篇给其带来 10 年牢狱之灾的长文《中国向何处去?》，后者在 30 岁出头时（20 世纪 70 年代初），也与人合写过一篇题为《中国向何处去》的文章。

再来看俞渝，无论是读书，还是择业，她都受到在中央编译出版社工作的母亲的影响。1987 年的俞渝，已经从北京外国语学院毕业并在一家外企做了一年的全职翻译工作。这一年，俞渝利用在美国的一个小长差之便，申请到俄勒冈大学留学，不料被成功录取，她随即于这一年的9月从工作单位辞职赴美。其雷厉风行的性格可见一斑。

在接下来的9年里，李国庆和俞渝的人生没有交集。李国庆在政府机关待了两年后"下海"，创办科文书业。20世纪90年代前后是东西文化碰撞激烈，图书出版行业契机乍现的一个时段，李国庆赚到了第一桶金，并于1993年，成立北京科文经贸总公司，除了图书之外，兼做煤炭、钢材等贸易，甚至还开了家出租车公司——这是中国民营经济野蛮生长和以多元化为时尚的一个写照。直到1996年，李国庆才将科文公司重新定位为专注图书行业。

俞渝在美国的前5年（1987年至1992年）是半工半读，很不幸的是，这5年正是美国周期性经济衰退的一个时期——格林斯潘到美联储甫一上任就遇到棘手难题。俞渝1992年获得MBA学位后求职并不顺利，主要原因是市场真实的情形和她的期望值之间的落差太大。俞渝随即选择创业，成立以企业并购财务顾问为主业的TRIPOD公司，此时的俞渝27岁。

有趣的是，和几年前的李国庆一样，她的公司同样"小而全"，服务涉及诸多行业，加上她生性要强，常去和一些国际投行争抢"猎物"，这决定了许多时候俞渝必须事必躬亲。据她回忆，1993年至1995年期间，她每天工作时间将近15小时，1995年，全年超过200天在全美各城市的酒店度过。这让人想起获得2010奥斯卡最佳影片提名的美国电影《在云端》。

俗话说"三十而立"，主要针对的是男人，而对女人来说，似乎最迟也要"三十而恋"，否则就彻底进入"剩女"行列了。1996年，30岁出头的俞渝遇到了李国庆，开启了人生的另一扇窗。

死亡的启发

1996年年初俞渝和李国庆相识，"红娘"是知名美籍华裔作曲家谭盾

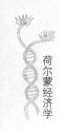

的太太黄静洁。这源于黄静洁创办时尚杂志《I Look 世界都市》，好友李国庆在北京帮着疏通了一些关系，而俞渝是这份杂志初期投资人之一。李国庆一次赴美期间，黄静洁做东，李俞两人在饭局上相识。

一直到这一年 6 月，俞渝休假回国，重新和李国庆取得联系，两人才得以有独处和更多的接触机会。彼此之间的好感使两人很快开始拍拖，并一起到墨西哥旅游，当年 10 月即注册结婚。

4 个月的时间完成人生的一大使命，着实是"闪婚"了。不过，与谭盾和黄静洁在美国的一见钟情和两小时后谭盾即向黄静洁求婚的经历相比，李俞两人可谓"小巫见大巫"了。

俞渝对婚姻的期盼要强于李国庆。越是要强的女人，内心可能越是脆弱。1995 年的时候，俞渝在美国的一位长期客户、总部位于瑞士苏黎世的世界 500 强企业 ABB 集团美洲区总裁鲍伯·唐纳德因飞机失事而亡，令她第一次开始审视自己的人生——事业固然重要，但一个温馨的家庭亦不可或缺。这样的思考，使俞渝不再以事业上的蒸蒸日上和出类拔萃为唯一目标。

李国庆和俞渝夫妇于 1999 年 10 月创办了当当网。这是互联网英雄辈出的年月，在中国，马云、丁磊、李彦宏、马化腾等都是于这一年前后创业的，而"模仿"国外的先行者成为不二的捷径。俞渝也明确提出要做"中国的亚马逊"，并把亚马逊模式的相关资料在当当网广为散发以供研究。

欧美的投资人因看好俞渝在美的经历，希望她出任董事长，李国庆任CEO，但俞渝仍认为在中国，不应轻易去挑战男权主义的文化传统。最后权衡的结果是，李国庆、俞渝在名头上不分上下，均为"当当网联合总裁"，只是分工上有区别。

2002 年 10 月，俞渝又一次受到有关死亡话题的触动，这回的主角是她自己：她被检出肾上肿瘤。因为俞渝家族有病史，此时她妹妹就正在做换肾手术，而俞渝小时候也患过肾炎。这位昔日的女强人，在病魔面前作出最坏的打算。幸运的是，两个月后，医院的检查结果为良性肿瘤，她并不放心，奔赴美国复检，结果证实为良性，才长舒一口气。

亲历死亡边缘的俞渝，从 2003 年开始性情大变。如果说之前和李国庆任当当网联合总裁的她，仍延续了她在美国期间争强好胜之性格的话，从这个时候开始，俞渝开始回归一个传统中国女人的本位，非常清楚地意识到自己及家人的健康，以及相夫教子对一个女人的重要性。不久之后，她将更多的事务性工作转交李国庆，自己只负责资本运营。

企业史上，因遭遇灾难性的病魔而改变了自己对人生的看法和轨迹的，苹果电脑创始人乔布斯和万科集团创始人王石是众所周知的两位。常言说"大难不死，必有后福"，乔布斯的福气是一改年轻时盛气凌人和专横跋扈的脾性，在斯坦福大学的演讲中发出"求知若饥，虚心若愚"的心声；王石的福气是后来成了中国企业界"最会玩的人"。对俞渝来说，她何尝不是因祸得福。

嘲讽初恋女友

李国庆在这十来年间的性格并没有太多变化，他还是一副桀骜不驯的样子，性子很直，有时说话几乎不经过大脑。随着当当网规模的越来越大，李国庆的膨胀欲也越来越厉害。用一个不尽恰当但很是形象的词来说，他的"小农意识"浓重——就好比原先开垦了一亩三分地，不经意间发展成一片农场了，顿觉扬眉吐气，可以回过头来嘲讽当年嘲讽过自己的人或事。

许多草根商人多多少少都有这种陋习，可是，李国庆身上的这一特征太明显了，他对"成王败寇"的观念非常尊崇。其实或许连他自己也明白，所谓当年嘲讽过自己的人或事，有的只是自己的主观臆断，一个自尊心极强的人，低潮时看到一片落叶都觉得是在讥笑自己无能。

这在 2010 年年底当当网上市时暴露无遗。当当网在纽交所挂牌，李国

庆最期待的不是和俞渝一起敲锣的场景，而是让前女友见证他敲锣的情景。他在微博上自诩为"成功人士"并写道："……想起16年前，她被评为北京小姐，和名人出入大场面，而我创办的图书公司还在地下室，她当时认为我是'在垃圾上跳舞'、没前途"，并以一副讥笑的口吻说："让美女您没眼光！"

2011年上半年中国资本圈最富娱乐色彩的两件事，一件便是李国庆对初恋女友的"挑衅"，他的潜台词是，你瞧，我现在功成名就了，你后悔了吧！另一件是鼎晖创业投资合伙人王功权宣告"放下了一切"，和红颜知己、同为投资人的王琴私奔。可是王功权随后每天发微博反驳那些质疑他的网友，让他的一些支持者感到不解：你到底放下了什么呢？

戏剧性的是，王权功"私奔"第三天，发微博称和2005年已与他离婚的前妻通了个电话，"前妻叮嘱我要妥善处理好各方面事宜"，这让好多人以为王功权现在是单身。但很快人们知道，王功权后来又娶了第二任即现任妻子。王于是再发微博称现任妻子曾是证券界人士，控制欲太强，"我很怕她"云云。

李国庆这样评价王功权："作为公司合伙人，以这种方式离开工作，对投资人和合伙人不负责任，要被批评。而对个人生活的新选择，以我对王功权的了解，奉劝：财富有价，婚姻诚可贵，爱情价更高，若为自由故，三者皆可抛。还是独往独来的好。"

王功权和李国庆，同样为了女人，一个要"走向未来"，一个在"回到过去"，他们都力证自己现在的选择是正确的。这是他们的权利和自由。不过，在他们高亢的口号背后，不经意间都流露出现实窘境下的无奈。

对李国庆来说，他嘲讽初恋女友之举动，绝不仅仅是性格张扬使然。任何一个有正常情商的人，如果和妻子间的感情没有破裂，是不会把这种事情拿到台面上炫耀的。或许事出有因？坊间盛传，李国庆和俞渝早已离婚，他们之间只能算作是"资本层面的夫妻"了。但是俞渝对此进行了"辟谣"，称离婚是子虚乌有的事。

而这一事件的高潮，则是出乎李国庆的预料，其初恋女友答应了邀约，参加了李国庆在当当网挂牌当天的"演出"。而更让人捧腹的是，李国庆后来说，初恋女友出现那一天，俞渝"平静而凶狠"。

"国庆的前女友是一个非常聪明也非常出色的女孩，"俞渝后来和媒体记者沟通时称，"那天我确实很平静，为什么（李国庆）觉得我凶狠，我倒是要问问他。"

重回强势

2008 年前后，俞渝称每年都会有三四次的休假，很多时候是和李国庆一起休，他们一起陪老人和孩子到国内外旅游度假。用她自己的话来说，"生活当中，有时候得画一个顿号，有时候得画一个逗号。"而在工作当中，她也和李国庆约法三章，譬如不在卧室谈工作、不将工作上的情绪带回家、每周必须有一天时间用来陪孩子等，这些约定，皆是 2002 年俞渝与死亡擦肩而过之后主动提出来的。

李国庆与俞渝一度被认为是性格互补的企业家夫妻，在体制内待过的李国庆脑瓜子很精明，执行力强，这些特点，和从美国直接空降到北京的俞渝判断力虽佳但大大咧咧的风格形成了有益的补充；在生活当中亦如是。俞渝在一次电视访谈中称，李国庆对她很包容，"最关键的是，他能把我身上好的东西发掘出来，并抑制住我不好的一面"。

这样的话现在已经听不到了。俞渝到电视台做节目或日常接受记者采访，不再提及和李国庆之间分工协作的一些细节，更不会秀恩爱。

不管李国庆和俞渝间的感情发生了何种微妙的变化，他们共同持有当当网股权并为第一大股东，至少在资本层面，未来比较长的一段时间里，仍会牢牢绑在同一架战车上。因为有着共同的利益诉求，关键时候须搁置矛盾，扬长避短，利益最大化。

我在研究 2010 年赴美 IPO 的中国公司数据时，无意中发现一个秘密：

李国庆与俞渝

图片来源：CFP（视觉中国）

34家公司当中，有32家公司支付给国际投行的佣金率皆为7%，另外两家是软通动力和当当网，前者IPO的佣金率为7.3%，为最高者，当当网以6.66%的佣金率成为"最会省钱的IPO"，同时也是唯一一家连续两次上调发行价的公司。但这并没有挡住李国庆和俞渝后来气势汹汹地"讨伐"投行。

我问李国庆是如何拿到最低佣金率的，谈判过程又是怎样的，他没有回答。

事实上他也不知道。整个上市过程几乎是俞渝一手操办的。别看李国庆在网上和所谓的"大摩女"骂得不可开交，并抱怨当当网上市的发行价太低了，其实当当网在中国香港地区、新加坡和美国的整个路演，李国庆并没有参与，一直到最后定价时，他才飞赴纽约。但这一天俞渝一共有八个会，只能在间隙及会议结束后，简单知会了一下李国庆。

美通无线公司董事长王维嘉后来把这件事形容成俞渝将李国庆给"屏蔽"了。"用屏蔽这个词用得挺狠的，但是有点像。"俞渝说。

与其说他们两人都是各司其职，打配合战，不如说当初那个强势的俞渝又"回归"了。她自己也承认这一点。2011 年的一场女性论坛上，俞渝讲了作为一名女性管理者的感悟——女性创业者和管理者如果太强势，会招来世俗的目光，世俗眼光中，女人不管做什么，都应该不失淑女的一面，至少温良谦让。但是，如果要成就一番事业，很多时候必须敢于冒险，寸步不让，永远进攻。

俞渝的言外之意是，她曾觉得自己创业伊始的强势是不成熟的，于是变得温文尔雅，但到了现在，她发现还是有必要重回强势。她甚至举了一个例子，称"某电子商务公司"对当当网的低价政策发生挑衅，她作出的决定是"报复性还击"。"如果是男性作出这种决定会被视为勇敢之举，如果是女性，很多人就会说我咄咄逼人。"她说的这家公司，是京东商城。而在她和李国庆的相处中，她同样重回强势。

俞渝当初从强势到柔软，不仅出于上文提到的对死亡的敬畏，更和她意识到家庭角色同等重要有关；俞渝后来从柔软回到强势，不仅是因为行业竞争变得更加激烈、当当网的管理和环境变得更为复杂，可能更与家庭角色带给她的边际幸福感越来越低有关吧。他们还在"联合"着，但味道有些变了，好戏还在后头。

周晓光与虞云新
其实都是"一把手"

"今年是我大儿子的本命年，他已经可以独当一面了。有次他半认真

半玩笑地问他爸爸：'妈妈那么能干，你心里压力大吗？'"

这是 2009 年 3 月 5 日晚上，国内最大饰品企业之一的新光集团董事长周晓光在北京一家宾馆接受我采访时这样说道。她是来北京参加"两会"的，作为浙江义乌市第一位也是唯一一位全国人大代表，她备受关注。义乌被称为全世界最大的小商品集散地，2009 年人均 GDP 突破 1 万美元，成为浙中地区首个达到"中等发达国家标准"的城市。

周晓光每一次与外界接触都希望给对方留下优雅的印象，有的时候甚至有些刻意。不过，她这回和我聊天过程中的爽朗，更多是由于她的企业在全球金融海啸的 2008 年销售收入不降反升。

她的丈夫虞云新任新光集团总经理，夫妻俩是义乌商界一对知名的"黄金搭档"；而从他们的分工和并肩作战细节中，似乎可以嗅出某种独特的荷尔蒙文化。

家里住了 28 口人

与本章写到的其他几对"女主外，男主内"的企业家伉俪不同的是，周晓光和虞云新是一起创业的，且当企业走上正规后依然是出双入对。

周晓光出生于 1962 年。1978 年 11 月深秋的一个凌晨，她爬上义乌开往江西的火车。一年后，后来被视为具有标志性意义的中共十一届三中全会召开。

17 岁的周晓光自然并不明白那意味着什么，她那时一边奔波在江西、福建等地，打游击战式地摆摊绣花，一边想着母亲的预产期快要到了。不久，家里又添一口男丁。

虞云新出现在周晓光的生活中是 1980 年年底。他们其实原本就是"亲戚"——虞云新是周晓光干外公的四儿子，若按辈分，他是周晓光的舅舅。当时虞云新在东北做绣花生意，给家里拍电报说东北人的钱很好赚。当时在老家养病的周晓光听到后，便与虞的哥哥们一起去了东北。

4 年后，她与虞结为连理，其间他们南征北战，到过全国 17 个省市做生意。

人们常用"裙带主义"一词来形容东南亚国家的资本主义或官商勾结，而它同样适用于中国大陆个体工商业冲破"大锅饭"及"文化大革命"樊篱时的创业特征，其中以江浙一带为甚。沾亲带故的同乡、同学、朋友，成为一支又一支萌发的生力军。

虞云新和周晓光是在 1995 年创办义乌新光饰品公司的。与张茵和刘名中一样，周晓光从一开始就是"一把手"，不过与刘张夫妻不同的是，在很长一段时期里，周虞两人从提货到世界各地参展等，都是出双入对；到 2008 年两人参加中欧国际工商学院全球 CEO 班，也是一前一后。

两人之间不可能没有矛盾。但产生的矛盾却无伤大雅，譬如周习惯坐火车，而虞更习惯搭飞机等。他们懂得互相谦让。周晓光说，她刚和虞云新生活在一起时，两人共用一支牙膏，她喜欢从尾部挤牙膏，而虞云新喜欢从中间挤，她看不惯，于是好几次一大早刷牙时就开始吵架。

"不过我很快意识到，我们有些小题大做了，"周晓光说，"我既然不能改变他，又不能离开他，那只有妥协，改变自己吧！自那以后，我们就不吵了。优质的婚姻，其实是不断妥协的结果。"

周晓光这样说，显得自己很"大度"而丈夫比较较真。然而，一位熟悉他们夫妻俩的朋友说，其实一般是虞云新先"妥协"；虞的办公室放着几尊玉雕和木刻的弥勒佛像，他自己就像是一尊弥勒佛，对得失看得相对较淡，无论是家庭中的争吵，还是企业管理中的症结，他几乎没有过激烈行为与情绪，反倒是周晓光常患得患失，为一些事甚至面子上的事惴惴不安。

如今虞周两人的家里，住有 28 个人——包括周晓光的父母及大伯，她的 5 个妹妹和 5 个妹夫、一个弟弟，以及总共 9 个孩儿等，这还不包括他们家雇用的几个保姆。

28 个人在一个屋檐下——放在 20 世纪 80 年代你或许司空见惯，但在

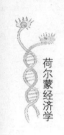

21 世纪过了 10 年的今天，多少有些令人难以置信。能有气度接纳、治理好男女老少共计 28 人之大家庭的男女主人，也应该有能力治理好一个不大不小的制造型企业吧；至少治理大家庭的生活经验，能不断向治理家族企业输送"养分"。

性别优势

在一个男权社会和男性企业家占大多数的商业世界里，"女主外"的优势分外明显：如果一位女性企业家内生性的个人能力与魅力非常得体地流露，她会比男性企业家们更容易获得认同和赞许。这是性格的优势，荷尔蒙的效用；相反，如果她被视为是一位外强中干的"花瓶企业家"，人们一边会对她敬而远之，一边会说：毕竟是位女性嘛。

周晓光属于哪种类型的呢？说实话，最开始的时候她给我的印象不是太好，其开场白常常是"××（某重要官员）来我公司参观的时候……""我去参加巴菲特公司股东大会的时候……""我在美国几大投行及纽交所访问的时候……""我的中欧国际工商学院的同学说……"

频频以大人物、大地点开头的句式，让我多少有些反感。爱炫耀是女人的本能，但是放在一个早已走出老巢，时常穿梭于中国香港地区、迪拜、莫斯科、西班牙等全世界各地的周晓光身上，这样做是不是太过张扬了呢？

如果她跟同行或企业界朋友交流，亦以这种句式开头，对方会是什么样的反应，艳羡还是惊愕？

直到后来我意识到自己有些吹毛求疵了。一棵小树苗成长为参天大树并引得人们驻足时，它的主人大都享受站在镁光灯下接受赞誉的感觉。之于周晓光，上述句式恰恰是她学习欲强的注脚——她毕竟是草根出身，初中毕业就出来捞世界了，若干年后，当有条件有机会与政治人物或大商业领袖对座而谈，内心的激动和兴奋丝毫不加掩饰，其实完全可以理解。

周晓光是改革开放至今中国第一位做广告征集方案的全国人大代表。这一点实属难能可贵。

据周晓光所言，她于 2009 年将一封推动义乌国际贸易综合改革试点的建议信"直接递交给了中央领导"，"中央领导在这份建议上作了重要批示，研究这份建议的可行性"。

两年后，国务院发文批复《浙江省义乌市国际贸易综合改革试点总体方案》。这是继国家设立 9 个综合配套改革试验区之后经国务院批准设立的又一个综合改革试点。

当下微博等互联网社交工具很是流行，周晓光亦是非常投入。对震惊全国的"药家鑫杀人案"，周晓光发了数条微博。2011 年 5 月 20 日，她在一条微博中写道："药案二审结束。看各大论坛，很多网友都称心情很好……很多人都感觉松了一口气。不能说是'什么战胜了什么'这样的新闻标题句式，但看看公众的反应，确实耐人寻味。绝大多数人，跟这案子并无丝毫关联，却投入了那么多的热情和精力……谁说我们没有公民意识呢？至少，这是公民意识在逐步形成的时代。"

虞云新没有开微博，不过他和周晓光分别是中欧国际工商学院（简称中欧商学院）全球 CEO 班第二届和第三届的学员。他们的同学中有郭广昌、杨澜、董明珠、赵炳贤、郭为等人。杨澜和虞云新是同一个班的，很快与周晓光也熟识了。虞周夫妇一次陪杨澜和吴征夫妇参观义乌小商品城，一逛就是大半天，吴杨颇为夸张，两人买了一大堆东西，两辆车才拉走！

郭广昌是中国最大民企集团之一的复星集团的掌门人。他和周晓光同为浙江东阳人，不过直到中欧商学院进修时才认识。在媒体眼中郭广昌是极其低调的，但实际生活中他亦是直来直去的脾性，喜欢的事物一定全心投入，不喜欢的不加理睬。周晓光后来与郭广昌交往甚密，并将其认为自己学习的榜样。

2008 年年中，坊间传出新光饰品濒临破产的消息，周晓光焦急中接到

了郭广昌打来的电话："是不是遇上了什么困难？有困难的话跟小弟说一声。大力出不上，小力还是可以的。"

"没必要去过这个瘾"

2009年年底周晓光出版了自传《女人就是要发光》。她在《女人的角色》部分写道，生命中对自己影响最大的两个人，一个是妈妈，一个便是丈夫虞云新。

正如文初提到的，当他们的大儿子问虞云新是否因周晓光的能干而有压力时，有趣的一幕发生了：虞云新笑着还没回答，倒是周晓光抢过了话匣子："不是谁比谁能干的问题，我们都是在为这个家付出，只是方向不一样。"

周晓光的抢话和近乎外交辞令式的答案，也是她性格比较强势的写照。他们夫妻一次做客浙江卫视《财富人生》录制节目，主持人开玩笑地问虞云新："想不想过一把董事长的瘾？"虞甚为谦和地说："她做得很好，我没必要去过这个瘾。"

不过，当主持人让他写出妻子的缺点时，虞写的是："她性格比较霸气，凡事都要我先谦让。"

这种谦让，使得周晓光有底气在传记中称，如果一个女人在外叱咤风云，在家里却守着一个小气的丈夫，使绊子、挂脸子、撂冷话、拖后腿，千方百计，生怕自己的老婆在外面占尽风光，无异于在受"精神虐待"。这其实是在变相夸自己的丈夫。

也是这种谦让，使得新光集团这一地道的家族企业并没有发生过内讧事件。2007年，年仅27岁的80后女孩儿邓丽君（和一代歌后同名同姓）被提拔为新光集团物流中心总监，赢得了企业内外的赞许。

很多家族企业忌讳众亲属在企业任要职，而周晓光却把这一点视为特色和优势。不过，当她开始筹划上市时，也不免为将来的股权结构和公司治理叹气——"裙带主义"从来都是一把双刃剑。

她的另一个尴尬是多元化的尴尬。当她的生意越做越大时，半推半就地踏上了多元化的征程。新光集团除主业饰品行业外，近些年还进入了房地产（新光房地产）、钟表（上海国瑞信）、投资（浙江富越控股）等产业。多元化并不可怕，可惜的是盲目和混沌的多元化。

2004 年，复星多元化遭遇广泛质疑时，郭广昌向管理学大师杰克·韦尔奇问道，韦尔奇说："你如果对你的企业有信心的话，就拿事实来说话，并把你的账簿公开。"

现在的周晓光，一边宣称新光现在达到了在中小板上市的标准，一边对一些基本的销售和利润数据讳莫如深（其他业务板块的数字更是守口如瓶了）；这厢为在富豪榜上没看到自己的名字而懊恼，那厢在向外界介绍股权结构时避重就轻。

地产雄心

新光旗下的地产业务主要由虞云新在掌舵。2003 年，新光房地产开发有限公司成立，后来收购了浙江万厦房地产集团，加大投资力度。而义乌多家民营企业合资成立的富越控股集团，也很快染指房地产，在杭州开发了一个总建筑面积超过 5 万平方米的别墅项目。

此后，他们夫妇的地产野心越来越大。2010 年 5 月 18 日，杭州主城区的一场土地出让会上，万厦公司以超过 7 亿元的价格拿下其中一个地块。5 月 24 日，近 5 万平方米的义乌市贸中心项目用地出让会上，经过 135 轮的较量，新光房地产公司以 10.96 亿元的价格，击败主要对手绿城集团，成为胜出者——看来主场优势明显。

这块地不同寻常，4 年后，这里将诞生"义乌第一高楼"——一座260 米超高层五星级酒店，旁边还有三幢各为 150 米高的公寓式酒店和高档住宅，以及 11.8 万平方米的超大面积商业裙房。

　　也就是说，不到一周的时间里，他们掷下 18 亿元拿地。他们哪来这么多钱呢？一方面是银行贷款，另一方面不排除在之前的几个地产项目上赚了不少，但是他们总共的项目数量是很少的，那么，是否会从其主业——饰品的现金流中"借用"资金呢？

　　新光饰品这些年的经营状况并不令人乐观。周晓光在 2005 年和 2007 年分别做过两个零售专营店品牌——"新光精品"和"新光密友"，但都以失败告终。最近几年，她一共尝试做了七八个品牌，但夭折的夭折，惨淡的惨淡。

　　2008 年 5 月，三个女人一台戏——杨澜和周晓光以及"流行乐坛天后"席琳·迪翁联手创建"天女至爱"饰品品牌，但至今没开出几家店，可谓是乏善可陈。倒是 2009 年的时候，杨澜和席琳合作的"中国首家高级定制珠宝品牌店"（LAN）亮相，刘嘉玲、章子怡等名流前来捧场，人群中唯独没有了周晓光的身影。

　　看来，女人和女人做朋友可以，合伙做生意就是另一回事了，特别如果同是中国的"女强人"的话，就更难了，这与女性的敏感有关，也与中国传统文化因素有关——在中国商界，你很难找到王石、冯仑、潘石屹、胡葆森等江湖兄弟的"女性版本"，抱团就更是凤毛麟角了。

　　说白了，新光现在仍在摸着石头过河，没找到最适合自己的商业模式。她的"饰品女王"称号背后品牌和渠道尴尬只有她自己清楚。虞云新名义上是她的"贤内助"，实际上主要是做地产业务的"一把手"，他们夫妇俩希望饰品和地产两大业务板块能够相得益彰，但它们就像是混合在同一个瓶管里的两种牙膏，无论是从底部挤还是从中间挤，并没有什么分别。

　　"女性管理者首先是一个女人。"周晓光在自传中写道。而在两年前她接受媒体采访时曾说："我在做生意时不像个女人。"她在自传的开篇引用了诗人纪伯伦的一句话：我们已经走得太远，以至于忘记了为什么而出发。

吴亚军与蔡奎
地产界神秘夫妻档

中国地产界有两位超级女富豪曾做过记者。一位是龙湖地产董事长吴亚军，曾供职于《中国市容报》，这是一份创办于 1982 年，隶属建设部（现住建部）城市建设司的报纸，现已停刊多年；另一位是人和商业实际控制人戴秀丽（后随英国夫姓改名秀丽·好肯，人和商业现任董事长是其弟弟戴永革），曾在《哈尔滨日报》和《珠海特区报》做记者。

这两位女枭雄财富惊人。在 2011 年 3 月《福布斯》发布的新一届全球富豪排行榜上，吴亚军的财富是 55 亿美元（逾 350 亿元人民币），坊间称之为中国大陆商界"一号富姐"。她上一年就曾博得此名，财富是 39 亿美元（约 270 亿元人民币）。

而戴秀丽在 2011 年 5 月英国《星期日泰晤士报》公布的全英富豪排行榜上，以 10.6 亿英镑（逾 110 亿元人民币）位居女富豪榜第 7 位。这也是华裔女性的名字首次出现在英国的女富豪榜上。

本书剖析的样本是吴亚军。由于她的刻意低调，当龙湖地产以黑马的姿态从重庆一隅冲向全国、声名鹊起之时，外界都想对这个神秘女人的发家史一探究竟，同时也对她丈夫蔡奎的角色感到好奇。

互不服输

除非迫不得已，吴亚军极少接受记者采访。如果不是我到龙湖于香港发布财报的现场去堵她，她是不太愿意主动开口的——尽管龙湖地产的一位高管及吴亚军的几位朋友在此之前接受了我的采访并给她带了口信。

吴亚军在出身上没有显赫的背景。1964 年，她出生于距离重庆 50 多公里的合川县（2002 年成为重庆合川区），这里因古代战场"钓鱼岛"而闻名。如电影《岁月神偷》中的场景，住在合川营盘街一大院中的吴家并不富裕，大院 10 多户人家多年共用一间厨房。

1980 年，她考入西北工业大学，学的是航海工程专业，对鱼雷控制系统颇有研究。而比她大一岁、后来成为她丈夫的蔡奎，此时在南京航空航天大学读通信专业，熟悉导弹制导，以至于后来龙湖内部有人开他们夫妻的玩笑说"一个瞄得准，一个炸得狠"。

20 岁大学毕业后，吴亚军进入一家国营仪表厂做技术人员，一干便是 4 年，直到 1988 年进入《中国市容报》做记者。一位曾于 1990 年前后与吴亚军同在这一报社待过的人士回忆称，吴在做记者和编辑期间并没有太出众的表现，也不曾引起同事们的特别关注。

蔡奎毕业后进入成都飞机制造公司工作，后来又到重庆机场建设公司任工程师，他在此间与吴亚军认识并建立了感情。1990 年年初他被派往深圳时，正值中国股票市场开张不久，他跟风加入，在股票上赚了一笔钱。之后辞职下海，开办了一家电脑公司，组装电脑，倒卖到内陆省份，他因此赚下第一桶金。

1992 年，蔡奎关掉深圳的公司，回到重庆和吴亚军完婚，同时又在重庆做起电脑生意来，第二年又创办了一家贸易公司，名为重庆亚泰工贸发展公司。

或许受到丈夫的影响，吴亚军此时也萌生了下海的想法。1994 年，吴亚军借助报社平台，成立重庆佳辰经济文化促进有限公司（简称"佳辰公司"），正式下海经商，做一些贸易和出版策划业务。公司的注册资本为 200 万元，当时有四个股东，中国市容报社、吴亚军的母亲高超、蔡奎以及旗下的重庆亚泰工贸发展公司，各出资 50 万元，分别持股 25%。吴亚军的贸易业务中，倒卖进口建材，是最为重要的一部分。

这无疑是中国商业界很有趣的一幕——吴亚军起初不是选择和蔡奎一

起做电脑生意，蔡奎也没有选择和吴亚军一起做建材生意，他们分别进入自己喜欢和擅长的领域，特别对吴亚军而言，大有"不服输"的意味。

这一插曲将两人特立独行之秉性暴露无遗。不过，后来蔡奎看吴亚军做得有声有色，势头甚佳，遂加入进来。

借壳而生，政银宠儿

1995 年，佳辰公司注册资本增至 1000 万元，其中吴亚军和蔡奎共增加了 750 万元的投资，使得他们两人持股比例达到了 85%，中国市容报社的持股量被大大稀释（几年后被两人全部收购）。

与此同时，吴亚军和蔡奎与一家颇有来头、名叫中建科产业有限公司（下简称"中建科"）的国企合资成立创建重庆中建科置业有限公司。公司成立伊始便将房地产业作为主业。合资公司注册资本 1000 万元，其中吴亚军夫妇的佳辰公司出资 450 万元占比 45%。

也就是说，创业短短一年时间，吴亚军和蔡奎就能够共拿出 1200 万元的真金白银，这部分资金从何而来，尚不得而知。

中建科来头可不小，它隶属建设部和国家科委，成立于 1994 年 3 月 26 日（与佳辰公司成立时间仅相差一个月），注册资本 6000 万元，注册地为北京，股东分有中国建筑工程总公司、宁波鄞州新华投资有限公司、大鹏证券有限公司和重庆天河保险代理有限公司等，后来又引入重庆朝华科技有限公司等。

顺便一提的是，大鹏证券于 2005 年破产清算，朝华科技因连续 3 年亏损，股票于 2007 年 5 月被暂停上市至今。

重庆中建科置业有限公司成立不久后更名为重庆龙湖地产发展有限公司——这便是龙湖地产的雏形。之后吴亚军开始谋划第一个项目，即 1997 年 4 月动土的龙湖花园南苑。这一建筑面积超过 20 万平方米的住宅项目打了漂亮的一仗，项目品质、绿化及配套等均获得较高评价，于 1998 年 11

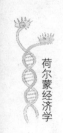

月被评为重庆市"十佳住宅小区"第一名。

值得关注的是，这个时候，大股东中建科开始分步退出，1999 年 7 月以每股 1 元的价格转让超过 10% 的龙湖股份给吴亚军夫妻的佳辰公司，使得后者成为控股超过 50% 的大股东。2003 年 10 月，在多次转让之后，中建科将持有龙湖最后的 5% 的股份转让给自然人吴亚军。一直到 2008 年，中建科几乎成了一个空壳，营业收入不足 600 万元，亏损近 160 万元。

谁也不知道，中建科为何在其投资的一家地产公司声名鹊起时，却开始出让股份。重庆地产圈人士惊愕之余，大多对吴亚军和蔡奎的"借船出海术"叹为观止。股权转让事宜在龙湖招股书中并未作任何披露。

从首战告捷的龙湖南苑，到两年后的南苑，再到凭借"北城天街"进入商业地产领域，龙湖地产在 5 年间就成了重庆地产界的标杆企业之一。在这期间，近 20 位中央、部委及外省（市）重要官员都曾在当地领导的陪同下视察龙湖项目。

吴亚军夫妇还是金融界人士的宠儿。2008 年金融海啸期间，中国农业银行总行和中国建设银行总行的主要领导前来宽慰吴亚军，表态称会"撑着龙湖"，而龙湖上市前后，农行和建行又分别给予了龙湖 170 亿元和 180 亿元人民币的授信。

龙湖地产 2009 年 11 月于香港上市是助推吴亚军成为"女首富"的重要一役。许多人可能并不知道，最早预言吴亚军将成为"女首富"的其实是重庆市市长黄奇帆。

据《重庆日报》报道，2007 年 4 月，时任重庆市副市长的黄奇帆在会见花旗银行中国首席执行官施瑞德先生时透露，龙湖地产年内可望在香港上市。他预测说，此次龙湖如果上市成功，中国内地首富的位置可能再次易主。

但黄奇帆的话当时并没有应验，龙湖此次上市最终因金融危机而搁浅。不过，当 2009 年龙湖再次冲刺并成功上市时，保荐机构由原先的两家——摩根士丹利和瑞银，增加到了三家，加进来的正是花旗银行！

不做"有文化的个体户"

吴亚军和蔡奎都是性情中人。相比之下，吴亚军要强势一些。在1994年重庆佳辰公司成立时，她的身体并不好。"当时有十来个人，"她说，"感觉有些力不从心，身心疲惫。"可是，在龙湖整个发展过程中，蔡奎始终作为一个"内助"的角色辅佐吴亚军。

吴亚军和蔡奎一起创立重庆佳辰公司后，也有过一次大的分歧——吴亚军希望蔡奎的妹妹离开公司，即从一开始就"去家族化"。她的主意是，送蔡奎妹妹到大学充电，但是，结业后不能再回到哥哥和嫂子的公司工作。蔡奎一开始很是恼火，但后来还是向吴亚军妥协。

一位吴蔡两人共同的朋友说，吴亚军曾说，只会赚钱的商人只是"有文化的个体户"，言外之意是做企业不仅仅是赚钱，更是事业。蔡奎听后故意打趣说，我就是个有文化的个体户。

吴亚军的一位副手告诉我，吴亚军在龙湖主管战略，而蔡奎负责战术。吴亚军在公司中的威信要明显高过蔡奎，她对数字极为敏感，加上有感染力，龙湖不少人称吴亚军为"吴老师"，吴亚军则时常称呼一些熟识的好友甚至被她招来的高管为"兄弟"或"哥们"，有人视之为亲切，有人则觉得太过江湖气。龙湖地产执行董事秦力洪说，他之前在汽车业，当初从安徽飞到北京和吴亚军聊了3小时，"我告诉她我有心加盟，但不懂房地产，没想到她竟当场拍板同意"。

2010年4月我在香港采访吴亚军时，问到龙湖全国扩张的"诀窍"，吴亚军回答了两点，一是"进入目标城市较早"，二是"密集投资，兼做商业，获得当地政府支持"。龙湖的拿地成本确实很低，2009年平均成本仅为每平方米1869元。

这样的低成本拿地策略被吴亚军复制到其他二三线城市。2009年年底，龙湖掷下35.7亿元拿下杭州四块地。我打电话给滨江集团董事长戚金

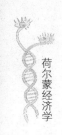

兴,问他对吴亚军策略的看法。戚说这几块地皆位于杭州下沙区,位置相对比较偏远,几乎不会推高杭州地价或房价。龙湖在江苏常州,一样复制了这一策略,拿地凶猛。

吴亚军并不是没有和同行起过突破。其中早在 2009 年年初时,龙湖就和央企保利地产在广东阳江市差点"打架"。时任保利地产副总经理的余英在博客中痛斥龙湖在阳江市与保利抢地之"不道德",并称保利地产法人代表宋广菊曾在电话中一再向吴亚军表示"基于阳江市委市政府给予保利的承诺,希望龙湖地产不要横刀夺爱"。

这一口水仗无意间暴露了地产龙头们与地方政府勾兑资源的行业潜规则。值得关注的是,吴亚军和蔡奎自始至终保持沉默,最后选择离开阳江。吴亚军明白就算自己有理,"客场"也难有优势,不如息事宁人。

除了争地,抢人也是吴亚军的一大特色。龙湖向全国扩张过程中,每到一处,必通过猎头公司和高薪诱饵,掀起一轮"挖角旋风"。挖去的不仅有地产界的干将,还有政界的能人。譬如 2011 年 2 月被吴亚军招进龙湖北京公司做副总经理的宋海林,一个月后便升至北京公司总经理。要知道,龙湖地产 2010 年全年的销售收入 333 亿元,北京公司的收入就超过了百亿元,占比超过三成。

据《财经》杂志报道,宋海林曾在清华大学建筑设计研究院工作,2004 年至 2008 年挂职于烟台市某区任副区长。而他成为龙湖北京公司一把手后,烟台市养马岛的近 700 万平方米的土地储备,成为他将重点开发的项目之一(旅游度假产品,名为葡醍海湾)。

"去家族化"的尴尬

龙湖现在是产品线最长的中国房地产开发企业之一。绿城集团老板宋卫平对万科并不"感冒",但在吴亚军当年刚成为地产明星时,就曾带领高管团队飞到重庆去讨教秘诀。2010 年年底,吴亚军在杭州的一场会议上见到宋卫平，宋再次当众称吴亚军是他的"偶像"，赞其"大气、细腻、信心坚定"，并希望以后龙湖地产和绿城中国的高管"每年有一次交流"。

其实，吴亚军从拖着伤病的身体开始卖建材，到初尝地产业甜头并获得纷至沓来的荣誉时，也曾有过"小富即安"的想法，不过后来很快打消，到龙湖在重庆加速发展、开始向全国扩张时，她挂在嘴边的一句话是"发展就是使命"。

吴亚军这些年一直是个十足的工作狂，龙湖上市之前的两年，年均单程乘机超过200次，她很少关注公司的股价，但不断在和投资人吃饭，且很多时候是一对一。她喜欢看书，我在采访她时，她刚看完一本历史书，名为《帝国的崛起与没落》。

上市前夕，一位重庆当地媒体的记者问吴亚军，龙湖上市的同时失去了什么？吴的回答是：失去了不发展的自由。记者又问：你对现在的人生满意吗？"求仁得仁时就很满意，"吴亚军用了孔子的一句话说，"反之就不满意。"

蔡奎和吴亚军一起打拼了10年，上市前的职务是龙湖集团副董事长及执行董事；和玖龙纸业的张茵与其丈夫刘名中一样，"女主外，男主内"的格局最终形成。

不过，与张茵夫妇不同的是，龙湖上市后，蔡奎辞去了一切职务。

"他现在很潇洒。"吴亚军说，"我和他有个私人公司，他现在做一些一级土地开发整理、高尔夫等项目。"

中国企业界中的夫妻档不计其数，但从最近几年的胡润百富榜上来看，房地产界的富豪数量最多，但房地产界的夫妻档（均在公司任职的）并不多，除吴亚军和蔡奎外，只有执掌SOHO中国的潘石屹和张欣，执掌香江集团的刘志强和翟美卿等为数不多的几对。

值得一提的是，拥有300亿元资产的2009年胡润百富榜上的第5位——"新湖系"实际控制人黄伟、李萍夫妇，均没有在旗下任何一家公司任职。秀丽·好肯是人和商业的实际控制人，但只任"人和系"旗下陕

西宝荣浐霸足球俱乐部之一的董事长。

一般来说，地产业要比其他行业面临更为复杂的政商关系。夫妻不在同一条船上，通常被认为是一项自我保护措施。可是，或许是因为吴亚军的个性太过鲜明了，或许是因为他们夫妇向来太过低调了。蔡奎辞去龙湖的职务并没有引起人们太多关注。

还有一个原因是，有些人关注龙湖，首先饶有兴致的是想知道，吴亚军一路顺风顺水，除了个人能力和机遇外，到底有没有"神秘人物"或什么权势家族曾起到过助推或者震慑之力，这还是一个疑问。

这一说法的缘由是，坊间盛传，吴亚军当年在《中国市容报》时，因编辑《邓小平画传》，和时任国家科委副主任（后任国家科技部副部长）的邓楠（邓小平女儿），建立了非同寻常的关系。这也是对吴亚军夫妇当年为何幸运地和中科建成立合资公司的一处注脚。

在很长一段时间里，吴亚军夫妇为坊间的这一传言很是头痛，他们想"辟谣"。可是，就连龙湖地产公司内部及辞职的前高管之间，也有这一说法。于是有人对吴亚军说，最好的应对办法就是不加理会，这样兴许还能无意中给自己贴上一张"护身符"。吴亚军后来确实这样做了，但她一直有所担心——今天的护身符，到了明天或许会失效，甚至带来负面影响。

我在重庆采访期间，几乎每次乘坐出租车驶过"北城天街"（龙湖重庆公司所在地）时，司机都会指着林立的高楼，甩下一句话："这公司的女老板背景很深。"甚至我去拜访重庆当地另一位身家近百亿元的民营企业家，他也轻描淡写地对我说："吴亚军只是个代言人而已。"

第 **6** 章

"落马"危机中的夫妻档

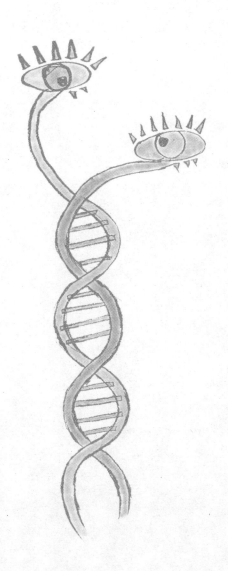

"荷尔蒙经济学"之

蝴蝶效应

蝴蝶在热带扇动一下翅膀，就可能引起异邦的一场飓风。一个坏的微小的机制，如果不加以及时地引导、调节，会带来非常大的危害和"风暴"；一个好的微小的机制，只要正确指引，经过一段时间的努力，将会产生轰动效应，或称为"革命"。

患难使商业上的魑魅魍魉——显形，也使夫妻间的真情得以最有力的表达。入牢狱是灾难，但它在你心里种下了一只蝴蝶。

综述
铿锵玫瑰，随机应变

粗略估算，最近 10 余年间，曾有过铁窗生涯且有一定知名度的中国企业家和经理人超过 50 位。其中既有牟其中、罗忠福、褚时健等"先行者"，又有顾雏军、戴国芳、陈久霖、龚家龙、孙大午、郑俊怀等"中间力量"，更有最近几年折戟的张荣坤、刘根山、兰世立、黄光裕等人。他们的劫数是中国民营经济发展的一面镜子。而在他们入狱前后，其妻子们所扮演的角色及其举动，大多鲜为人知。

从时间轴线上来看，早些年的企业家们，基于所处政经环境和习惯于"摸石头过河"等主客观原因，东窗事发时，"夫妻双双把狱入"的情形较多出现。譬如红塔集团的褚时健和妻子马静芬，爱多企业集团董事长胡志标和妻子林莹，铁本钢铁董事长戴国芳和妻子黄荷琴，农凯集团董事长周正毅和妻子毛玉萍，曾被称为"中国第一操盘手"的丁福根和妻子刘茜等人。

这些人当中，身为国企掌门人的褚时健的判决是最重的。一份向中纪委呈报的关于河南洛阳个体烟贩勾结三门峡烟草分公司，通过向褚时健家人行贿取得卷烟指标的举报信，最终导致了褚时健于 1999 年被判无期徒刑，他的妻子马静芬和女儿褚映红均被收审，褚映红更是于狱中自杀。

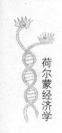

相对于褚氏夫妇，其他几对铁窗夫妻可归入民间富豪的类别当中。林莹兼任胡志标公司会计，黄荷琴虽然在法庭上称"我不是铁本的人"，但在铁本公司的财务部，有着黄荷琴的办公桌。

最近一些年，入狱富豪虽然前仆后继，但由于有着前车之鉴，他们的风险规避能力大大加强，妻子受到牵连者越来越少。

一些有着性格缺陷或在政商关系上越陷越深者例外，对前者来说，他需要一个有魄力和见识的贤内助来做自己的帮手；对后者来说，他们虽然看起来骁勇善战，但内心往往缺乏安全感。而黄光裕夫妇则是这两项的结合体——在国美，杜鹃给人的普遍印象是圆润、老练，最关键的是她比黄光裕"大方"、气场十足。

不过，一审被判3年半有期徒刑的杜鹃因为配合审讯获得保释，对公众来说多少有些吃惊，这看起来就像是一种"特权"。

入狱富豪当中，最典型的"特权"案例之一是，前南德集团创始人牟其中曾享受过一段时间独居一室的待遇，严格意义上不叫"独居"，因为彼时他有一位"特殊保姆"——和他私人关系极为密切的小姨子、自称是他妻子的夏宗伟。牟其中白天读书写作时，夏或到市区买菜，或到监狱外的汤逊湖边散步。

牟其中这一特权后来被取消了。

在海外服刑的中国富豪们就没那么幸运了。譬如分别曾在新加坡和中国香港地区服过刑的前中航油（新加坡）公司总裁陈久霖和创维集团创始人黄宏生。新加坡法官先是接受了陈久霖延期服刑的申请，但随即变卦，这使得陈妻李昆在法庭上当场连连大喊"不公平"；黄宏生待了3年多的中国香港赤柱监狱亦是戒备森严，属香港最高级别的设防监狱。

当丈夫落难，夫人充当营救急先锋是人之常情，观察这些太太的营救术，大抵能够推断出这一家族的人脉逻辑和两人在事业和性格上的搭配规律。

杜鹃出狱除了能为黄家与陈晓阵营抗衡再添筹码外，如何积极争取为黄光裕减刑，也是另一重头戏，陈晓最终于 2011 年 3 月离开国美，在"驱逐陈晓"的整个行动中，杜鹃是最大功臣之一；前南方证券总裁阚治东入狱后，他的长期在纪委工作的妻子张松妹现身营救，聪明才智在一些细节上得以体现。因为深圳看守所不允许探监，但可以给犯人存款，存款人名单长短不限，张松妹就想出一招，高频率地少量存钱，每次写上一串对阚治东问候的人员名字。

此外，被称为"公路大王"的上海富豪刘根山妻子夏鹤娜，原福禧投资集团董事长张荣坤妻子张樱，原东星航空掌门人兰世立的妻子傅洁等先前鲜为外界所知的人物，在丈夫出事后都纷纷现身。不过兰世立时运不济，在就要峰回路转前跌入深渊，锒铛入狱。

最近两年出狱的富豪尤其多，但在公开场合见到他们的机会很少，其妻子更是选择沉默。褚时健夫妇选择在云南省新平县一个镇种果树，尽管前来拜访者不计其数，但他们再不提当年事；戴国芳夫妇待在常州市东安镇一幢三层小楼的院子里，也很少问津江湖；三九集团原董事长赵新先和妻子王淑兰仍在医药行业，但拒绝了所有媒体的采访要求；黄宏生干脆继续选择垂帘听政，甚至在谋划分拆上市，给创维经理人以充分的创业空间，妻子林卫平在前台做代理人已经足够。黄宏生只有回母校华南理工大学时，才和林卫平一起——他们同是华南理工大学（原名华南工学院）77 级的同班同学。

出狱后动静较大的是阚治东、陈久霖和胡志标等人。阚治东又是创办私募股权基金，又是写回忆录，把之前从政时所有的资源又给盘活了，所到之处皆成座上宾。他压宝的风电巨头华锐风电终于在 2011 年年初在 A 股上市，就算挂牌当天跌破发行价，之后几个月一路下行，阚治东也赚了个盆满钵满。陈久霖是先抑后扬，沉默近一年后再进央企——看来，之前在体制内待过的经理人或富豪们，体验过高墙内的生活后，相比于多数民营企业家，其东山再起的难度要小一些。不过陈久霖对我说，那是因为他并不是案件的"直接责任人"。胡志标还是

当年的超级外向性格，声称出狱后拜访过 500 位企业家。当然，尽管这些商人比其他待过高墙者要张扬一些，但他们同样选择将自己的太太"雪藏"起来。

本章选择了四对案例，牟其中与夏宗伟、黄宏生与林卫平、陈久霖与李昆、黄光裕与杜鹃。他们当中有 20 世纪 90 年代叱咤一时的商业先锋，有最近几年身陷囹圄且话题不断的首富先生；既有国企经理人，又有家族制民营企业主及集体所有制企业主；既有在中国内地服刑者，又有在中国香港地区、新加坡服刑者。他们的"贤内助"们，在他们危险的时候，分别扮演了什么角色，做了什么样的努力呢？

牟其中与夏宗伟
狱中的古稀老人和小姨子

一个 20 多岁的姑娘爱上了一位比自己大 28 岁、可以做其父亲的商界枭雄。当这个男人 60 岁那年入狱的时候，这位姑娘不过才 30 岁出头。他在狱中待了 10 多年，此女子始终不离不弃，四处奔波为他"鸣冤"，坚信一定会"无罪释放"……

听起来像是童话故事，却是真人真事——这位商界人物便是牟其中，深爱他的这位姑娘名叫夏宗伟。她不是他的妻子，而是他的小姨子，当年的办公室主任兼生活秘书，如今的诉讼代理人。

牟其中是 20 世纪 90 年代中国商界的风云人物，南德集团创始人，曾被称为"中国首富"，1999 年年底他被警方带走，2000 年 5 月，以信用证诈骗罪被判处无期徒刑，后被改判 18 年有期徒刑，服刑地点是湖北洪山监狱。

2009 年 3 月，我在湖北作关于另一位落马企业家——东星航空创始人兰世立的采访与报道时，不经意的一次机会，认识了牟其中的两位从铁窗出来不久的狱友。通过他们，我了解到了不少关于牟其中狱中生活的信息；随后，我通过夏宗伟，对其中的一些信息进行了核实，然后又让她作为中间人，代我问了牟其中几个问题。

狱中的牟其中是怎样的一副情形，夏宗伟又是怎样的一位"另类贤内助"呢？

监狱里的"临时保姆"

监狱里的牟其中是一位极为孤独的老人。在多数同监犯人的眼中，牟其中就像是个外星来客，大多数时间，他都在思考、读书、写作，每天的写作时间超过 12 小时。牟其中撰写的大多是政论或是经济类的文章。

牟出生于 1941 年。20 世纪 70 年代牟其中第一次遭遇了牢狱之灾，彼时他因为批判"文化大革命"而被投入监狱，甚至被"内定"死刑，5 年后平反出狱。之后他成立中德商店，声称要做"中国经济体制改革的试验田"，不料 1983 年因涉嫌"投机倒把"再次入狱，这一次他在狱中只待了一年半。出狱后他把之前的中德商店升级为"中德实业开发总公司"，5 年后在天津成立了南德经济集团。

在洪山监狱是他的第三次铁窗之旅。

牟其中的狱友告诉我，为了锻炼好身体，牟其中每天的运动量惊人。他坚持每天早上绕着监狱内的小篮球场跑几十圈，午休后就来回爬楼梯——六层楼梯上下能够跑上十几趟。无论数九寒天，还是春寒料峭，他都坚持洗冷水澡，做自编的体操。

于是，10 年前牟其中显得臃肿的体态，特别是他的"啤酒肚"，后来慢慢已经看不见了。他的身高超过一米八，2009 年年初的体重为 170 斤左右。

　　牟其中鲜与狱友讲起他执掌南德时的经历。有时他有点闷了，也会与一两位相对熟识的狱友聊天，他对一位熊姓狱友说："我出去以后，会兴办一所最现代化的南德医院，对富人提供最高贵的服务，对穷人收取最低廉的费用。"

　　狱友听后默不做声，因为他熟悉牟其中的秉性。实际上洪山监狱里不少人都知道牟其中的这一宏愿。显然，牟其中的这种风格与入狱前毫无二致。他的特立独行，他的桀骜不驯，皆延续至今。

　　洪山监狱关押的许多是原来行政级别较高的犯人。牟其中入狱后，曾享受过一段时间独居一室的待遇。严格意义上来说不叫"独居"，因为有一位"特殊保姆"——夏宗伟的陪伴和照顾。

　　这显然是中国监狱史上特殊的场景之一。中国监狱里犯人的饭菜质量非常一般，不过如果你有钱，可以选择买小炒（小炒的价钱当然比较高了），但有专职保姆照料、下厨烧菜的，牟其中想必是少数中的少数了。

　　牟其中白天读书、写作的时候，夏宗伟不打扰他，自己或到市区买菜，或到监狱外的汤逊湖边散步。汤逊湖被誉为"一颗镶嵌在武汉城南的明珠"，是目前武汉市少有的一个水体生态保持良好的湖泊（2008 年民建湖北省委员会向湖北省政协曾提交过一份提案，建议把汤逊湖建成湿地生态公园）。

　　高墙外，女人，美丽的湖泊，这三个元素糅合在一起，简直就像是海市蜃楼，但确是现实一景。

　　然而好景不长，因为牟其中与监狱方"不够合作"，他的特殊待遇被取消，然后被安排到另一个住了已五六位犯人的牢房。夏宗伟离开监狱后，到北京等地为牟呼吁，一转眼就是五六年的光景，到 2011 年，她 42 岁了，已过不惑之年，而牟其中则即将"七十古来稀"了。

前世今生

　　牟其中说："我是改革开放的先行者、试验者、捍卫者。"财经作家吴晓波则称他是一个典型的"集思想启蒙的先知者与商业运作的蒙昧自大者于一身"的人。

20世纪整个90年代，南德一直是中国商界一个标志性符号，牟其中用轻工产品换俄罗斯飞机、发射卫星、开发满洲里等令人叹为观止的事件，轰动海内外，也奠定了他的江湖地位。"中国十佳民营企业家"、"中国改革开放十大风云人物"等赞誉纷至沓来，直到南德事发，牟其中于1999年被捕入狱。

夏宗伟是1992年加盟南德的。正是那一年，牟其中与俄罗斯完成了上述令人匪夷所思的交易。他的"空手套白狼"的野心从此走向无限膨胀。牟其中一次曾扬扬得意对南德员工称："你们什么也不用干，车照坐，饭照吃，钱照拿，比铁饭碗还铁饭碗啊。我一人挣钱大家花，共产主义啊！"

此间的牟其中，正在和任南德副总的妻子夏宗琼闹离婚。夏宗琼是夏宗伟的姐姐，在20世纪80年代末与牟其中结婚，是一个精明的女人，在生活上对牟其中甚为体贴，在事业上也给他出过不少建议。但两人在1993年离婚了，夏宗琼逐渐淡出人们的视线，而夏宗伟开始上位，被牟其中任命为"生活秘书"。

牟其中比较推崇毛泽东，而无论从牟其中对南德各部门名称的设置（"办公厅"、"监察部"等）上，还是与夏宗伟的关系状态上，都能看出牟其中有着一定的帝王情怀。他享受被人崇拜的感觉，有着"率土之滨，莫非王臣"式的支配欲。

夏宗伟对牟其中一跟到底。这一点令绝大多数人难以理解——先不说两人的年龄差距，光凭牟其中与夏宗琼离婚，且曾对夏宗琼另一妹妹夏宗凤大打出手，而牟其中与夏宗伟的关系却没有受到影响，已让人瞠目结舌了。

牟其中是1999年1月出事的。这一年，英国人胡润第一次把"富豪榜"的概念带到中国；他制作的"1999年中国大陆50富豪榜"发表在了《福布斯》杂志上，引起国际社会的广泛关注，"共产党国家有了资本家"，

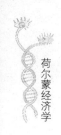

《金融时报》如此评论称。

其实胡润1999年的这一处女榜单差点难产。他当时对中国情景并不是十分熟悉，榜单已经制好了，却被朋友告知牟其中已被警方控制了，用今天的流行词汇来说——落马了。"总不能发布一纸'中国49富豪榜'吧。"胡润想。最后的结果是硬着头皮，让牟其中继续榜上有名（第16位，财富10亿元人民币），不过在榜末作出特别注解：我们在发布榜单前方得知牟其中被捕的消息，我们尚不清楚事态的进一步发展情形。

真可谓无心插柳柳成荫，牟其中就这样成为了中国富豪榜上第一位落马者。第二年，李经纬、仰融、杨斌等人亦相继落马，再过了几年，当黄光裕被捕时，企业家落马已成为人们司空见惯的事情了。

1999年夏宗伟也曾被批捕，但后来获释，她在与牟其中一起受审时说："我主要是老牟的生活秘书，照顾他的生活起居和身体保健，对什么叫信用证诈骗一概不知，对经济懂得很少……"接着便在法庭上失声痛哭。细心的人发现，一直趾高气扬、夸夸其谈的牟其中，这个时候沉默不语，低下了头。

悲剧与宿命

牟的狱友说，牟其中几乎每周都会固定与远在美国的两个儿子以及夏宗伟通电话，每次5分钟。两通电话中他的神态和情绪是截然不同的：与儿子通电话时，牟其中的内心是柔弱的，常在挂电话时泪流满面；在与夏宗伟通电话时，牟其中是高亢的、富有激情的——他们互通有无，特别是申诉近况。牟其中有一个信念，即走出铁窗，重振南德，夏宗伟对此也深信不疑，她到现在还在不断更新名存实亡的南德集团的网站。

牟其中在狱中这10年一直是桀骜不驯的。他经常对经济条件较差的狱友嘘寒问暖，但是他明白，在精神上自己永远是站得最高的。

2007年，国内另一位曾蜚声中国企业界的犯人来到了洪山监狱。虽然后来在此处只待了很短一段时间，但他进来伊始有一件高兴的事：终于可以见到自己仰慕已久的商界前辈牟其中了。

此人是一位小个子，名叫唐万新，即原"德隆系"掌门人，多年前叱咤风云的资本大鳄。德隆曾是中国最大的民营企业之一，唐万新曾被誉为"中国第一悍庄"，在最鼎盛时期的 2003 年，唐万新名列"资本控制 50 强"的首位，控制了多家上市公司共计逾 200 亿元人民币的市值。次年，德隆系崩塌，不久唐万新入狱。

牟其中比唐万新年长 24 岁，两人都属龙。一位属中国改革开放最早一批企业家，一生与政治有着千丝万缕的关系，一位是资本市场枭雄人物之一，这两个人在狱中的相遇，无疑非常具有戏剧性。

一天自由活动期间，唐万新靠近牟其中，主动向其示好，表示要借手机给牟打。高出唐万新整整一个头的牟其中，侧着脸，瞄了他一眼，很不屑地"哼"了一声，不加理睬。

这时，唐万新羞得像个小女孩儿一样，脸倏地红了。

后来，牟其中对狱友说，他不喜欢唐万新，他认为唐万新当年的做法是"劫贫济富"。

不过，被判 8 年有期徒刑的唐万新，于 2008 年下半年获准离开湖北蔡甸监狱，到北京保外就医。然而 2009 年 3 月 20 日，据财经网报道，在各方压力下，唐万新被有关部门要求重新回到狱中服刑。

牟其中在狱中的最初几年，曾获准保外就医，但他拒绝了——他坚称自己无罪，称要清清白白地走出去——这也是他自己不断思考"以保持头脑清醒"和不断运动"以保持健康体魄"的鞭策力。

但后来，也就是我在间接与牟其中对话后不久，听说他的身体已大不如前，变得虚弱，也不能常爬楼梯呢。夏宗伟和牟其中商量后，决定放弃无罪申诉，申请假释，2010 年年初，她前往最高人民法院新的申诉大厅递交材料。

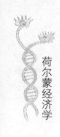

"为了一口气呗！"

十年如一日，到底是什么力量在驱使夏宗伟对牟其中从一而终呢？

若把夏宗伟这种近乎神经质式的偏执，单纯地理解为爱情的力量，显然太过感性了。抛开政治因素不谈，于她而言，牟其中其实一直以来是她的"宗教"——这是由20世纪90年代野蛮生长的英雄主义色彩共同编织的一种宗教，听起来荒诞，但他写满人心。

与牟其中有同样秉性，同样在20世纪90年代历经大起大落的商界领袖，我们或许能数上一串，譬如"红高粱"快餐的创立者乔赢，譬如"巨人"史玉柱等。乔赢对红高粱的痴迷就像抽大烟一样难以自拔，开了又关，关了又开，最新的消息是2009年，他拿到了风险投资，重新布局红高粱。而史玉柱则是众所周知的狂人，从哪里跌倒，从哪里爬起来，如今仍在中国企业界占有重要一席。

有趣的是，史玉柱曾和陈天桥一起去狱中看望过牟其中。牟其中从史玉柱起初的眼神里读到了一丝幸灾乐祸，但并没有耿耿于怀，他说相比于陈天桥，他更欣赏史玉柱，欣赏他的勇气和坚持。这一句轻描淡写的评价当中，包含着他的黯然神伤，因为史玉柱会走得更远，而牟其中哪怕能够出狱，也很难到达心中的"彼岸"了。这与年龄无关，与女人无关，只关乎时代洪流和个人宿命。

2011年，坊间有声音称牟其中获假释；6月4日，我打电话给夏宗伟，问牟其中是否已出狱。"没有，"她在电话里苦笑，"不过应该快了。"

"你这么多年这样做，到底是为了什么呢？"

"为了一口气呗！"夏宗伟在电话那头苦笑一声。

"你至今没有结婚吧。"

"我啊……我的情况比较复杂，你什么时候来北京，咱们见面聊聊。"

我不清楚她所谓的"复杂"是什么意思，我只知道，2000年6月的时候，也就是牟其中刚被判刑没多久，武汉一家媒体发表了一篇《牟其中：此生第三次被判刑》的报道后，收到了夏宗伟的一份传真，大意是说，牟其中第一次入狱后被内定死刑，但并没有被宣判，她要求武汉这家媒体对"散布的错误信息"进行更正。引人注目的是这封传真件的落款是"牟其中的妻子：夏宗伟"。

公开称自己是牟其中之妻，夏宗伟是感情用事下的一时冲动吗？

从1992年夏宗伟进入南德，2011年是她的命运与牟其中绑在一起的第20个年头。

夏宗琼与牟其中离婚后继续留在南德，牟其中被捕时，夏宗琼在美国，于是被认定为"出逃"在外，后来没有再出现在公众视野。

不过，我曾注意到一则并不起眼的消息。2009年5月，有几位"美国客商"到牟其中的老家——重庆万州区考察物流项目，并表示了投资意向，重庆万州区副区长黄五一接待，并表示积极支持当地物流企业与美方合作。在这些客商当中，有一位名叫夏宗琼，头衔是"美国奥斯顿企业集团公司总裁"。

尚不清楚此夏宗琼是不是彼夏宗琼。我只能说，夏家的姐妹花们个个"武艺"超群；从这一角度来看，牟其中倒是应该感到欣慰了。

黄光裕与杜鹃
审判书里的秘密

2010年5月18日，黄光裕案在北京市第二中级人民法院一审宣判。小平头、一身西服的黄光裕听到法官宣读他被起诉的三宗罪名均成立，其中因非法经营罪获刑8年，因内幕交易罪获刑9年，因单位行贿罪获刑2

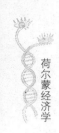

年，三罪并罚，执行有期徒刑 14 年的结果时，表情冷峻；旁听席上的黄母曾婵贞则情绪激动。

如果黄光裕没有出事，捡过破烂、中学辍学，35 岁即成为"中国首富"的他，一定会被视为改革开放 30 年来中国内地最具代表性的创业家之一。其实就在 2008 年 5 月 18 日，由中宣部、文化部等机构发起的为汶川大地震举办的大型募捐晚会上，黄光裕以个人名义捐出 5000 万港元之举还曾为人所津津乐道。彼时代表黄光裕捐款的正是曾婵贞；半年后，黄光裕事发。

从人生的高峰跌落，成为阶下囚——当然也是中国最富有的阶下囚（2008 年黄光裕第三次成为"中国首富"），黄光裕的前半生令人欷歔。不过，如果从企业史上牟其中、唐万新等"前辈"的兴衰来看，他也只不过是中国政商关系复杂生态上前仆后继落马者中的普通一员而已。

黄光裕出生于 1969 年，原姓曾，名俊烈，长大后才更名为黄光裕。他一生中最重要的两个女人，一为母亲，二则是小他 4 岁的妻子杜鹃，前者是他的商业启蒙老师，后者则是他商海中的贤内助。在所有中国企业家的贤内助中，70 后的首富夫人杜鹃，应该是尝过大起大落滋味者中最年轻的一位。

客户变丈夫

黄光裕的老家在广东汕头市铜盂镇凤壶村，有一个哥哥，即新恒基集团创始人黄俊钦，两个妹妹——黄秀虹和黄燕虹。汕头的朋友告诉我，黄光裕的父亲名为黄昌义，是西胪镇波美村人，不过由于 20 世纪 50 年代土改中，地主成为批斗对象，黄家一夜落败，十几岁的黄昌义跑到邻镇凤壶村的有着经商传统的曾家打工。后来黄昌义与曾婵贞结婚，即成为"倒插门"女婿，他们的四个孩子都随母亲姓曾，直到子女们外出做生意，才改回父姓。

现在你若去到凤壶村，会看到曾家气派的红色庭院——虽然已经人去楼空。和许许多多功成名就的商人一样，黄光裕发达后，回到农村老家翻修了自家的房子，还建了一条公路，并捐款盖了一座天主教堂（他的母亲是天主教徒）。据说黄光裕出事后，当地不少人还到教堂去为他祈祷。

潮汕人有三个特点，一是经商者众，在清朝的时候，潮商、晋商、徽商是三大商帮。如今有人称潮商为"东方犹太人"，他们的足迹遍及国内及东南亚，众所周知的潮汕籍企业家有李嘉诚、黄光裕、马化腾、谢国民、周泽荣、黄茂如、林百欣、陈弼臣等人，其中李嘉诚和黄光裕分别问鼎香港首富和中国内地首富，马化腾是 IT 首富，而谢国民和周泽荣分别是泰国首富和澳大利亚华裔首富。

第二个特点家里要有儿子。潮汕人重男轻女观念很重，有着绝对的"男主外，女主内"的传统。如果家里没有个儿子，会被人看不起。2011年 5 月，江苏卫视相亲节目《非诚勿扰》来了一位潮汕籍的男嘉宾，对女嘉宾的要求只有一条"必须生男孩"，主持人孟非问：如果你老婆生不出男孩怎么办？他回答道：我们潮汕人必须生男孩。孟非又问：生不出男孩会离婚吗？男嘉宾道：我们潮汕人不离婚，但必须生男孩。孟非穷追不舍：如果就是生不出男孩呢？男嘉宾也锲而不舍：必须生男孩，这是我们潮汕人的传统。

第三个特点就是行孝。俗话说"百善孝为先"，在潮汕地区更是如此。尽管黄光裕身上的江湖气很重，但是他对父母是非常孝顺的。黄光裕在北京发迹后，把父母都接到北京，黄父经常到两个儿子的公司串门，黄母则不同凡响——她同时控制了北京国美（国美电器非上市部分）、国美投资、中国销售网等多家公司。

再来说杜鹃。黄光裕 1987 年开始在北京创业，开起第一家专售进口家电的门店；1993 年，门店数开到了 6 家，黄光裕将 6 家店统一命名为"国美电器"。这个时候，20 岁的北京姑娘杜鹃刚走出北京科技大学校门，成为中国银行北京分行（简称北京中行）一位信贷业务员。亟须资金的黄光

裕到中国银行申请贷款，与杜鹃结识。这便是未来的中国首富夫妇之第一次相遇。

1993 年也是未来将与黄氏夫妇事业发生重大关系的两位商人的关键年份。

45 岁的张大中刚刚创建了大中音响城，而永乐家电常务副总裁、34 岁的陈晓的妻子身患重病、因医治无效死亡。2010 年年初陈晓一次到网易接受视频访谈时，谈完黄光裕事件和自己的临危受命后，主持人问他如果可以选择，希望什么事情能够重现？"我现在最大的一个愿望还是能够重现我和我妻子那段情感，"陈晓的回答让人觉得有些意外，"我希望她能够健在，我们还在一起幸福地生活，但是很多东西过去以后，就没法儿回头了。"

杜鹃于 1996 年和自己的客户黄光裕结婚，他们分别是 23 岁和 27 岁，这一年，国美主营的产品结构由单纯的进口商品扩大至国产和合资品牌。不过，黄光裕开始对房地产业产生兴趣，家电零售逐步交由妹夫张志铭打理。

在 20 世纪 80 年代末之前，"和客户结婚"的现象主要出现在国有企业与政府部门之间，这也算是门当户对了；20 世纪 90 年代初，伴随着民营经济的蓬勃发展，"和私企客户结婚"逐渐成为时髦。

本书中提到的"和客户结婚"的案例，除杜鹃、黄光裕外，还有几对，情形各有不同：魏雪与李东生——李东生执掌的 TCL 集团是魏雪执掌的公关公司之客户；张茵与刘名中——张茵是牙医刘名中的患者；曾馨莹与郭台铭——郭台铭是舞蹈老师曾馨莹的徒弟，也算是"客户"了。

巾帼不让须眉

杜鹃婚后并没有马上加盟国美，而是在北京中行继续待了 3 年，直到 1999 年国美响亮走出北京的号角时，她才从银行辞职。也是在这一年，张大中成立了大中电器，陈晓执掌的永乐电器则开始向长三角扩张。

不过，他们夫妻俩与中国银行的"紧密合作"关系并没有断。2006年国庆前夕，公安部启动了对黄光裕之"鹏润系"和其兄黄俊钦之"新恒基系"银行贷款的调查，彼时包括黄氏兄弟在内的29人以及旗下的39家公司被列入摸查名单。这是黄光裕在创业第20个年头，第一次面临重大的危机。

据财经网报道，官方的调查结果显示，黄氏兄弟在创业阶段，皆涉嫌以违法或严重违规的方式，获得了北京中行的信贷支持。之后，他们又以租房形式向北京中行套取逾亿元租金，加上后来的虚假房贷和车贷，总计13亿元人民币。这些资金支撑他们在2000年前后继续扩张，但资金的最终去向不明。

北京中行信贷案使得原中行高层、出生于1942的牛忠光于2006年被逮捕。你瞧，64岁的高龄，本来已经退休，可以颐养天年了，却进了牢房。

牛忠光正是杜鹃当年在北京中行的顶头上司，历任北京中行信贷处副处长、处长、副行长、行长，信托公司副董事长、总经理，中国银行董事、中国东方资产管理公司北京办事处筹备组组长、东方资产管理公司发展战略委员会主任、华夏银行独立董事等职。

中行信贷案揭开了两样东西：一是黄光裕的"原罪"，这似乎是许多中国民营企业家在野蛮生长年代的必经路径；二是"中间人"杜鹃的能力——在短时间内打通银行经脉，绝不是性格内敛、30岁出头、连普通话都说不好的黄光裕可以办到的。

抛开原罪话题不谈，杜鹃从1999年加入国美，至2008年年底黄光裕出事的10年中，对造就这位"首富先生"的帮助极大。在分工上，杜鹃性格开朗，熟悉金融，加上大学读的是国贸专业，英文颇佳，她的能力在国美内部及相关利益方眼中都颇受认可。

杜鹃很少插手国美电器的具体运营，而是在战略上给黄光裕以帮助。

国美内部有一个信条谓之"商者无域，相融共生"，这其实是李嘉诚的经营理念，杜鹃借鉴过来，做了黄氏产业帝国的口号。

经商没有边界，要和所有的利益方保持融洽的关系——这确实是改革开放至今，中国富豪群体发家和基业存续的秘诀，在潮汕商人身上表现更为明显。当然，在黄光裕出事，特别是陈晓和黄光裕撕破脸皮后，这句话在国美内部就很难听到，甚至成为一句反讽语了。

杜鹃和黄光裕都很干练，但风格有所不同。杜鹃的干练是抓住对手的弱点谈分享，而黄光裕的干练是想着自己能得到的好处谈筹码。虽然异曲同工，但前者显然从一开始就直击人心。

黄光裕不善言辞，国美招聘高管时，他一般会到场，但坐在一旁甚至一个角落，整场不发出任何声响。有人因此觉得黄光裕"眼神很可怕"。

无独有偶，黄光裕受邀到央视创业真人秀《赢在中国》节目做嘉宾，几乎从来都是沉默寡言。一次主持人王利芬点名让他讲几句，"我觉得没什么好讲的，"黄光裕苦笑一下，用蹩脚的潮汕普通话说，"创业嘛，就那些事。"另一次他又被点名了，只好简单说了几句："我觉得（创业）最关键的是方法问题，你通过什么手段去实现目标……"

2005 年，黄光裕第二次成为胡润百富榜上的"中国首富"时，媒体竞相报道；有媒体称黄光裕有些飞扬跋扈，在国美施行的是"黑社会式的企业文化"，黄光裕不久后在北京参加一场论坛时回应称："我觉得很奇怪，真这样的话，国家'打黑'我就首当其冲了。我黑在哪里？我怎么黑了？"

审判书里的秘密

人们最后一次看到黄光裕，是他于 2008 年 11 月 10 日回到汕头农村老家时；不足 10 日后，他在北京办公室被警方带走。有人说，黄光裕已经知道自己要出事，所以赶回老家，拜一下祖宗（一些地方的天主教是允许祭拜祖宗的）。

随后他辞去了国美董事局主席等职，杜鹃不久也辞去了国美执行董事等职务，并被北京警方控制。

黄光裕案后来直接或间接牵出的官员或商人中，被公开的就有一二十位，且大多是重量级人物，如郑少东（原公安部部长助理）、陈绍基（原广东省政协主席）、王华元（原浙江省纪委书记）、许宗衡（原深圳市委副书记、市长）、郭京毅（原商务部条法司巡视员）等。其中郑少东、陈绍基等人，以及后来有惊无险的企业家黄茂如（茂业国际董事局主席）、朱孟依（合生创展董事局主席），均是黄光裕的潮汕老乡。

他们之间的生态何尝不是"商者无域，相融共生"另一种形式的表现呢？

2010年5月18日，黄光裕和杜鹃一审判决，前者被认定犯有非法经营罪、内幕交易罪、单位行贿罪，三罪并罚，判处有期徒刑14年，罚金6亿元，没收财产2亿元；后者被认定犯有内幕交易罪，判处有期徒刑3年半，罚金2亿元。

他们应当是新中国成立以来被判罚金最高的一对富豪夫妻。不过，据2008年胡润发布的套现榜，黄光裕历年套现额共计135亿元人民币，高居榜首。

公开判决书中也无意间透露了一些"秘密"，关于黄杜两人角色扮演之风格差异的秘密。

譬如黄光裕用他人身份证开了6个股票账户后，亲自下单，买入中关村的股票近千万股，成交价格超过9300万元，而杜鹃则是让自己的亲信找了几个公司员工的身份证开了一些账户。当2007年年底、2008年年初，杜鹃发现之前开设的股票账户交易和转账过于频繁时，又一次让上述亲信开设了一些账户，到后来账户数量太多（共79个），她直接授权给这位亲信管理一批账户。

黄光裕就是这么"实心眼"，这也是他控制欲强、对人不信任、缺少激励的体现，这一特点与在之前国美发展过程中黄光裕的管理风格毫无二

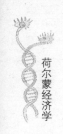

致。他对人苛刻，所下达的业绩目标下属很难达到，其实已经算是突飞猛进了，黄光裕也会说，如果我亲自上阵的话，任务早完成了。

有记者问黄光裕"最奢侈的事情是什么"时，他思考半天后回答道：可能是现在想吃什么好东西时不用再先问价钱了。

就像说自己走路太快的习惯改不了一样，黄光裕对自己的性格也非常清楚，于是有的场合他干脆让杜鹃一个人出马，比如中关村资产重组过程中的几次中介会议；有的场合则是杜鹃主唱、黄光裕配戏，比如鹏润集团和贝尔斯登成立联合投资基金时。

不知道应该说黄杜夫妇社会关系的能量大，还是称赞其辩护律师的能量大，抑或感慨司法机关的服务意识和宽宏大量，黄光裕在牢房里还可以签署公司文件。2010 年 8 月 30 日，终审判决结果是，黄光裕的刑期不变，但杜鹃刑期从三年六个月，改判为有期徒刑三年、缓期三年执行，并当庭释放。

这对黄家来说无疑更是非常振奋的消息，毕竟杜鹃的个人能力要比黄光裕的两个妹妹大得多。

杜鹃很快成为国美"黄陈之争"中"黄派"的核心作战队员之一。和她之前的风格一脉相承的是，她没有选择"强攻"，而是以柔克刚；与陈晓谈判无果在预料之中，而与贝恩资本的商谈取得共识，资本永远是逐利的，说到底就是杜鹃给贝恩资本以更高预期。

半年后，陈晓被逐出国美董事会，辞去一切职务，不久后张大中出任国美董事局主席。

国美的故事还在继续，值得庆幸的是它没有倒掉。而无论如何，黄光裕和杜鹃各取所长的默契配合，在中国大型家族制民营企业中也算少见了：马云和张瑛曾是黄金搭档，但张瑛中途回家相夫教子；张茵和刘名中或可与他们媲美，但他们严格来说只是一唱一随；黄宏生与林卫平现在倒是有为有不为，但这是黄宏生在狱中顿悟之后。

黄宏生与林卫平
香港狱中的修炼

"黄老板回来了？"2009 年 7 月 6 日这天，创维集团深圳总部，一些职员竟是从网上知晓创维创始人黄宏生出狱并回到家中的消息——只怨身在此山中啊。"怪不得今天公司股票盘中升至 2 港元——一年来的新高，原来是在向老板致意呢。"其中一位职员开玩笑说。

一个月后，创维股价翻番，至 2009 年年底的半年中，升幅接近 400%。不过，尽管黄宏生此间经常出没在创维公司甚至卖场展台，但他自始至终并没有重新就任创维集团董事长。

在黄宏生于香港赤柱监狱度过的 3 年时光中，正是他的妻子、创维执行董事林卫平及其他创维高层频繁往返香港，将他这位"创维大脑"中的信息和信心传递出去的。

创维是中国最大的彩电和机顶盒生产企业之一，2009 年 7 月 14 日其发布的 2008 年财报中显示，创维的最大持股人为林卫平，持有创维 9.06 亿股，占总股份的 39.7%。创维在公告中特别声称，因林卫平是黄宏生的配偶，因此黄宏生被视为持有创维 39.7% 的股份。

打个不尽恰当的比方，黄宏生就像古代的范蠡，不同之处是前者一直是给自己打工，而后者曾效力于越王勾践。而相通之处是，都是头脑聪明的家伙，都是商界巨贾，而且，都从牢狱和女人身上受益良多。

同窗之恋

黄宏生和林卫平都是华南理工大学无线电工程系（电信学院前身）1977 级的学生。

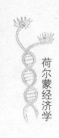

1977年是"文化大革命"后中国恢复高考的第一年，关闭了长达10年之久的大学校门向570万考生敞开。这一年的高考，是一代人人生际遇的新起点。后来成为北京大学副校长的海闻，于这一年考上了北京大学经济系，与后来任中国改革发展基金会副秘书长的汤敏，于这一年考上了武汉大学数学系，后来任银河证券首席经济学家的汤敏是同学。

黄宏生和林卫平进入了华南理工大学，他们的同班同学还有后来创办TCL的李东生、创办京信通信的霍东龄、创办德生电器的梁伟等人。"广播中说恢复高考时，我正在山坡放牛！"梁伟回忆说。而彼时黄宏生在海南黎母山区已插队4年，主要工作是伐木造船。"有时在山上陡峭处无路可走了，就要打炮，然后炸出一条路来"，黄宏生是点炮者之一，多年后他回想起来当时的爆破情景，总会发出一丝感慨。

他们在华南理工大学的班级名称是"50177"。501指华南理工大学无线电技术专业，代号50177即表示1977年入学的无线电技术专业学生。在同学们眼中，彼时的黄宏生就是一个坚毅的理想主义者，很有激情，颇具人缘，不过缺点是患得患失，"有些小家子气"。

1977年确实是一个非常需要激情的年代，激情意味着变革，意味着机会，而"小家子气"，放在那个年代，其实是优点——从"只要国格，不要人格"的年代走来，必须先顾"小家"，才有"大家"。当然，黄宏生把这股脾性带到了创业中去，后来遭遇重创。

50177班的毕业生有着浓烈的同学情分和母校情结。譬如胡秋生曾任TCL副总裁（2006年6月6日辞职），而京信通信是霍东龄和他的大学同学张跃军一起创办的；2009年12月12日，梁伟又一次回到华南理工大学，在逸夫科学馆和旧时师友及师弟师妹座谈。

顺便一提的是，前康佳集团总裁、现宇阳控股董事局主席陈伟荣，是华南理工大学无线电专业78级的学生，即比李东生和黄宏生小一级的师弟。不过，77级大学生是1978年春季入校的，78级是1978年秋季入校的。

黄宏生事业大起大落的频率似乎为每4年一次：1988年创立创维，出师不利，屡陷困境；1992年，欧洲市场出现创维身影，创维集团同年成立，4年后成为深圳纳税大户第3名；2000年，创维于香港上市，黄宏生声名大振，同年，陆强华等核心团队集体出走，创维元气大伤；2004年，黄宏生被香港廉政公署拘捕，两年后与胞弟一起以与黄母"串谋"，"盗取"创维2500万股认股权及5000余万元顾问费等罪名被判处6年监禁……

所以，当50177班的同窗们纪念恢复高考30周年时，人群中没有黄宏生和林卫平。因为彼时黄宏生正在香港监狱中服刑。

有人评价黄宏生、郑俊怀、顾雏军等生于20世纪50年代的企业家群体称："他们是中国企业家阶层中比较尴尬的一代：生于40年代的企业家没有时间考虑自己的利益，而生于50年代的企业家有了时间，但时间显然不够，他们的某些行为因此看起来仓促、急不可待……"

入狱前后

2004年圣诞节前一天，即黄宏生事发后不久，处于旋涡中的黄宏生辞去了创维董事局主席和执行董事职务，同时妻子林卫平、弟弟黄培升、母亲罗玉英等黄氏家族成员亦辞去了在创维的一切职务。此前林卫平的职务是创维海外采购部总监。

这一举措被外界普通理解为创维开始淡化家族色彩的开始。

直到2006年创维复牌一个月后，这一年情人节后两天，创维发布公告称林卫平以84万港元年薪任创维执行董事，不享受公司分红。这一举措又一次改变了人们的判断：黄氏家族成员还是要重掌创维大权？

这中间发生了什么呢？黄宏生被拘后一直拒不认罪，共被提审8次，至2006年1月19日的前七次都被取保候审，1月20日的第八次提审，一直为外界传说的举报人首次亮相。黄宏生最后没能逃脱罪责。黄氏家族商

量后，决定让未受牵连的林卫平重新上位。

7月13日，黄氏兄弟两人以串谋盗窃等7项罪名成立，各被香港区域法院判处有期徒刑6年。1个月后，黄宏生辞任在创维的一切职务。

黄宏生被关在了香港赤柱监狱。本书中写到了牟其中待在湖北洪山监狱、阚治东待在深圳看守所、陈久霖待在新加坡樟宜监狱中时的一些细节，香港赤柱监狱又是怎样类型的一个监狱呢？

赤柱监狱是香港最大的监狱，前身是建于1937年的香港监狱。日军侵占香港期间，这里曾关押过数千港英官员和其他港人。赤柱监狱外不远处就是深水湾和浅水湾，在香港最美丽的海湾旁，是展示香港惩戒制度过去160多年变迁的香港惩教博物馆。

香港的监狱一般分为低度设防、中度设防和高度设防三种，而赤柱监狱为高度设防。因为这里关的多数是高级"在囚人士"（香港对犯人的称谓）。赤柱监狱由隶属香港保安局的惩教署管辖，最大特色是教育——不管是黑白黄皮肤，八成犯人可根据自身条件选修自己的专业，并通过参加香港中学（会考）、香港公开大学、英国伦敦工商会的考试，获得专业资格或是学士学位——学费免收，犯人们只承担考试费，若无法承担，可申请"在囚人员教育信托基金"。惩教署还会经常开放监狱，让传媒进入观摩、采访。

黄宏生自然不会去参加什么专业考试。他关心的是，创维能否在创始人缺位的情形下通过各式各样严峻的"考试"。他是赤柱监狱里的大忙人，一边是每月要接访林卫平、张学斌等亲人及公司高管，指点江山，交流对企业发展的看法，一边要阅读高管们送来的创维的各式报表和书刊，同时，他还做起"专栏作者"来——不断给创维董事局写信，其中一些陆续刊发在了创维的内刊上。

黄宏生被判刑的时候是50岁整，孔夫子说"五十而知天命"，他在大狱中写给创维高层的信件，无一不充满激情却又不失冷静，他入狱后不久即通过信件呼吁创维员工节约成本、勤俭持家。他在信中特别向创维高管推荐《砍掉成本》一书中"砍面了"的章节并写道："当今的经济社会，没有经济没有效益，就没有面子。但创维不少人常以大公司、大品牌孤芳自赏，处处摆架子、撑面子，华而不实的行为害企业，也害自己。"林卫平看后颇为动容。

两种人生

林卫平为何动容？尽管林卫平曾试着舒缓黄宏生的偏执，但收效甚微，特别是在管理上，黄宏生曾是一个非常执拗、要面子的人。直到2000年时任创维总经理的陆强华带领逾百名创维团队核心成员和片区经理离开，黄宏生大惊失色，遂有所反思，并逐渐意识到了自己专断、傲慢的性格缺陷。

很快，他不加掩饰地提出重新创业的口号，特别提出创业不仅需要一个有弹性、扁平化的组织，更需要一个"在长期利益捆绑下风格锐利且坚强的队伍"，并于不久后拿出1亿股股票期权分配给管理层及800名骨干员工。然而，未曾料到的是，正当创维扶摇直上时，黄宏生却身陷囹圄。

林卫平是黄宏生坚强的后盾，很少在公众场合抛头露面。不过，2008年2月至4月，林卫平9次入市，以每股约0.745港元的价格买入382.6万股创维股票的举动，颇受传媒关注：由于从4月19日至5月28日，创维接连9次回购公司股票，回购均价为0.8港元，回购数量超过1000万股。这使得创维股价从4月下旬开始展开一波强势反弹的，不足20个交易日，涨幅将近50%。

传媒对此颇多质疑，而黄林两人丝毫并不在意。一来，创维高管回应称公司回购股份和黄宏生提前增持不存在关联。二来，因为林卫平并非自己购买股票，而是受托帮黄宏生购买。尽管黄宏生仍是创维的第一大股东，但并不是公司董事，根据香港联交所相关规定，其购买前无须通知公司。

真是一箭双雕。黄宏生被判入狱的罪名是盗窃了股民的钱，而现在，他光明正大地增持自家股票，与公司回购一起演起"双簧"，颇具反讽意味。这出"双簧"的底气是，张学斌（创维董事长兼CEO）等经理人将创维的业绩不断推向新的高点，即使偶尔低落，黄宏生也会用"黄氏治疗法"找出病因，鞭策士气。

2009年7月4日，黄宏生提前以保释方式获得自由。这印证了早先创维内部人士向我透露的黄宏生"有望于2009年内出狱"的消息。两天后创维发布公告时，创维的股价突破2港元，创出一年来的新高。5个月后，创维股价攀升至8.4港元，是一年多前创维回购前股价的近10倍！

出狱的黄宏生引起了外界的颇多揣测。其实"是否会重返创维"无异于一个伪命题——他从没"离开"创维。身处幕后和站在台前也就只是形式上的一种区别而已。

2009年下半年，有人在创维的卖场上见到过黄宏生，他像是个"悠闲的资本家"，这也是10年来他在浮浮沉沉中不断蜕变和自我救赎的结果，连创维CEO张学斌现在都常说"现在的创维，任何人离开都不会对它造成根本的影响，包括我"。

黄宏生此间还去了欧洲和海南旅游。海南是黄宏生的老家，这种情愫不难理解。不过，他肯定也会专程到三亚创维鸿洲房地产公司看看，这一公司是创维与鸿洲公司于2002年11月合资成立的房地产企业，近几年发展势头非常之迅猛。黄宏生在2004年曾称平时的放松方式是"在公务中旅游"，现在的他则是"在旅游中公务"。

黄宏生那时接受访谈称中国企业家有"三高"，即血压高、血脂高、血糖高。"我让我的儿子、孙子以后不要当企业家了，要辛苦就我们辛苦这一辈子好了。"他和林卫平所生的儿子从加拿大留学回来后，去了台湾省一家与创维业务密切相关的电子制造巨头企业工作，没有人知道，他的儿子将来是否会接手创维。

出双入对

如果视入狱和身患绝症对人的"刺激效用"相当的话，黄宏生和美国苹果电脑创始人乔布斯的人生轨迹颇为相似。生于 1956 年的黄宏生比乔布斯小一岁，也算是同龄人了。两人都曾是致命的偏执狂——乔布斯的偏执甚至让他被自己的公司炒了鱿鱼；两人都是 1997 年攀上了事业的第一个巅峰，都是 2004 年遭遇不幸——前者被香港廉政公署盯上后来进了高墙，后者查出身体有恙而进行了肿瘤切除手术。

更为巧合的是，5 年后的 2009 年 7 月，苹果公司证实乔布斯病休结束回到公司，而创维则发布声明称"通过非官方渠道知晓黄宏生已于 7 月 4 日回到家中"。

哦，差点忘了，乔布斯 20 世纪 90 年代初迎娶贤内助——劳伦娜·鲍威尔（Laurene Powell），与黄宏生迎娶林卫平几乎是同一时间。劳伦娜几乎与林卫平一样低调，默默地支持着自己的丈夫，至 2009 年年底，她只有一次与乔布斯一起出现在公共场合。

2010 年 4 月，创维发布公告称，公司控股股东 Target Success Group（PTC）Limited（黄宏生和妻子林卫平控股）减持 1 亿股创维股票，套现约 9 亿港元。

黄宏生巨额套现，显然是其准备大干一场的信号。当然，他是在创维原有的平台上，而非另起炉灶——他太看重创维——这块让他欢喜让他忧的招牌了。换句话说，以前创维"队伍不好带"的时候，黄宏生的主要工作是做减法，现在倒是可以做加法的时候了。据说他给创维核心团队提出了"十年千亿"的图景和目标，而 2009 年创维集团的营收为 200 多亿元。

但他的名字自始至终没有出现创维公司的董事名单上。正如《缔造苹果神话》一书作者杰弗里·扬对乔布斯的评价一样，黄宏生现在一样"已不是一位站在河边根据自己的命令改变河流流向的'统治者'了，只能算

作一艘顺流而下的小船的船长，引领着这条船的前行，身后是喊着口号拼命加油的船员"。

不过最近两年黄宏生倒是和林卫平多次出现在母校华南理工大学。2010年12月3日，黄氏夫妇向母校捐资3000万元人民币，华南理工大学校长、党委书记等领导班子来了，广东省政协、省委统战部、省工商联、深圳市委市政府等部门的相关负责人也来了。校方说，感谢黄林两位校友伉俪为迎接华南理工大学建校60周年的慷慨之举。

华南理工大学建校60周年是2012年。黄氏夫妇可谓"超前行动派"。

其实，他们捐资之举更有追赶之意——2010年9月20日，TCL集团董事长李东生和妻子魏雪来到华南理工大学，以他们夫妻俩成立的华萌基金的名义，将一张3000万元人民币的支票交到校方手中。校方负责人称，这是华南理工大学迄今的校史上收到的最大一笔个人捐款。

这样来看黄氏夫妇和李氏夫妇的捐赠，便很有趣味性。创维和TCL在市场上竞争到不可开交，而黄宏生和李东生，在向母校捐赠事宜上，也大有你追我赶、互不相让之势。最大受益者自然是华南理工大学了。当然黄李也有自己的算盘，即都希望自家企业与母校成为产学研上的紧密合作伙伴，为能持续保持业界领先地位提供不竭动力。

校友捐赠在欧美大学较为常见，一流大学的年度收入中，校友捐赠占到了相当大的比例。于是有机构称，校友捐赠的数额和概率是衡量世界一流大学的重要标准之一。随着中国企业家和富豪群体的崛起，中国大学校友捐赠，也成为一道风景线。本书中第二章提到过，同为中国人民大学校友的段永平、刘昕夫妇，曾为母校豪捐3000万美元（逾2亿元人民币）。

"3 年了，我还是第一次吃上牛肉！"

2009 年 1 月 21 日中午，武汉一家名为"久久隆"的餐馆里，一位头发微秃的湖北男人，颤颤巍巍地夹起一块肉，放到嘴里，大嚼几口，吞下；然后又狠狠地饮下一口酒。

此前一天，是中国农历 24 节气中的"大寒"，他在新加坡监狱中度过了 1035 个日夜后，飞回中国。6 天后，就是中国的农历春节了，而 2009 年是他的本命年（48 岁）。

忆苦思甜。"新加坡的监狱是相当严格的"，他说，"每次监狱长或是狱警过来检查或是安排活干，无论犯人们当时在做什么，都必须迅速、无条件地站直，大声喊道：'Yes，sir！'"

"不是一般的大声，必须声嘶力竭地喊！"显然，刚才饮下的酒开始发挥作用了，不过，没有人不相信这是真性情使然。

他甚至激动地站起来，当众作出示范。

坐在他身旁的妻儿，眼泪就要夺眶而出。

这位中年男人，正是曾震惊一时的新加坡"中航油案"中入狱的陈久霖。

回国蛰伏了一段时间后，陈久霖在 2010 年 6 月被爆早已于上一年底出任中国葛洲坝集团一家子公司的副总经理，且名字改为了"陈九霖"。不过，现在其微博上的简介是"曾经大起大落但乐观向上的 CEO。中航油前总裁、中资企业（新加坡）协会前会长。央企、民企、合资企业和上市公司都任过职"。

2011 年 6 月 3 日晚，他在电话里对我说："我经历了很多，我太太也吃了很多苦，家庭很重要。"

法庭上的"打工皇帝"

所谓"七年之痒",陈久霖的经历颇富戏剧性。1997 年,其上一个本命年,他只身来到新加坡,出任中国央企之一的中国航油集团(简称中航油)新加坡公司的总裁。这在当时可不是什么好差事——彼时中航油新加坡公司连续几年亏损,处于半停业状态,而亚洲金融危机又汹涌袭来。

这局势对陈久霖来说,书面一些叫做"临危受命",俗话称为"收拾烂摊子"。

说"化腐朽为神奇"似乎有些夸张,不过,陈久霖,这位北京大学外语专业毕业的家伙,硬是在新加坡创造了奇迹。

中国航空用油市场为中航油集团所垄断,其中三分之一通过进口采购。1997 年乍到新加坡时,几乎是"光标司令"的陈久霖,争取到了母公司进口采购权(帮中航油集团进口航油)。两年之后,中航油集团通过新加坡公司采购的份额超过了 8 成,2000 年则超过了 9 成!

从 1999 年到 2003 年,中航油新加坡公司的净资产,从不足 20 万美元,飙升至逾 1.2 亿美元,增幅超过 600 倍,其间在新加坡证券交易所挂牌上市。

陈久霖迅速成为了中国国企高管中独树一帜的代表性人物。2002 年,在新加坡挂牌的中资企业当中,陈久霖以 490 万新元(约 1600 万元人民币)的薪酬高居榜首,被称为新加坡的"打工皇帝"。他也是中资企业(新加坡)协会主席,新加坡内阁资政李光耀曾盛赞陈久霖是一个"出身卑微而沉着冷静,一步步走向成功的青年企业家"。

然而好景不长,2004 年,一切都改变了。这一年的 11 月底,中航油新加坡公司爆出丑闻——投资石油期货巨亏 5.5 亿美元!

这一案件一时震惊中外。人们自然想起了被称为英国"魔鬼交易员"的尼克·利森(简称尼克,Nick Leeson)。尼克原是巴林银行(Barings

Bank）驻新加坡的一位交易员，因从事日经指数期货交易导致巨亏 14 亿美元，最终导致了这家英国老牌商业银行于 1995 年 2 月底宣告破产。

陈久霖远不如利森疯狂，因为利森自己就是交易员，对交易仓位非常清楚。而陈久霖只是一位管理者。"两名交易员——澳大利亚人 Gerard Rigby 和黎巴嫩人 Abdallah Kharma 才是事件的主角。"陈久霖对我说。

但是，由于所有机构及中航油总部都急于与陈久霖撇清关系，他作为公司总裁，最后成为唯一的责任人。新加坡警方在展开调查之前，就在陈久霖返回新加坡时，在机场将其羁押起来。"2004 年 12 月 8 日，我在新加坡一下飞机就被铐上了，"陈久霖后来回忆道，"我向在场的新加坡警察抗议，我是来协助调查的，凭什么要抓我？"

时任湘财证券经济学家的金岩石曾撰文称投资有三种境界：道听途说、看图识字和风险管理，"陈久霖是以看图识字的水平挑战期货高手，这已是命定的败局"。

2006 年 3 月 21 日，陈久霖被判入狱 4 年零 3 个月，并处以 30 多万新元的罚款。

值得揣摩的一处细节是，3 月 21 日这一天早上，法官表示同意陈久霖提出的延后三周再开始服刑的申请。

中午休庭时，陈久霖得到特别允许，可以给（中国）国资委写一封信。"他听到这一消息后，握着笔的手开始抖动，情绪很是激动，看得出来，他写得很艰难。"其好友、香港商人韩方明回忆称。

然而到了下午，情况突变，法官以陈在新加坡"没有任何亲戚"、"没有任何资产"等理由，拒绝了延期服刑的要求。

彼时陈久霖的妻子李昆就在法庭上，她听到宣判结果后，情绪激动，连称"不公平"。陈久霖先是反应激烈，而后归于平静，被押走时，反倒神情自若。

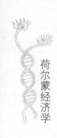

尴尬的营救

陈久霖的辩护律师在辩护词中用了大量笔墨来陈述中航油案与巴林银行案的区别,其中一条是:"利森先生从新加坡潜逃之后,被有关部门从德国法兰克福引渡回来,而陈久霖是自觉自愿地返回新加坡接受调查的……"

陈久霖入狱后,按照新加坡的法规,李昆可以每两周探望他一次。不过,陈李两人最希望的,是能够回到中国服刑。

"回国服刑"显然是基于陈久霖先前特殊身份作出的预期。2006 年 4 月初,李昆在接受香港《大公报》采访时说,希望能够通过外交渠道相斡旋,促成陈久霖回国服刑。"不过我们还是要听中航油集团领导和中国政府的(安排)。"

李昆所言"听政府"式措辞,掺和着的是陈久霖的忐忑心境——一边是他不愿看到自己此一手缔造的中航油新加坡公司"七年奇迹"因此次石油期货巨亏而很快被人淡忘,若将功赎过、拉自己一把则再好不过了;另一方面他似乎看见了灰霾,延期服刑要求朝定夕变便是注脚之一。

而李昆通过旅游签证到新加坡为丈夫陈久霖奔走这一信号本身,传递出的不但是"成王败寇"的中国式逻辑,更是国有企业中"人人但求自保"的现实。

在中国,政府高官或是国企高管落马并不是稀奇事,形成对比的是,这些人身居高位时常被前呼后拥,而一旦倒台后,或许只有自己妻子和局外的几个挚友在全力相助。像本书中提到的阚治东,他入狱后,是妻子张松妹和老友尉文渊在积极走动;陈久霖入狱后,是妻子李昆和老友韩方明在积极营救。

顺便一提的是,陈久霖和阚治东都是在 2006 年 3 月被判刑的。

财经评论家水皮此间写了一篇题为《如何应对陈久霖的求援》的文

章："陈久霖不是个体户，更不是一个海外资本家，他是一个有组织的人，对他戴着手铐写出的求援信，应该有人作出回应……"

事件后来的进展众所周知，陈久霖夫妻的吁请没有得到过官方的任何回应。陈久霖在新加坡监狱继续服刑，这一待就是上千天。

陈久霖服刑期间，李昆每次飞新加坡探望陈，按照规定，见面都不得超过 20 分钟。"而且不能有任何身体接触，"陈久霖说，"有两次她因为心情不好而对新加坡的工作人员发脾气，结果后来两次签证遭拒。"

观察最近 10 年来"落马"的国企高管的妻子们，要么是也被查出有利益输送问题，要么是如丈夫落马之前一样寻求庇护但一般不会亲自出头露面，而李昆是到新加坡租了一套两居室的房子，定期前往狱中探望陈久霖，如此类型的企业家夫人可谓凤毛麟角。

"陈久霖的夫人一看就是普通市民。"陈久霖的一位旧友回忆称。而也有人注意到，参加庭审时的李昆，手袋甚为普通，"我相信绝不超过 200元"。

出狱后，从寂静到争议

陈久霖于 2009 年 1 月 20 日从新加坡飞到上海，次日经武汉回浠水老家。1 月 21 日中午的饭局选择在"久久隆"，是《鄂商》杂志主编李玉申的主意。李玉申告诉我，他选择饭店时费了一番心思，最后找到这家名称中有"久"字的，然后是"隆"，彩头十足。陈久霖听后也非常开心。

对陈久霖来说，这是阔别多年之后回到家乡的第一顿午餐，意义非凡。尽管一开始有些拘谨，但他很快打开了话匣子。他说，尽管刚入狱时自己被以"知名人士"而特别备案，但在待遇上与普通犯人并没有任何不同，每年只有到圣诞节，才有鸡排吃。

"监狱里每天的伙食标准是 2.5 新元（约 12 元人民币），而此前中航油公司普通员工的伙食标准是每餐 6 新元。"他说。

这一处细节，有人说，这便是中新两国监狱的不同风格。中国的监狱，特别是关押"知名人士"的监狱里，其实并不存在"伙食标准"这一命题，只要有钱，尽可享用小炒。午餐行将结束时，陈久霖将最后一杯红河酒（茅台酒旗下的）一饮而尽，"现在我又自由了，这比什么都有意义"。

不同于陈久霖的激动，在整个过程中，李昆很少言语。你很难想象，三年前，正是这位柔弱的女人，在新加坡为丈夫奔走呼号。沉默，有时恰恰是亲人之间表达支持的一种最有力量的方式。

自此之后，陈氏夫妇选择了一种静寂的生活方式，在北京一所普通住宅深居简出，再没有接受过媒体采访。包括大型民企、跨国公司以及私募股权基金等各路人马都曾力邀陈久霖加盟，他选择了一一回绝。而李昆的身影，更是淡出了人们视野。

2009 年 11 月，《中国企业家》杂志一则消息称，由于陈久霖在新加坡服刑时，曾担任过狱方主管的网络多媒体公司 SCORE DIGITAL MEDIA（SDM）公司的首席运营官（COO），"陈久霖最近有可能在互联网行业一展身手"。

事实证明那只是猜测。不过，让人意外的是，2010 年 6 月 4 日，央企之一的中国葛洲坝集团旗下国际工程有限公司的官方网站上，出现了"陈九霖"的名字。此陈九霖，即为陈久霖。他将"久"字改为"九"字，有以一副新面孔重新开始之意。他的一个朋友说，"九"有"九死一生"之意。

看来，作为一个性情中人，陈九霖希望和过去有个了断，但他改名本身，其实等于把过去的遭遇，永远牢牢刻在现在的名字上了。

陈九霖任葛洲坝国际工程有限公司副总经理。虽然在这公司 16 个的高管团队中，他排在第 14 位，但他复出后能够到央企任职，已经足够成为一个热闹话题，很快便引发了一轮争论。

陈久霖以央企子公司高管的身份复出，我也很是诧异。按照陈九霖的性格,他应该不会选择再进入一个庞大的、有复杂组织架构和人际关系的网络了,但现在看来我错了。陈九霖对体制内有着一种天生的眷恋。他恨这个平台给他带来的伤害,但又深知这一舞台能够让他更好地发挥余热。毕竟,他心系石油业。

陈九霖复出后,发表了《如何扩大我国石油话语权?》和《中国需要建立完善石油金融体系》等一系列关于中国能源安全战略的文章。据说还不时与马蔚华、柳传志、马云等中国民营企业家交流。他在北京大学一次演讲过程中,分享了美国人造生命 DNA 密码中的一句话:"去活着、去犯错、去跌倒、去胜利,去从生命中创造新的生命!"

在整个过程中,李昆的身影没有出现。

引人侧目的是,国航、东航、中国远洋等央企炒作金融衍生品最近一些年同样产生巨额亏损,却没有任何一位高管由此"下课",他们一如既往地做着"幸福的肥猫"。巴林银行案主角尼克在接受我的采访时,对这一中国特色的现象说:"任何违背国家法规和金融规则的行为都应受到惩罚。在这方面,不应该对国有企业网开一面。"

尼克·利森的故事

尼克·利森比陈久霖小 6 岁。虽然尼克当年有逃窜的嫌疑,虽然他本身就是交易员,但因为巴林银行案与中航油案同因衍生品交易巨亏而起,他们两人均在新加坡服刑,将他们的经历和遭遇作一对比,会有一些发现和启示。

2011 年 4 月,我采访了尼克。我和他通过邮件多次来往,他畅开心扉,说了许多话,提到自己的婚姻变故时颇为动情。这应该是他这么多年来第一次接受中国媒体记者的专访。

尼克是一个英国泥瓦匠的儿子,从没读过大学,但并不影响他事业上的一帆风顺,他 22 岁进入巴林银行,25 岁(1992 年)即被巴林银行派往

新加坡分支机构任总裁。他搞垮巴林银行时用的"88888"非法账户，源于弥补他手下一位女交易员在交易中出现的一个小差错。但他没有向总部汇报，同时保留这一账户，继续用来做些交易，赌注越来越大，最后东窗事发。尼克先在德国监狱服刑，后转到新加坡监狱。

德国监狱的条件不错：牢房中除了床之外，还有电视机和收音机、报纸和图书，甚至还有一台笔记本电脑，其他物品亦可向法院提出申请，法院根据其紧要性程度决定是否准许提供。但是，由于欧美媒体彼时推测尼克的刑期有可能是10多年、20多年，甚至80多年，"我几乎天天在哭，"他说，且一度感到万念俱灰，想到过自杀，后来得知刑期为六年半，又因表现良好减刑至四年四个月时，他内心的恐惧才有所减弱。

正如陈久霖提到的，新加坡监狱的条件远比德国监狱的条件艰苦得多，帮派斗争也非常严重。不过，尼克几乎没有再哭过，除了因为觉得刑期在可接受范围内之外，更重要的一个原因是他觉得"在亚洲文化中，爱哭的男人很丢脸、没面子"。

不久后，自他来新加坡服刑不久后就和他很少联系的妻子，宣告他们之间6年的婚姻正式结束。更糟糕的是，他随即又被诊断出患上了直肠癌。

这样看来，陈久霖比尼克幸运多了。李昆是陈久霖难得的贤内助，从来都没想过放弃。

要说陈久霖受到的煎熬，则是2005年他在羁押期间，母亲病危时，他两次申请回国探望都未被批准，直到母亲去世近两周后，他才被允许回国奔丧。而尼克的母亲在他20岁的时候就已经去世了。

神奇的是，癌症病魔并没有吞噬尼克，通过化疗，他起死回生。1999年7月3日，他获准出狱。回到英国后的尼克感觉自己像个外星人，"最开心的一件事是出租车司机问我要去哪儿，除了监狱，去哪儿都行啊"。在解决了一下压抑已久的性需求后，尼克说他必须重新开始新生活了。

他先是去读了一个心理学学位，2005年开始担任爱尔兰一家名为戈尔韦联（Galway United）的足球俱乐部的总裁，直到2011年1月他卸任这一职务。他现在主要是在全世界范围内参加一些商务宴会并发表演讲。

陈九霖对尼克到处演讲的做法不以为然，他在一次演讲中说："有人问我能不能像尼克·利森那样，讲一下中航油的内幕，就是所谓的爆料吧!""我不会那样做的，我也没有资格去讲，因为我不是中航油事件的肇事者!"

对此，尼克告诉我，他不是要爆什么料，在他入狱那几年，英国媒体的报道早已非常详尽了（彼时甚至有英国媒体在新加坡媒体上刊登广告，只为寻找知道更多关于尼克故事的人），另外，"我也早从过去走出来了，自己起死回生，本来就是上天的恩赐，我只是想分享一下自己在风险管理上犯过的错"。

有一点尼克和陈九霖非常相似，即在经历过大起大落后，虽然意志没有被消磨，仍然充满激情，但他们都认为相对于所谓的事业，生活才是最重要的。尼克和现任太太奥娜是在他读心理学学位时相识的，他们婚后生有一子，加上奥娜和前夫的两个孩子，一家五口人现在生活在爱尔兰。

第 **7** 章

离婚、再婚：阴霾与契机

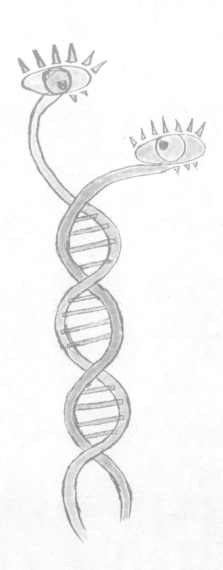

"荷尔蒙经济学"之
囚徒困境
两个囚徒之间的一种特殊博弈，虽
然彼此合作（说谎）可为全体带来
最佳利益（无罪开释），但在被分
开和信息不明的情形下，他们往往
彼此出卖，只选择自认为对自己最
有利的做法。
入围城，当囚徒，多少中国商人在
婚姻舞台上百感交集。有多少婚姻
从开始就是错误，又有多少婚姻原
本可以挽回？

综述
离婚无罪，再婚有理

　　潘石屹小任志强一轮（12 岁），除了都是地产界的活跃人物外，他们在生活上也有一个共同点，那就是都离过婚。任志强二婚时有意找了一个天主教徒结婚，用他的话说"天主教徒的信仰是非常坚定的"。前妻给他生了一个孩子，现在的太太在他 45 岁的时候给他生了一个女儿。

　　改革开放真正的意义在于解放了中国人束缚已久的个性。每个人都有权利去追逐财富和幸福——尽管套路不尽相同，但是殊途同归，那就是寻找真正适合自己的位置——无论是社会中的位置，还是家庭中的位置。

　　潘石屹在这一点上最为典型。张欣是他的第三任太太。他们于 1994 年认识那会儿，两人看起来"悬殊"挺大，但最后闪婚。说张欣发现了潘石屹的魅力和潜力那是吹牛，说潘石屹想给家里换换"空气"、给后代换换基因倒是不假，这并不代表着谁高攀了谁，而是一种荷尔蒙在起作用：别想太多，我们结婚吧！

　　被称为"中国服装业首富"的周成建比潘石屹小两岁，同样结了三次婚，而且他现在的太太，跟张欣当年一样，在证券公司任过职。我在上海采访他时，问他为什么婚姻这么多波折，他纠正我说，不是波折，是正常的经历。然后给我讲新中国成立时中国人的婚姻观是什么样，"上山下乡"

时婚姻观是什么样,改革开放后及 21 世纪时,婚姻观又是怎样(本书第一章有详述)——他用宏大的中国人婚姻变迁史,来为自己的三次婚姻做背景解读。

周成建的逻辑暗合了现在社会学上的一种解释,那就是现代社会当中人们对婚姻的期望值普遍提高了,但是就易满足程度而言,男人的期望值更高一些。毕竟整体而言现在中国仍然是一个男权社会。特别是对走经商这条路线的男人来说,从打工到创业,从小有所成到家财丰盈,从商人到企业家的蜕变,他们在每一个阶段所经历的酸甜苦辣无不希望找一个聆听者或者"心理按摩师"。

可是,不是每一个太太都能在他们丈夫的不同阶段担纲不同的角色,隔阂和距离于是就形成了。如果得不到有效缓解,那么离婚往往成为一种次优选择。用经济学的语言来说,离婚是婚姻的至少一方在感到"边际满足感"持续降低后发生的事件。不过这一事件有时也会被贴上一个偏颇的标签:男人有钱就变坏。

但是,每个商人离婚时所处的阶段都不尽相同,有的是创业时期,譬如史玉柱和董春兰;有的是上市前夜,比如王微和杨蕾;有的是功成名就时,譬如李东生和洪燕芬;尹明善和前妻离婚,则是在他身陷囹圄时。本章就介绍了这四类案例看看,他们的婚姻是如何破裂的,离婚后双方又分别是什么样的一种境况和变化。

史玉柱 30 岁的时候离婚,现在就要进入"知天命"之 50 岁的年龄段了,仍然单身。有人问他何时退休,他说"找到老婆后就退休"——不知一些为史玉柱魅力折服的中青年女性看到这句话会作何感想。"史氏婚姻"应该是中国企业界少有的案例了,因为当年他和董春兰离婚时,双方都有过失,关键的是都还年轻,但史玉柱 20 年未再娶,确实不符合常人的思维逻辑。

李东生和前妻洪燕芬离婚,然后和魏雪结婚,百分之百地是在寻求心灵归宿。李东生身上的光环太多了,就像一只翱翔的雄鹰,虽然飞得高,但内心是孤寂的，直到他遇到魏雪，觉得整个世界大有不同。这也是他们现在毫不掩饰，时常在网上大秀恩爱的原因吧。

李东生的婚姻变化容易让人想到被称为"全国第一 CEO"的杰克·韦尔奇，他在 2002 年和前妻离婚，然后和小他 24 岁、曾任《哈佛商业评论》编辑的苏茜·韦特劳弗（Suzy Wetlaufer）结婚。韦尔奇和李东生相同的是他们再婚后均非常幸福，美国媒体称"新太太把韦尔奇这一美国企业界最强硬的 CEO 给融化了"。

韦尔奇和李东生不同的是，他在补偿前妻时不像李东生一样麻利，相反颇费周折——因为在向法官递交财产报告中透露了自己的家底（平均每月花费为 36 万美元），是前妻的 10 倍，这导致前妻很不乐意，最后他不得不向通用电气公司董事会提出申请，要求修改退休福利协议，取消所有的额外福利，只留下公司为所有退休董事长提供的办公室及行政后勤支持两项内容。

说到离婚分财产，土豆网 CEO 王微和前妻杨蕾之间的"战争"经久不息。王微从一开始就觉得杨蕾今天的诉讼是"蓄意而为"，而杨蕾说她因为"忍无可忍"，于是决定不再"假装清高"。这可能是许许多多"中国式离婚"中在涉及财产问题时都会出现的对峙吧！

"成功的 CEO 大多是已婚并且有孩子，"创新工场 CEO 李开复在微博上说，"因为夫妻磨合过程可以让你具备同情心和团队精神，换尿布可以让你学会忍耐和坚持，养育青少年可以让你掌握情感管理和影响他人。"

李开复这句话，这就好比当年史玉柱"没有一个亿不要再网游"的言论一样，站着说话不腰疼啊。不过，土豆网和赶集网、真功夫等公司创始人的婚变，确实给投资界人士敲响了一记警钟。

在金融危机的时候，许多企业家或投资家、基金经理破产，不少人的婚姻也随之宣告终结。而在企业腾飞的时候，也有不少的创业者或企业家宣告离婚。"同患难，共甘苦"这句谚语现在已经失灵了，这究竟是什么原因呢？

　　也有一些好玩的事情。我记得英国《泰晤士报》2008 年写过一个报道，大体是说美国次贷危机使得越来越多的纽约富豪婚姻破裂，不过一位律师说，他的一位客户为避免妻子发现其投资严重亏损、净资产骤降时会离开他，试图通过借贷来支付妻子的时装及度假开支，以掩盖资产缩水的实情。

　　多好的丈夫啊！可是，大多数的离婚案中，夫妻两人间的感情已经荡然无存了。这才是问题棘手的根本。于是离婚也就变成了一门学问，一项手艺。据说有温州商人几年前创建了一家"离婚公司"，普通咨询每小时收费 200 元到 300 元，当客户的资产规模较大时，每小时收费 800 元，如果需要作尽职调查，费用是一天 3000 元到 5000 元。真是生财有道！

　　有必要一提的是一起"被离婚"事件。2010 年 9 月，一位叫做宋雅红的女人以其和丈夫杜双华感情破裂为由，向北京市海淀区人民法院起诉离婚。然而，杜双华的代理人拿出一份河北省衡水市中院已于 2001 年作出的关于两人离婚的判决书，这使得宋雅红非常吃惊。

　　这个杜双华，就是以 350 亿元财富成为 2008 年胡润百富榜"榜眼"的超级富豪、日照钢铁集团创始人。胡润曾提前告诉我杜双华将名列前茅，于是我于这一年 9 月到山东日照采访。当时杜的属下告诉我，他们老板是位"钻石王老五"。

　　引人注目的是，杜双华后来又"收回"了 2001 年那份法院判决书，而衡水中院讨论后认为，当时的判决确实有错误，应该再审，但审理时间后来一拖再拖。无论如何，这意味着，杜双华的巨额财产，现在面对被分割的可能性——尽管他们于 1997 年就已经分居了。

　　仔细看一下，似乎除了像董春兰一样，在史玉柱创业期间就和他离婚，除了洪燕芬一样，获得了李东生的巨额财产补偿，和身为创业家或企业家的丈夫离婚后的女人，少有不"杀个回马枪"的。丈夫们不是省油的灯，妻子把他们的灯芯连同自己内心的窝火一起给点着，就看谁能撑到最后。

当对幸福的弥补只剩下钱这一唯一工具时，就算获得补偿，离婚的女人们也损失良多。你看，杨蕾现在天天泡在网上或抱着手机发微博，俨然一个缺爱的小姑娘。"征求已婚男性对婚姻看法：若可重来，婚是不婚？请注明年龄段，35 岁以前 A；35 岁到 45 岁为 B；45 岁以上为 C。请说明看法并填选项。"2011 年 4 月 11 日，她发了一条这样的微博。

一切必须向资本低头。王微和杨蕾的官司最后庭外和解，有媒体透露王微将给杨蕾 700 万美元（约 4500 万元人民币）的离婚补偿（其中 430 美元待土豆网成功上市后兑现），但杨蕾随后表示这些数字"不是太准确"。

有人戏称，"婚姻有风险，入戏须谨慎"，虽然有些夸张，但在这些企业家面前，却是一幅再现实不过的图景。哪怕就像本章提到的尹明善，他和前妻之间尽管没有纠纷，但将来，他和前妻的儿子，与他现任太太之间会否掀起力帆控制股之争，也是让他伤脑筋的一件事。

史玉柱与董春兰
短暂的"史氏婚姻"

"请问你什么时候退休？"

"找到老婆就退休！"

这是 2011 年 4 月 7 日，史玉柱在新浪微博上接受"微访谈"时，和一位网友的答问。

史玉柱一如既往一副幽默口吻。不过提问者是有理有据的。巨人网络于 2010 年完成了研发改革，即巨人集团研发技术平台，《征途》、《征途2》都成为独立的子公司，集团出资占 51% 股份，研发人员全员出资占

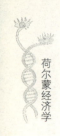
49%。这是一种股权激励方案。这一年11月底，史玉柱说，如果《征途2》研发成功，他就会辞去CEO，"下台后就安心玩游戏"。

婚姻是史玉柱心头的一处隐痛。他在网上晒自己的工资和半裸照片，更是频繁发布自己和其他企业家交往中一些好玩的段子与照片，但他从不主动谈及自己的婚姻和女儿史静。任何一个坚毅的硬汉，内心都有一块柔软地，史玉柱也不例外。

有趣的是，在上述"微访谈"中，史玉柱的同行、暴雨娱乐CEO朱威廉在线问史玉柱："每一个成功男人的背后，都有一个伟大的女人，史总同意这个观点吗？"

我当时看到朱威廉抛出这一微妙的问题时，心想这哥们"够损的"，朱威廉当然知道史玉柱目前单身，但没有人说上述"伟大的女人"不可以是夫人之外的其他女人，他这一严肃和调侃色彩混搭的带刺提问，显然是想难倒史玉柱。

朱和史之前有个段子。2007年朱威廉刚成立暴雨娱乐、决心进军网游业时，恰遇史玉柱抛出一个论调——没有一亿元别碰网游。这令朱威廉很是不快，他很快写文章反驳称其扯淡："（史玉柱）这些还算不上先行者的人们正在试图给我们传递一个信息：不是亿万富翁或者弄不来上亿的投资就别碰互联网……是不是钱这东西在中国比外国更有价值，还是我们的CEO们都是有了亿万身家后才去创业的？"

言归正传。面对朱威廉的"刁难"，史玉柱回答称："大多数男人是这样（背后有个伟大的女人），但我例外。"

在中国企业史上，有这么一撮群体：他们都是事业型的创业者，他们都曾有过短暂得像风一样的婚姻，之后，他们无一再提起往事，无论是继续单身还是有新的归宿。单身者如史玉柱，有新的归宿者如"女首富"张茵等人。

拿史玉柱来说，他和前妻董春兰的婚姻维持时间甚短。20世纪90年代初，史玉柱还处在创业阶段，离巨人大厦的兴建和倒塌还有几年时间时，两人就离婚了。他们之间是如何结合，又为何分开的呢？

动荡中的结合与分手

2008 年 5 月 12 日，一家名叫科大讯飞的安徽公司在深圳中小板挂牌上市。科大讯飞是中国最大的智能语音技术提供商，当天收盘价超过 30 元，涨幅达 122.8%。

科大讯飞上市过程中聘请了一家名叫安徽正信会计师事务所的机构，位于合肥永红路 38 号，旗下有 25 名左右注册会计师，法人代表是董春兰。

董春兰是史玉柱的前妻。

史玉柱

图片来源：CFP（视觉中国）

史玉柱 1962 年出生于安徽北部的怀远县，1980 年以全县总分第一的成绩考入了浙江大学数学系，其间对计算数学尤为热爱。1984 年毕业后，

他被分配到安徽省统计局农村抽样调查队。他常沉浸在调查队机房，于编写程序中寻找乐趣。

他很快获得了一次到西安统计学院（现为西安财经学院统计学院）进修的机会，这是一所1953年由国家统计局投资兴建的专业统计学校。史玉柱在这里收获良多，目光前瞻，进修后说服安徽统计局领导购得一台IBM PC。

史玉柱并未意识到，当时正是美国计算机行业剧变的一个尖峰时刻。2000年前后，美国计算机界为"谁第一次提出了笔记本电脑概念"争论不休，日本人说此殊荣属于东芝，而IBM则坚称，它在1985年开发的PC Convertible的膝上电脑是笔记本电脑的开山鼻祖。

史玉柱编写的农村收入与消费的统计软件，受到了安徽省统计局的重视，加上他同时发表了一些关于农村经济的论文和分析文章，甚至引起了国家统计局的关注。1986年，经人推荐，他进入深圳大学深造，攻读软件学专业研究生。

就在史玉柱南下深圳之前不久，他和安徽统计局的同事董春兰刚刚结为连理。史玉柱从来都是一个力争上游和不安分的人。年轻时候的他，并不知家庭责任究竟为何物。他以事业为重，虽没有视婚姻为附属品，却坚信婚姻不能成为人生的累赘。他不相信宿命，却在有意无意中天真地以为男耕女织的传统婚姻是牢固的。

深圳大学是史玉柱事业起飞的重要一站。说来奇怪，深圳大学，这一创办于1983年，中国第三梯队中的高等院校，倒是培养出了许多IT业巨富。史玉柱是1989年从深圳大学研究生毕业的，他毕业后3个月，18岁的马化腾成为深圳大学计算机系的一位新生。

深圳大学一直以此为荣，2008年25周年校庆时，特别邀请史马两人回校传经解惑。2009年12月，巨人和腾讯宣布，将合作运营巨人此前开发的网络游戏《绿色征途》。这是他们的第一次联手。

董春兰后来为史玉柱生下一女，取名史静。史玉柱从深大毕业后没有回到安徽，而是选择创业，1989 年即推出大名鼎鼎的桌面中文电脑软件 M—6401，赚取了人生的第一个 100 万元。他"两耳不闻窗外事，一关就是逾百天"而写下 50 万行软件代码的故事后来为不少创业者津津乐道。直到 2011 年年初史玉柱提起这一段子，还感慨那时候关键模块都是使用极枯燥的汇编语言。"勤奋可以让人变得更聪明。"他说。

殊不知，就是这个时候，史玉柱的婚姻开始出现裂痕。

1991 年，董春兰从安徽统计局辞职，赴深圳驰援史玉柱，一边到其公司做会计，一边做起贤内助。

然而，一年后，两人就离婚了。要知道，这一年，史玉柱的 M—6403 利润超过 3000 万元，名噪一时、号称要建"中国第一高楼"的巨人大厦设计方案新鲜出炉。第二年，巨人仅中文手写电脑和软件的销售额即达到 3.6 亿元，成为位居四通之后的中国第二大民营高科技企业。

就是这样一个上升期，董春兰选择与史玉柱分道扬镳，到底有什么样的隔阂，使这对夫妻不能共富贵呢？

法人代表董春兰

原国家统计局安徽调查总队队长、安徽统计局农村社会经济抽样调查队队长金玉言，即史玉柱当年在安徽时的老领导，对史玉柱的印象是"不懂生活"、"结婚后家里什么事情都不管"，加上两人长达两年的时间里分居两地，婚姻出现裂痕，对软件极度沉迷的史玉柱并没有弥补的意识。

2007 年的一期《三联生活周刊》中讲到一个关于董春兰的细节——她来到深圳搭帮史玉柱期间，有次生病住进医院，要摘掉一个肾，史玉柱并没有给予她应有的呵护和关心，董春兰甚为灰心，遂写信向金玉言"投拆"。

仅仅因为事业与婚姻不能兼顾或无意识而产生不可逾越的鸿沟，史玉柱和董春兰演绎的这一曲婚姻大戏令人遗憾。

2001 年，《中国企业家》杂志对一群颇具规模的民企掌门人做了一项关于婚姻状况的问卷调查，对"自己能否在事业和婚姻上都取得成功"一项，72.3% 的受访者选择"很有可能"，选择"有一点可能性"的比例为 25.5%，另有约 2.1% 的被调查者表示"不太可能"。

与史玉柱离婚后，董春兰回到了安徽。1995 年，她组建了安徽正信会计师事务所成立，任法人代表。

有意思的是，史玉柱创业时，金玉言曾前往深圳为其巨人公司出谋划策，董春兰创办正信会计事务所前夕，他又回到合肥帮忙。"我跟他们两人关系都很好，但我更同情弱者"，金玉言说。

就在董春兰创办正信会计所一年后，史玉柱从人生的巅峰跌至谷底。没有人知道，此时的董春兰是怎样一副心境。而对史玉柱来说，这也许是他所必须要蹚的河流。多年后他东山再起时，虽然激情不减当年，但理性成分更浓。

事实上，董春兰很要强。史玉柱婚后无暇做家务，而董春兰亦不习惯独自下厨，两人经常在单位食堂解决就餐事宜。她自己创业后，陆续取得了注册会计师、注册资产评估师、注册土地估价师、注册房地产估价师等执业资格。她还是中国民主促进会（简称"民进"）成员，安徽民进企业界会员联谊会副会长，积极参政议政。

她的正信会计事务所这些年在市场上斩获颇丰，先后为淮北矿业、淮南矿业、铜陵有色、巢东水泥、四大资产管理公司，以及合肥经济技术开发区、中国科技大学、合肥市审计局和财政局等政府和高校及几千家中小企业提供各类财务审计、资产评估、工程造价审核等业务。2008 年 5 月上市的科大讯飞，资产评估机构之一也是正信。

从这些业务可以看出，她在安徽省的人脉资源极其丰富。2010 年年初，她和搭档袁林还在安徽科学技术出版社出版了一本新书。

史玉柱与董春兰离异后没有再娶，近些年，他所到网游、金融、酒类等行业，无不掀起一股旋风，在资本市场上亦技不输人；巨人网络的两位高管——程晨（常务副总裁）和刘伟（总裁），为史玉柱的南征北战立下了汗马功劳，亦被坊间戏称为史的两位"红颜知己"。

2010年胡润百富榜上，史玉柱以150亿元财富居第51位。在之前一年的胡润女富豪榜上，杨惠妍（碧桂园创始人杨国强女儿）、刘畅（新希望集团董事长刘永好女儿）、胡佳佳（美邦服饰董事长周成建女儿）、史静（史玉柱女儿）四位女子的财富分别为310亿元、81亿元、23亿元和15亿元。史静于是被坊间称之为"网游业第一千金小姐"。

忌讳旧事的富豪们

史玉柱现在偶尔接受媒体采访，即使和熟识的记者谈得酣畅，也绝不提及自己年轻时失败的婚姻（尽管他当时并不认为失败）。他看起来大大咧咧，内心却对任何事物的边界都分得一清二楚。他是处女座，一个完美主义者，而完美主义者对事物的追求是永无止境的。史玉柱最近一些年一直在寻找自己的精神归宿，他想研修佛学，但有时他又有些游离。"人为什么要信佛，说白了还是迷信，"史玉柱说，"一个人对自己的命运无法掌握的时候，特别容易信教。"

对现在尚且单身的史玉柱都不愿再提婚姻旧事，那些后来又找到适合自己另一半的中国富豪及企业家们，他们更加绝口不谈之前的婚姻——除了像郭台铭这种妻子早逝类型者。

周成建在2010年胡润百富榜上位居第25位，家族财富为230亿元，连续三年被称为"中国内地服装业首富"。他在温州发家，后来将总部搬至上海，现在其品牌美特斯邦威在年轻人中无人不晓。周成建结过三次婚。第一任妻子和他生下一个女儿（胡佳佳）和一个儿子，第二任生下一个儿子，第三任是2003年和周走到一起的，之前在证券公司任职。

我直言不讳地问周成建："前两次婚姻为什么没有持续下去？"他说："从20来岁时不懂得婚姻时草草结婚，到有意识寻找适合自己的，到找到

最适合自己的，这是一个过程。"

周成建是个工作狂，他手下的人告诉我，他如果不出差，每天早上很早就来了办公室。在很多一段时间里，他周六、周日也来公司，于是公司员工们也必须加班。"现在我不敢也不能这么做了。"他笑着说。

"是不是你的太太也沉浸于工作的原因呢?"

"没有啦，她是一个非常懂得生活的人。"

"胡佳佳持有美邦的股份，是代你持的，还是你为补偿佳佳妈妈的考虑呢?"我不依不饶。

"是代我持的，跟我前妻没有关系的。"周成建说完，端正了坐姿，猜疑地看着我说，"你怎么对我的婚姻这么感兴趣?"

再说几位女性企业家吧。众所周知的一位——曾执掌阳光卫视的杨澜年轻时也有过一次短暂的婚姻。1994 年她离开央视、赴美留学之前，就已结婚嫁人，丈夫为北京外国语大学的校友。但这一段婚姻维持了只有一年多时间，1995 年，杨澜还没有从哥伦比亚大学毕业，就和现在的丈夫吴征结婚。个性原本要强的杨澜，和吴征之资源的嫁接，使得她的事业上升的加速度明显加快。

吴征思维很是西化，外刚内柔，而杨澜虽亦不乏国际视野，但是骨子里是传统思维，外柔内刚。她对自己的孩子倾注了太多心血，主持《天下女人》的一些妙语实乃亲自经历后的感触。吴征和杨澜生活及理念难免产生冲突，但他们均丝毫不会把这种情绪和状态带到工作当中或挂在脸上。

2003 年年底，吴征夫妇出让生不逢时、接连亏损的阳光卫视控股权后，一重庆媒体称吴杨两人离婚，这使得他们怒不可遏，将其告上法庭，要求赔礼道歉，同时支付精神损害赔偿费人民币 1 元整。这便是 2004 年年初热闹一时的所谓中国内地"首例名人名誉侵权案"。

"女首富"张茵的婚姻第五章已经讲过，在遇到刘名中之前，张茵也曾有过一次婚姻，与史玉柱、周成建、潘石屹一样，20 岁出头就结了婚，她于 1982 年和前夫生下一个儿子。

非常有趣的是，2007 年 8 月，一份《"十五"时期广东妇女发展报告》发布，这一报告对女性离婚人口的现状进行调查后发现，女性离婚率连年倍增，其中女官员和女企业家离婚率最高，是男性同类职业离婚率的4 倍。

我采访张茵的时候，一向非常健谈的她，对自己的第一次婚姻守口如瓶。个中心境不难理解。

类似的中国企业家还有不少，他们对现在的婚姻状况甚为满意，对曾经的婚姻经历颇为忌讳。这其实已经足够。婚姻，对大多数人 20 世纪 70 年代之前出生的创业者来说，是比他们后来经营的实体企业起步更早的一项事业，所谓不谙世事，遭遇变故也在情理之中。所幸他们后来都找到了新的港湾，并视婚姻和事业为自己的左右手。

美国有位社会调查研究专家托马斯·J. 斯坦利，他从 1973 年开始致力于美国富人生态的研究，他在著写《百万富翁的智慧》一书时，对美国1300 多位百万富翁进行调研，得出他们的成功秘诀是良好的信用、自我约束力、善于交际、勤勉、有贤内助的支持；调研结果同时也表明，婚姻和事业是成正相关的，80% 的事业成功和永续的人一生没有离婚，那些离婚后开创个人事业的人，第二次婚姻也会维持在 10 年到 20 年以上。

斯坦利的研究成果，同样适用于中国企业界吗？

李东生与魏雪
"甲方乙方"命中注定

"小雪是我这些年最感激的人。"李东生说。

这是 2010 年 6 月 23 日中午，深圳一家饭店的包厢里，TCL 集团掌门

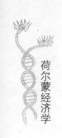

人李东生，在夫人魏雪给他往碗里夹菜后如是说。

坐在一旁的我，多少受到一丝触动。李东生是我采访过的众多企业家中为数不多的公开谈论夫妻感情者之一。

央视从 2000 年开始至今，连续搞了 10 多年的"经济年度人物"，曾三次获得过这一荣誉的，有吴敬琏、张瑞敏和李东生三个人。吴是经济学家，而企业界的张李两人中，张已经淡出了公众视野，只有李东生，依然活跃如昨。在资本运作如火如荼的今天，李东生也是罕见的坚守实业路线的民营企业家之一。

"最早获得手机生产资质的 12 家中国企业，目前只有 TCL 硕果仅存。"他说。

他现在很前卫，甚至是个"微博控"——先是 2011 年全国"两会"前"微博问政"（征集提案与建议），后有"微博治企"（征集对 TCL 的建设性意见）。

2011 年是 TCL 创建 30 周年。李东生过去走过的路并不平坦，尤其是最近 10 年。无论是他的事业，还是他的婚姻，都历尽波折。我们现在看到更多的是他在"晒幸福"，而就在 5 年前，在他人生最低谷的时候，是多么无助和狼狈。

我发现李东生和郭台铭曾有一个很有趣的共同点，那就是"鱼和熊掌不可兼得"——他们在情场得意时，商场上多有溃败。

想想看，李东生和元配妻子离婚，然后迎接魏雪的 2005 年，TCL 上一年跨国并购的后遗症开始发作，2006 年则全面爆发。

一年后，TCL 的 A 股股票戴上了 ST 的帽子，李东生甚至被《福布斯》评为"中国 A 股上市公司最差老板"之一。

一直到 2010 年年初，李东生才长舒一口气——TCL 上一年营收为 430 亿元，同比增长 15%，净利润约 2.1 亿元，同比增长 213%。这是自 2004 年以来，TCL 营收首次出现正增长。

与创维集团创始人黄宏生等老同学的低调不同的是，李东生其实向来

李东生

图片来源：CFP（视觉中国）

比较高调。和魏雪结合的婚宴，他还请了不少媒体界的朋友。而魏雪呢，更是对媒体称她和李东生的结合是"命中注定的"，一下子给李东生前妻贴上了"过客"的标签。

这是怎样的一对夫妻，他们是如何认识，如何相处的呢？

1.2 亿元市值补偿前妻

2007 年 8 月，李东生成为了"财经娱乐明星"。

这源于 TCL 集团发布的中报显示，其前十大股东中，有一名新进股东，名叫洪燕芬，持股量约 2400 万股。洪燕芬是李东生的元配夫人。

巧合的是，中报显示，李东生减持了约 2440 万股。按此间 TCL 的股价计，这部分股权的市值约 1.2 亿元人民币。财报称减持原因为"非交易过户"。

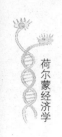

　　"非交易过户"的意思是，因继承、赠与、财产分割或法院判决等原因而发生的股票、基金等证券的股权或债权变更。

　　李东生与被继承搭不上界，赠与也有些无厘头。那就只有一种原因——财产分割，说白了就是离婚分财产；联系洪燕芬成为前十大股东中的新进者，李东生此举显然是在经济上补偿前妻。

　　就在大家热炒李东生巨资补偿前妻的前几个月，深圳证券交易所与《福布斯》杂志（中文版），分别和李东生开了一个不大不小的玩笑。

　　先是2007年5月，TCL因连续两年巨亏（2005年和2006年分别亏损3.2亿元和19.3亿元），其在深交所挂牌的股票"TCL集团"被ST处理，正式被给予退市风险警示。

　　7月，在《福布斯》（中文版）第3届"中国上市公司（主要指民营上市公司）最差老板"名单中，李东生赫然在列，名居第6名。前5名分别为海王生物的张思民、上海宽频科技的曹水和、梅雁水电的杨钦欢、万家乐的李智、厦华电子的郭则理，相比之下，李东生的知名度最高。

　　形成反差的是，在《福布斯》的另一份"最贵老板"榜单中，李东生以155万元的年薪，位居第4位。

　　李东生在这一年的7月，过了一个尴尬的50岁生日。所谓"五十而知天命"，他并不信命——实际上不到一年后，TCL就扭亏为盈，股票也摘帽了——奈何现实残酷，你不得不向眼前的尴尬低头。

　　李东生上一次成为业界关注的"纯娱乐明星"则是2006年5月5日，李东生与现任妻子魏雪在北京的中国大饭店举行婚礼。有人称之为"中国企业界最具影响力的婚礼"。

　　魏雪是北京人，曾留学日本和美国。她和李东生的人生曲线于2003年交叉——TCL是魏雪任总裁的普乐普公关公司的客户。通俗来讲，魏雪搞定了她的客户李东生。

　　有趣的是，李东生和魏雪的事业转折点颇为相似：前者于1996年年底出任TCL集团公司董事长兼总裁，后者于1997年出任普乐普总裁，这是任刚创建的中国第一家中日合资公关公司。

对财经界的"减持偿妻"现象，李东生不是第一个，也不是最后一个——香港上市公司润迅通信前副主席杨军于2006年与妻子马琳分别在深圳及香港两地申请离婚，深圳法院裁定两人只需平分3200万元人民币，然而之后香港家事法庭却判两人须平分约8亿港元香港资产身家，杨军不服提起上诉，一直到2009年6月，香港法庭才同意按照深圳的结果进行判决。

2009年10月中旬，A股上市的北京银行副行长赵瑞安减持了20万股公司股份。细心的人发现了其中的"不对劲"：因为北京银行三季度财报披露的预约时间是10月底，按照相关规定，定期财报发布前30天高管不得增持或减持公司股份的。

到底怎么回事？北京银行另一位高管随后出来澄清称："确定地说，赵瑞安既没有减持，更没有违规减持，而是财产分割……"

质疑者顿时恍然大悟，原来也是在闹离婚！

"命中注定"

魏雪与李东生相识于2003年8月15日。这一天，在北京长安俱乐部九层的一家意大利餐厅，欧美同学会商会要举行月度午餐会，午餐会的主持人是魏雪，演讲嘉宾是李东生。

欧美同学会是于1913年由当时著名的留学生詹天佑、顾维钧等人创建的以"修学、游艺、敦谊、励行"为宗旨的组织，延续到今天将近100年的历史了，在中国的国际和国内政治与经济事务中发挥了不小的作用。

而"欧美同学会商会"的建立则是2002年10月的事，成员皆为海归的商界精英，名誉会长由中国工商界的重量级人物经叔平和黄孟复共同担任，魏雪是商会的副秘书长。

颇有民族情结的李东生在演讲中大谈TCL建造"世界级中国民族品

牌"之梦，坐在不远处的魏雪频频点头。不久后，TCL 成为普乐普的客户，一年后在一个海外项目的合作中，魏雪与率兵亲征的李东生有了深入交流和碰撞的机会，结果碰出了一段恋情，最后于 2005 年年底登记结婚。

不得不提的是，魏雪与李东生在欧美同学会商会午餐会认识的 2003 年前后，他正站在人生的巅峰——2003 年 TCL 集团营收将近 400 亿元，2004 年 1 月整体上市，雄心万丈的李东生一举拿下阿尔卡特手机业务和汤姆逊彩电业务两个超级项目。

而魏雪与李东生结合的 2006 年前后，不夸张地说，TCL 可以用"溃不成军"形容——不断有高管流失，业绩节节败退，有很长一阵子他索性躲至一隅，不再在公共场合露面。

如果把李东生浮沉两个时点反过来，即先是 2003 年大溃败，然后是 2006 年站上巅峰，魏雪或许就没有机会认识这位枭雄，至少不会那么早。

"我单身的时候，常有记者或朋友问我择偶标准时，我说他一定要比我更有智慧，因为我不可能找一个智商比我低的人，另外他要有社会责任感，而李（东生）总裁就符合这两个条件……我们俩的结合是命中注定的。"这是魏雪在她和李东生登记结婚不久的 2006 年 1 月份，接受《中国新时代》杂志记者采访时的一段话。

"比我更有智慧"之词，可以视之为一个女人的自信，这抑或与魏雪海归的经历和从事的行当——公关顾问有关。"我们俩的结合是命中注定"这一宿命论，你可以说略显魏雪之骄狂，也可以说这是一个人在找到自己终生幸福之后的真情流露。

李氏纠结

李东生和大他一岁的同窗黄宏生性格上都曾有过一个共同的缺陷，那便是专断，或者称之为"个人英雄主义"，这或许是改革开放后中国最早一批民营企业家的通病吧。两人均为此付出了沉痛的代价，2000 年发生在创维的中高层团队集体出走风波，对黄宏生刺激甚大，几年后他因证券欺诈罪入狱后，常反思及此。而李东生的"灾难"发生在 2004 年，他在一片质疑声中大举跨国并购。当然，收获一份婚姻也许能为处在事业低谷的李东生起到疗伤的作用吧。

巧合的是，他们两人都在 2009 年鲤鱼翻身，黄宏生出狱，创维股价一个月内翻番。TCL 在这一年首次走出国际化泥潭，实现正增长。

李东生和魏雪从认识到拍拖用了一年，从拍拖到结婚用了 1 年。2005 年平安夜，李东生送了魏雪一枚戒指，2006 年春节，即两人婚后的第一个春节，他们在拉斯维加斯度过，对李东生来说，这算是百分之百的忙里偷闲了。

"我们的生活节奏都很紧张，所以不可能像年轻人一样花大量时间去拍拖，有什么话就很直白地讲出来。"魏雪后来回忆称。

当然，李东生是个工作狂也是现实，"我们俩从来没有周末的概念或是休假的概念，"魏雪说，"当我抱怨我们俩见面太少时，他就会说，你知道韩国的大企业集团是怎样成长起来的吗，你知道日本的经济是如何强大起来的吗……"

2010 年 6 月我采访李东生的前一天晚上，他刚陪同某位国家领导人在国外访问回来，当天住在了香港，第二天一大早李东生就赶到其深圳办公室。他的精神状态不好，但谈到"实业"、"国际化"等字眼时两眼便开始放光。

"很多人问我为什么能成功，其实最基本的就是要全情投入。"李东生说，"工作让我克服浮躁，忘记烦恼，并给我以灵感和力量。"

魏雪略有些不高兴地说："这种投入，舍弃了多少天伦之乐，家人也作出了不少牺牲啊。"

李东生有次在朋友圈聚会时被问到他被魏雪身上的哪点品质打动时，他很坦诚地说："魏雪身上有许多传统的东西，尽管她是海归。"

这便是李东生，在公司治理上，他一方面想极力营造一个透明、互信

的团队，一方面又花大力气研读、模仿曾国藩和毛泽东等的"治人术"，结果事倍功半，反折兵损将，直到几年后柳暗花明。"现行的中国企业大多发源于草根，这是在管理上过于强调领导个人能力的历史原因之一，但发展到今天，我们更要看重组织系统的建设，唯有如此，发展才可持续。"他说。

在婚姻上，他一边挣脱传统的桎梏，追随自己内心的召唤——与前妻离婚便是最典型的例证，而在他找到真正与自己心灵感应的另一半时，他并不想改变全身心投入工作的偏执风格。

据魏雪所讲，两人很多时候要频繁通过秘书核实日程，以便能够在有限的条件下多在一起，但大多是她在迁就李东生。

李东生是个很细心的人，虽和魏雪聚少离多，但电话和短信问候非常频繁。有趣的是，当出现微博这种新潮的互联网工具后，李东生和魏雪常在上面一唱一和。"我没有过生日的习惯，而今天却是幸福的一天。在我忘记今天是自己生日的时候，早晨接到第一个祝福电话——来自正在参加公司新年开工晨训的老公李东生……"没过多久，李东生转发魏雪的这条微博再次送出祝福"小雪生日快乐"。

与其说他们是在网上"晒幸福"，不如说是李东生为表达自己愧疚心理找到了一种新的通道。记得李东生半认真半调侃地对魏雪说过半句成语——嫁鸡随鸡——李东生出生在 1957 年，属鸡。

"干得好"与"嫁得好"

魏雪小时候的理想是做一位律师，在日本留学时学的是企业管理，最后经一位老师推荐，赴美攻读公共关系，最后便踏入了这一行业，延续至今。她刚嫁入李家时曾一时间吊足了公关界和家电业的胃口：她会离开普乐普加盟 TCL 吗？事实证明这是一种娱乐化的猜测。

其实这本不应成为一个疑问，从向惠州市政府缴纳 50 万元押金以换取

"国有资产增量奖励"到 TCL 集团中的国有股彻底退出，从一个电子厂的厂长到一家国际化公司的"总导演"，李东生树立起来的是一个"去国有化"和"去家族化"的形象。魏雪若加盟 TCL 并担任董事职务，于李东生的棋局而言显然是一股"逆流"。

李东生完成蜕变后甚是谦逊。2011 年 4 月上旬，他和魏雪有过一次长聊，主题是"曾经的梦想"。李东生说，每个人都是平凡的，坚持自己的路子，一步步地去做事情，功到自然成，"所有的成功人士并不比任何人优秀"。而魏雪在微博上称李东生的成功除了矢志不渝外，还有幸运的因素，幸运来自哪里呢？魏雪欲擒故纵，引而不发。

李魏两人都喜欢打高尔夫，李东生更曾掷出数千万元的巨资赞助过高尔夫赛事，但他们现在几乎没有时间一起打球。那天采访中魏雪说，因为见面机会少，他们都是各自锻炼，李东生到全世界每个地方出差，健身房是一定要去的，他酷爱游泳，有的时候，两个会议间隙，他甚至还去游上几把呢。

值得一提的是他们两人和中国青少年发展基金会于 2007 年年底共同成立了"华萌基金"，这是希望工程成立近 20 年来首例企业家个人公益基金，主要用以奖励优秀的乡村教师和管理者。这一基金也成为了夫妻两人进行慈善活动的主要通道，2010 年 9 月，李东生通过这一基金向母校华南理工大学捐赠了 3000 万元。

此外，魏雪自己还经营着一个名为亚洲女性发展协会的非营利性组织。她是一个活跃分子，喜欢参加各种女性活动，她把自己和姚晨等明星的合影随时随地发上网。这让人想起 2004 年由魏雪发起举办的"首届亚洲女性论坛"，论坛的联合主办方北京大学中外妇女研究中心彼时发布了一份名为《当代中国性别期待调查》的报告，报告称超过 40% 的女性持有"干得好不如嫁得好"的观念。

有人就此询问魏雪的看法，她用"很可怕"来形容这一调查结果。"我觉得这样的话社会会倒退，"她说，"女性应该首先有一种主动选择的

自由，你有能力工作，你可以自主自立，但是我仍然愿意回到家庭，也无可厚非，毕竟社会是多元化的。"

很多时候，魏雪很希望像当时她所说的一样"回到家庭"，可是见不到李东生的踪迹，她也觉得无趣。难能可贵的是，据说魏雪每个月都会回惠州看望公公婆婆，以尽孝道。可惜我忘记向她求证了。只是在春节的时候，看到她拍的李家的照片，特别是李东生的奶奶，年龄超过 100 岁还精神矍铄，不拄拐杖。

现在没有人再提起李东生股票套现以补偿前妻的事了，反而对李东生的勇气大加赞赏。在中国企业界，主动拿到台面上晒的幸福婚姻太少见了，李东生和魏雪这一标本着实难得。2011 年 1 月 25 日晚，他们和企业及媒体界的一些朋友吃饭，在座的众人都艳羡和祝福他们，微醺的李东生回到家后，还不忘发微博："今天和一帮朋友把酒言欢，大家一致同意：夫人的幸福感，是先生最大的成就感！"魏雪说他喝醉了，才大话"豪言壮语"。

尹明善与陈巧凤
"夫人外交"中国样本

给重庆朋友开玩笑：骑着摩托车，吃着火锅，唱着红歌——打一电影名。朋友百思不得其解，我宣布答案：《让子弹飞》。

摩托车、火锅、红歌，皆是重庆特色。其中红歌是近两年的政治产物，摩托车和火锅则一直是名牌产业。拿摩托车来说，官方数据称重庆摩托车在全国市场的占有率达到近四成，国家公告目录内的整车生产企业超过 30 家，零部件企业 1800 多家。

重庆"摩帮"当中，我最感兴趣的是尹明善和左宗申。他们分别执掌的力帆集团和宗申集团是重庆名列前茅的两大摩托车及发动机制造商。2009 年的营业收入分别为 125 亿元和 111 亿元。

2010 年 3 月下旬，我在重庆出差过程中，顺道拜访左宗申时，他对我说了一句话："力帆的老头还是我带进门的呢。"

左宗申说的"老头"是尹明善。不过，尹明善是 1939 年生人，左宗申是 1953 年生人，按说前者是后者的"老大哥"了，但从左宗申的口吻中可以读出，他认为自己是尹明善的"带头大哥"。

究竟是怎么一回事呢？这里面，有着中国特色的"夫人外交"故事。

从出版人到"摩帮老大"

中国企业家年轻化的趋势越来越明显，我们或许仍能一口气数出不少出生于 20 世纪 50 年代的企业家，如王石、刘永好、李东生等，也还能数出一些出生于 20 世纪 40 年代的企业家，如柳传志、宗庆后、任正非等，但是如果让你说出生于 20 世纪 30 年代以及之前并且现在还在商业舞台上征战的企业家，恐怕就要费一番脑筋了。已过了"古稀"之年的尹明善无疑是其中一位。

娃哈哈集团董事长宗庆后成为《福布斯》2010 全球富豪排行榜上的"中国首富"后，其 42 岁开始创业的经历再度为坊间所津津乐道。不过，与尹明善相比，宗庆后可谓小巫见大巫了。一来，尹明善创办力帆时已经是 53 岁；二来，宗庆后当年承包一间食品厂前，曾在儿家类似的工厂里折腾了近 10 年，而尹明善进入摩托车行业之前，完全是个"摩盲"。

尹明善在 20 世纪 50 年代后期的"反右运动"中被打成右派分子，在重庆一所中学读高三的他被学校清退，进入重庆一间工厂劳动，3 年后，又被怀疑"反革命"，监禁近 10 个月后劳改农场劳动，直到 1979 年改革开放号角吹响，他才彻底获得自由。

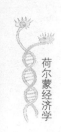

这一年，他正好 40 岁，不过，用他自己的话来说——人生才刚刚开始。

之后，尹明善在一家工厂当了很短一段时间的英文翻译（功底皆为劳改时自学而成），然后到重庆广播电视大学做了一名英语教师，不久后又转行到出版业捞世界，他的角色先是 1982 年重庆一家出版社的编辑，然后是 1985 年下海成立一家民营书社，几年后成为了知名的重庆民营书商——当年红极一时的《庞中华钢笔字帖》，就是尹氏出品。但到了 20 世纪 80 年代末，尹明善决定退出图书行业，原因是他感觉出版行业难以"做大做强"。

这是一个吊诡的时点和决定。如果我们按照尼尔·弗格森在《未曾发生的历史》一书中的方法作一假设：假设彼时尹明善在图书出版行业坚持了下来，那么 20 年后，他是否能够依然挺立，且其规模和商业模式可和今天"公私合营"的磨铁、共和联动比拟呢？没有人能够给出答案。

直到力帆成为重庆摩托车龙头老大的今天，不少人依然百思不得其解，一个瘦高、年过半百、文人气很浓的小老头，为什么毅然决定进军摩托车行业？

1982 年，即尹明善还在出版社做编辑时，左宗申已经在重庆巴南区王家坝经营一家摩托车修理店。20 世纪 90 年代初左宗申在帮朋友购一辆摩托车时发现由于发动机供给不足，导致整车供应短缺，这刺激他萌生了进入发动机制造业的想法。

由于尹明善的妻子陈巧凤，和左宗申的妻子袁德秀是亲戚关系，她们在中间穿针引线，鼓励她们的丈夫联手。1992 年，中国第一家由民企创建的摩托车发动机生产车间"重庆轰达车辆配件研究所"挂牌，尹明善与左宗申同成为股东（之后分家）。这便是尹明善进入摩托车行业的开始。

如果单纯把"夫人外交"视为尹明善进军摩托车行业的决定性因素，

就大错特错了。除非"夫人外交"中夫人们的娘家背景不俗，否则说到底不过是一种机缘和一针润滑剂而已。

事实上，当尹明善下定决心进入摩托车行业时，妻子陈巧凤倒是担心起来，甚至有些"后悔"了——年龄不饶人——这种传统观念虽非铁律，但命中率十之八九，可是尹明善不信这一套，他的青年时代在牛棚中度过，中年又怎能轻易地相信宿命呢？

也请别被尹明善外表的书生气所"蒙蔽"，他是个十足精明的家伙。力帆集团先前的名称是"力帆轰达集团"，"轰达"即"Honda（本田）"的谐音。显然，他是在有意模仿。胡润给我讲过一个故事。2000年年底他到重庆拜访尹明善时，尹并不忌讳彼时所采取的山寨路线，他将胡润带到一车间参观，大门推开，里面的情景让胡润大吃一惊——一辆本田摩托车躺在地上，被大卸八块，一群身上和脸上都浸上了油渍的力帆技术人员，正在埋头研究其构造。

中国有句古话叫"师以长技以制夷"，尹明善正是从模仿开始到自主创新，用江湖手法完成了一场蜕变。师傅和夫人领进门，进步在个人。尹明善执拗的性格是其成功的关键因素。

所谓"青出于蓝而胜于蓝"，力帆和宗申两大企业集团的营收最近几年都超过百亿元，有趣的是力帆总是要高出宗申一点点。我从左宗申的话中，似乎听出了他对"力帆的老头"的一点醋意呢。

妻儿平分秋色

陈巧凤是尹明善的第二任妻子，也是他进入摩托车行业后坚实的精神后盾和贤内助。两人的感情甚笃，而力帆又是家族企业，其财务大权自然掌握在陈巧凤手中——现任力帆集团财务总监。事实上，陈巧凤之前的"权势"更大，2004年本田（日本本田技研株式会社）起诉中国大陆一些生产厂商注册商标侵权案中，力帆赫然在列，陈巧凤的头衔是力帆"法定

代表人、董事长"。

中国企业界在家族企业任职的女性"贤内助"不少,但是代替作为创始人的丈夫、出任家族企业董事长一职的,并不多见。张云芹、陈金霞和陈凤英是代表人物。

其中张云芹是太平洋建设集团创始人严介和的妻子,她接任太平洋建设董事长一职,是在2005年严介和债务风波之后,严介和希望通过"隐身"和与妻子间的股权对调,达到避开镁光灯关注的目的,并且可以实现自己一直以来的表现欲及演讲特长(现在的头衔是"华佗CEO论箭组委会首席专家"),可谓一箭双雕。

陈金霞是"涌金系"创始人魏东之妻。魏东,这位中国金融圈叱咤风云的人物,被爆与王益案有染后,于2008年4月从自家阳台跳楼自杀,成为彼时轰动一时的新闻。之后,陈金霞被迫出马,走到前台,出任"涌金系"新掌门。之后两年,"涌金系"高层多次出现动荡和离职潮。这是作为遗孀的宿命。

陈凤英是福耀集团董事长曹德旺的妻子。我在本书中对这对个性夫妻有专门的采访和介绍。用今天的话来说,曹德旺年轻时差点精神和身体双重出轨,向陈凤英摊牌后,陈并没有哭闹,而是让曹德旺自己选择,这让曹德旺极为内疚,虽悬崖勒马,福耀玻璃很长一段时间法人代表为陈凤英,曹德旺并不讳言"赎罪"为重要原因。

陈巧凤和陈凤英的情形略有类似,即尹明善希冀通过此举表达对妻子的感激之情。当然,不同的是,此间他并没有和曹德旺当年类似的艳遇经历。

直到今天,陈巧凤仍是力帆旗下多家子公司的法人代表。我从重庆工商部门查询得知,力帆旗下40多家公司当中,尹明善任法人代表的只有力帆集团和力帆汽车公司,陈凤英任法人代表的有力帆控股、力帆置业、力帆足球俱乐部、力帆威力电器、力帆奥体物业等公司。

而尹明善和前妻的儿子、1971年生的尹喜地,如今任法人代表的公司有力帆销售及进出口公司、力帆汽车发动机公司及力帆资产管理公司等。

陈巧凤与尹喜地表面上看来几乎是平分秋色，但仔细看来，其实还是陈巧凤位高权重。前者任法人代表的力帆控股公司和后者任法人代表的力帆资产管理公司让人产生联想。

采访左宗申时，我注意到他的办公室内有两个手写的小黑板，一个上面是"总裁（一周）日程安排"，一个是"（宗申动力与宗申派姆）每日股价与市值"；这里的市值，是宗申家族与职工股所持的股份市值。我仿佛看到，每天早上左宗申的秘书拿着计算器埋头算数的场景——小数点后要保留两位数字。

相比之下，由于家族成员间上述复杂的股权关系等原因，力帆直到2010 年 11 月 25 日，才在上交所挂牌上市。这比宗申晚了 13 年零 8 个月。

会陷入控股权之争吗

登陆资本市场一直是尹明善的一个梦想。再说，他想保住自己"摩托车大王"的宝座，与此同时又想在汽车行业后来者居上，就必须砸下重金，上市成为不二选择。

他最终听从了券商关于整体上市的建议，家族成员间的一切分歧都被暂时搁置，尹明善、陈巧凤、尹喜地，以及尹明善和陈巧凤的出生于 1987年的女儿尹索微，成了"一致行动人"。

但股权比例各占多少，又成了一个难题。果不其然，尹明善最终的决定，又是"一碗水端平"——在力帆集团大股东力帆控股的股权构成中，除尹明善持股 26.5% 外，妻子和两个子女持股比例同为 24.5%。

这是中国民营企业中出现的颇具戏剧性的一幕。想想看，尽管力帆集团上市后，尹氏家族处于绝对控股地位（持股比例近 66%），账面财富也会超过百亿元，但丝毫掩盖不了不久的将来——特别是尹明善无法继续执掌力帆时——关于家族企业控股权之争的危机。这让人想起闹得满城风雨

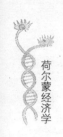

的香港最大房地产开发商新鸿基地产郭氏家族的豪门内斗。

不过，就算将来尹明善将自己持有的力帆控股的股权全部转给尹喜地，51%对陈巧凤母女的49%，也很难保证尹喜地的控股地位，因为谁也不知道力帆集团的其他股东，如上海冠通等届时会如何表态。这在形式上有点类似于国美控股权之争。

当然，走到这一步的先决条件是，尹喜地愿意接父亲的班，执掌力帆之大局。而问题恰恰在于，尹喜地向来对专注企业经营兴趣不大，而是对豪华跑车情有独钟。这也是尹明善一直以来最为头痛的一件事。

2011年年初，尹明善做客网易汽车频道时，面对"你今年已经73岁了，你选好自己的接班人了吗"的提问，他的回答很好玩，先是为自己找了个下坡路。"每一个企业都想可持续发展，都想办百年老店，但是一个非常残酷的客观事实是，富不过三代。"他说，"我这个家族以后可能会不断减持股份，最终可能退到51%，继而退到34%，既然是这样，我何必一定要家里的人来做老大呢？"

尹明善果真有这么"洒脱"吗？这只是他每一次被问到自己痛处时惯常的回答风格而已。"可怜天下父母心，谁不爱自己的子女呢？我经常教他们，你够条件就当董事长，不够条件就当大股东，该分多少钱分多少钱。"

用他的话来说，现实确实残酷，"国美 + 新鸿基"式的控股权之争会在力帆身上重现吗？现在没人能够回答这个问题。我们唯一看到的是，尹明善并没有为自己身价暴增而激动，"力帆上市对我而言就像范进中举，但跟范进不同的是我没疯"，他打了一个很形象的比方。

"夫人外交"的流行与规律

左宗申的女儿、1982年生的左颖其实也不愿意接班，她留学回来后，没有进入家族企业，而是选择周游世界，一边看风景一边做些投资。我问左宗申："你会为女儿的'叛逆'难过吗?""一代人有一代人的活法。"左宗申说。

"夫人外交"加速了尹明善人生轨迹的改变，虽说老当益壮，十几年光景将力帆做成了百亿级企业，也曾担任过重庆市政协副主席、全国政协委员、全国工商联副会长等政治职务，但现在，还是要为夫人和儿子间的关系而纠结。这将一类民营企业家的窘境折射无遗。

"夫人外交"在政界屡见不鲜，按照欧美诸国的社交礼仪，国家领导人出访或聚会，都要携夫人一起。这一礼仪可谓满足了平民对权贵"贤内助"的了解欲。

2007 年 6 月，八国峰会在德国举行，八国领导人当中德国女总理默克尔的丈夫绍尔最为扎眼，这位自称和妻子的政治活动毫无瓜葛的中年男人，娴熟地充当着"第一丈夫"的角色，以至于有媒体披露称，绍尔之前几个月"一直在加紧练习峰会期间的招待技巧"，而德国《图片报》戏谑道："不过他不能和老婆平起平坐，只能乖乖地和奥地利总理夫人坐在第二排。"

企业界的"夫人外交"在欧美也非常常见，最近几年中国也开始流行了起来。一个聪明灵巧的贤内助通常被认为是一家公司掌门人能够出类拔萃的重要原因之一。潘石屹、张欣夫妇，吴征、杨澜夫妇，汪潮涌和李亦菲夫妇等是众所周知的代表。但由于他们皆为明星夫妻类型，其实并不具有普遍意义。极少抛头露面特别是不在家族企业任职的糟糠之妻类型的"外交"，才是原生态的标本。

由于中国传统文化的束缚，这种样本进入公众视野，尚待时日，大多数"夫人外交"类型就像"地下钱庄"一样隐秘地进行着，然其角色和地位却不容忽视。

当然，年龄和观念上也是企业界"夫人外交"现象演进的一个重要因素。80 后的商人们，越来越没有那么多禁忌，他们的生性奔放，视上一代人的扭捏为作茧自缚。姚明是最典型的一个例子，由于他每年在美国居住

时间较长，许多活动和聚会都带着妻子叶莉一起参加。

香港的整体情形要比内地好得多。譬如每年备受关注的香港"大紫荆勋章"授勋仪式，获奖者几乎尽数携带自己的伴侣。李嘉诚、郑裕彤等都曾获此勋章，2010 年 7 月新一届获得者为香港财政司司长曾俊华、诺贝尔物理奖得主高锟以及"赌王"何鸿燊等 7 人——当然，何鸿燊是不可能把他的四个老婆都带来的，再说他身体有恙。

近些年来，一些限于企业家小圈子内交流的会所兴起，成为"夫人外交"的一个重要平台和桥梁。一些地市的传统商会，也开始利用三八妇女节等时点，搞一些女企业家或企业家夫人联谊沙龙等，除联络感情之外，一些基于女性价值观的判断和新的利润增长点也许正潜滋暗长呢。

王微与杨蕾
"土豆条款"发明者

"男人这种动物最喜欢讲义气两字，（可是）为了利益，他可以最不讲义气。"

这是 2010 年 11 月 10 日，上海电视台女主播杨蕾发表的一条微博。她是中国最大视频网站之一的土豆网创始人兼 CEO 王微的前妻。

就在这一天，上海徐汇区人民法院，就杨蕾之前提出的离婚财产分割诉讼采取了行动，冻结了王微名下三家公司的股权，其中包括其所持有的上海全土豆科技有限公司 95% 的股份。

而此前一天，土豆网刚刚向美国证券交易委员会（SEC）递交了上市申请，拟以红筹形式赴纳斯达克上市（简称土豆控股，代码 TUDO），最多融资 1.2 亿美元，主承销商是瑞士信贷和德意志银行。

杨蕾的行为令王微始料不及。因为全土豆公司持有土豆网的《增值电信业务经营许可证》和《网络传播视听节目许可证》，是土豆控股旗下至关重要的内资公司。

杨蕾知道这场诉讼以及公开她和王微之间的恩怨意味着什么。她有些心烦意乱，这一天几乎全部的时间都泡在网上，仅微博就发布了28条。在后来接受我的采访时，她同样是这种状态，这厢感慨现在不少的商业英雄"懦弱无知"，那厢又不时反省自己的强势。

土豆网的上市进程，成为一场混杂着利益和感情的战争，扑朔迷离。王微和杨蕾之间到底发生了什么？王微和杨蕾是如何一步步从夫妻演变成"敌人"的呢？如今投资圈热议的"土豆条款"，究竟是怎么一回事？

上上签和本命年劫难

中国的视频网站掀起上市热潮。继2010年8月酷六网在海外借壳上市和乐视网于A股创业板上市后，土豆网和优酷网也于11月份先后向SEC提交了申请。

投资圈有个段子，说这些视频网站的一些投资人曾分别找"八字先生"给自己看中的猎物算过命，结果是上上签，意思是上市无阻。

这样说来，优酷网应该是"八字先生"最满意的一只股票。2010年12月8日挂牌当天，大涨161%，是纽交所5年多以来首日涨幅最高的股票。到我修改本书的2011年4月底，优酷的股价超过了65美元，是发行价12.8美元的5倍还要多。

而土豆网的命运或许是"八字先生"不曾预料。于是，王微遇到的诉讼麻烦，被他的一些朋友半玩笑半认真地说成是其本命年"必须经历的劫难"。

王微出生于1974年，福州人，高中毕业赴美读书，先后拿到经济学学士和计算机硕士学位，之后到法国读了个MBA。2002年回到上海，开过一

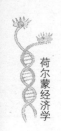

家咨询公司，但时间很短，随后进入贝塔斯曼集团，并任贝塔斯曼在线（BOL）中国执行总裁。2005 年重新创业，创办土豆网，当起自己生活的"导演"（土豆网的口号是"每个人都是生活的导演"）。

土豆网 5 年内获得了 5 次注资，募资额为 1.35 亿美元（超过 9 亿元人民币），最近一次是在王微 36 岁生日之后不久，获得淡马锡、凯欣亚洲、IDG、纪源资本、General Catalyst 共 5000 万美元的投资。就像王微曾写过的一本小说的名字《等待夏天》一样，这一轮融资，就像一场及时雨，使他感觉土豆网上市不是梦——要知道，2010 年第二季度土豆网亏损额超过了 4500 万元，亏损额同比扩大了 43%。

果不其然，到了第三季度，土豆网的亏损额骤降为 516 万元，来到了赢利的临界点。王微很是兴奋。9 月底，他去了一趟澳大利亚，还到悉尼歌剧院饶有兴致地看了一场莫扎特歌剧，并称这是"肯定能记住的一件事"。国庆假期他待在台北，回上海时和 IDG 创投合伙人毛丞宇夫妇见面，三人又谈论起台北的宜居……

而就在 10 月中下旬，和王微正式离婚 7 个多月的妻子杨蕾，正式向上海徐汇区法院提起诉讼，要求分割王微名下三家公司的财产，其中包括土豆网的"大脑"——上海全土豆公司。

11 月 1 日，这场诉讼被徐汇区人民法院正式受理立案。我跟杨蕾的律师张震方通过一次电话，我问他为什么是现在——土豆网向美国 SEC 提交上市申请前夕——提起诉讼，张的回答是"之前向法院提交的材料不够齐全"。

杨蕾和王微于 2007 年 8 月 19 日结婚，两人虽然低调，但其结合还是引起了相当的关注——前者是上海电视台的女主播，后者是中国视频网站先锋之一，且在这一年的 4 月，土豆网刚完成第三轮融资。

但这份婚姻存续时间之短出乎人们意料。王杨两人婚后 10 个月后即分居，杨蕾的一位密友对我说，王微在与杨蕾结婚一周年正式提出离婚。

在与杨结合之前，王微曾有过一次婚姻经历，婚姻持续时间同样没超过一年。

左手土豆，右手婚姻

杨蕾现在是上海电视台的一位节目主持人。她本科毕业于北京广播学院（现中国传媒大学）播音系，后于复旦大学新闻学院获得硕士学位。王微是在 2006 年年初杨蕾大学同学的一次聚会中和其相识的。此时王微的土豆网刚刚拿到第一轮风投——IDG 的 50 万美元不久，正急于打开局面，包括结交一些媒体圈的朋友。

一位王、杨均为熟识的朋友对我说，他们似乎有一种相见恨晚的感觉，一来，两人均喜欢旅行；二来，两人都是文艺青年，在王微的小说《等待夏天》之前，杨蕾出版过一本成长日记性质的情感小书，名为《幸福只差一点点》。

两人在这一年的 5 月即结伴到缅甸旅行。在缅甸期间，王微的土豆网拿到了第二轮风投——来自 IDG、纪源资本和集富亚洲的 850 万美元。一年后，即土豆网第三轮融资完成不久，王微在西藏向杨蕾求婚。

杨蕾告诉我，王微当时拿了一张一元的人民币纸币围在杨蕾的手指上，直至不久后在香港补买了一颗蒂芙尼的钻戒。这一年的七夕，他们正式结合。

婚后他们在文艺上的志趣依然投机。彼时王微向她推荐看乔治·奥威尔的乌托邦小说《1984》，然后两人就小说展开讨论。"王微爱一切美的东西，"杨蕾回忆称，"不过在征服之后，会继续寻找……"

他们在事业上一开始也为朋友们所艳羡，认为可相互提携，至少为彼此提供"智力支持"。但朋友们很快发现他们并非如想象中一样默契。两者的个性太过鲜明，很多时候很难调和。

尽管杨蕾浸淫传统媒体多年，积累了一定的人脉，对政策的灵活度和底线有一定的把握，有时会让王微在土豆网运营中加以参考或借鉴——特

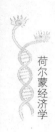

别是对一些关键资源的介绍或对一些敏感话题的拿捏，然而，王微身上充斥着个人英雄主义的情怀，他想用自己独有的方式征服、颠覆原来的"世界秩序"。

王微的一位朋友对其的评价是"顽固分子，不达目的誓不罢休"，这和杨蕾对其的评价"典型的金牛座、很多个金牛"不谋而合——在星座爱好者眼中，金牛是偏执的代名词。事实上王微也曾以"无知者无畏"来自我解嘲。但在大多数情形下，就算他最后听从了杨蕾的建议，内心的不舒服并不会就此消停。

王　微

图片来源：CFP（视觉中国）

王微的另一位朋友说，很多时候，王微逆反的不是杨蕾建议的内容，而是给出建议的方式，"她比较直接，说话语气较重，而王微自尊心向来较强，所以未必能够接受"。

这一点杨蕾给予了默认。11 月 17 日她在微博上写道："我以前有个毛病，就是喜欢责怪别人：'你怎么……'这是我25岁之前不是太讨人喜欢的地方……现在也没有完全改完，其实每当想指责时，应该想想对方是不是也有难处。"

"其实王微是一个很容易厌烦的人，"杨蕾接受我的上海同事舒眉采访时说，"这个厌烦包括对婚姻、对工作和其他一切兴趣；土豆网他现在不能离开，是因为他绑在战车上，一个男人的求生心，要么死要么就胜，这种情况下他不能离开。"

最令杨蕾不解的一点是，在她和王微分开时，王微说她"关心土豆网胜过关心我"。

两人之间的矛盾日积月累。王微最终于2008年8月中旬提出离婚。在他们实质婚姻不到一年的时间里，王微的土豆网完成了第四轮融资，即2008年4月来自凯欣亚洲、洛克菲勒财团旗下Enrick创投、IDG和纪源资本的近5700万美元，这也是迄今为止土豆网获得的五轮融资中数目最大的一笔。而在王微提出离婚之前，坊间曾传称他和一位祖籍上海的知名美籍华裔芭蕾舞演员关系甚密。

从我上文断断续续提到的土豆网的数次融资可以看出，在杨蕾提起诉讼之前，婚姻危机似乎丝毫未影响王微事业上的长足发展。这一方面是他的个性使然；另一方面，也与他所在的产业领域有关——热钱过多，泡沫过大——视频网站一直被坊间称为超级烧钱的一个行业，却引得无数风投趋之若鹜。

一直到2010年3月底他们才正式离婚，这是法院判决的结果。而在此之前，王微曾支付给杨蕾10万元人民币。不过，到这场离婚马拉松快结束时，两人几乎撕破脸皮。这成为杨蕾决定提起财产分割诉讼的一个重要导火索。

"长不大的孩子"

杨蕾说她不希望离婚，还曾对闺蜜信誓旦旦地说"他（王微）一定会

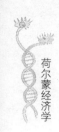

回来"，但王微似乎已经完全对她没了兴趣。"他（王微）在追求的时候是仰视，然后在想离开你的时候就鄙视，"杨蕾说，"换句话说，当他信任一个人的时候跟他刚爱一个人的时候一样非常炽烈，然后他有一天突然觉得对你有所怀疑，他会把你全盘否定，这个标准全在他个人。"

王微和杨蕾走到通过法律途径来解决摩擦这一步并非必然。杨蕾给王微提出了两个选择建议，一是他们两个人谈，二是双方的律师谈。王微的回复是，两个人之间没有谈的必要，也不必找律师，"我找我们的政府关系，跟你的朋友或家人谈"。

他们后来不得不对簿公堂。这个时候，杨蕾已经怀疑王微有外遇了。也就是说他们之间的信任感没有了。很有趣的是，在最后一次开庭的时候，王微在为自己辩护的时候说："她（杨蕾）跟前男友藕断丝连。"

"你就别扯到别人了，别人都结婚生孩子了。"杨蕾在法庭上回应说。

"可不可以请其他人回避，接下来的事情涉及杨蕾的隐私，我怕会对她声誉不利。"王微环顾四周后说。

王微这一招很绝，一下子让法庭上的气氛非常严肃，连法官都觉得突然。当旁听的人们回避后，王微称"接下来讲的话对一个男人来说是很耻辱的事情"，这句话让杨蕾的律师更加紧张了，"有一天我开门回家，杨蕾在跟前男友打电话，还在电话中骂对方……"王微说。

杨蕾和律师这时才感觉虚惊一场。杨蕾解释说，她当时是在给前男友退钱，因为不想产生瓜葛。"他当时不肯给我账户，我确实是在骂他，因为我很愤怒。我听到我丈夫（王微）开门的声音并没有及时把电话挂掉，是因为我的性格当中不喜欢鬼鬼祟祟……"

我无意去探寻王杨婚姻之外的细节，就我所了解和采访到的这些他们交往和冲突的细节来说，一种很直观的印象和感觉是，他们就像两个小孩儿在玩过家家游戏，每个人都深陷其中，但每个人都觉得自己最明事理。

在两人间的诉讼被上海徐汇区法院受理后，我几次联系王微未果，短信不回，电话不接，微博私信也不理。我问土豆网的公关负责人陆洋，王微不至于这么大牌，也不至于这么不相信记者吧。"咳，他就这样，一个有个性的文青，"陆洋说，"下次你来北京我带你见他，你会发现他就像个长不大的孩子一样。"

逆流而上

该来的一定会来。2010 年 11 月 10 日，就是杨蕾在微博上揶揄王微为了利益不讲义气这一天，上海徐汇区法院冻结了王微所持三家公司的股份。

有趣的是，这一天晚上，王微发了一条微博："我靠，30 Rock（由美国金牌编剧、制作人蒂娜·菲所创作的一档情景喜剧，中文名被译为《我为喜剧狂》或《超级制作人》）的第四季第 16 集实在是太牛叉了！故事和创意一串串像水泡哗哗地冒出来，让我这观众张大了嘴，看得心花怒放。当然，也可能是因为两杯 Bacardi Rum（百加得朗姆酒）喝得我心情愉快。"

王微真的洒脱到"心花怒放"、"心情愉快"吗？鬼才相信。他在知道法院冻结了他的股份后，第一时间叮嘱律师和他常说的"政府关系"积极斡旋，希望能够反保全。一般情况下，如果他能够拿出高于 500 万元的现金，他就有可能置换被冻结的股权。

王微就像一位神勇的阿凡达，任何人阻挡不了他的翱翔梦，而土豆网就是他的"魅影坐骑"。不过，杨蕾说王微内心其实一直有一种不安全感——表面豪放，内心却非常敏感，"这和他的成长经历有关，他从没见过他的父亲笑过"。

20 天后的 12 月 1 日，与王微并不熟识的朱威廉发了一条微博："听说最近不少 VC/PE 试图在 SA（股东协议）中增加条款，要求他们所投公司的 CEO 结婚或者离婚必须经过董事会，尤其是优先股股东的同意后方可进

行。若真如此，实乃悲剧也。"

有意思的是，王微后来转发并评论称："前有新浪结构，后有土豆条款，大伙儿一起努力，在公司治理史上，留个名。"这便是"土豆条款"之典故的来源——资本圈一例典型事件发酵后，当事人的感慨，一不小心创造了一个新名词。

王微的反保全计划后来进行得并不顺利。到2010年4月中旬时，一家科技网站援引"知情人士消息"称，土豆网正"疏远投行"，"基本上已停止了上市进程。土豆网可能将自身出售以满足投资方的变现要求，中国另一家网络视频巨头优酷成为可能的下家"。

这一消息在IT圈引起了不小的关注。怀疑的人所持观点是，王微的"战车"难道就这样被对手古永锵（优酷网创始人兼CEO）收编吗？按照他的性格，不应该如此啊。而有些相信的人说，一切皆有可能，资本是不讲情面的，再说，2010年年初的时候，曾经作为行业冤家的土豆网和优酷网已经尝试合作了，双方表示将在版权方面达成战略合作，并在买断的独播剧资源方面进行免费的互相交换。彼时古永锵在发布会现场说："这次合作看起来有点意外，但其实是理所当然。"

事实证明，上述消息是空穴来风。2011年4月29日，土豆网重新向美国SEC提交修改过的招股书。在风险说明中，首次提及了王微与杨蕾之间的离婚诉讼对土豆网的风险。

这等于将诉讼的最新进展公布于众了。这份文件称，杨蕾要求将他们婚姻期间夫妻共有财产——王微所持有全土豆股份中的76%——进行分割，"法院目前已将王微持有股份中的38%进行了财产保全。对股份保全期限，法庭暂未宣布，但根据中国法律程序，保全时间最长不超过两年"。

这意味着，尽管土豆网上市仍具有不确定性，但王微此次重新提交招股书之"霸王硬上弓"，至少表明了一种透明和积极的姿态，同时也将诸如"土豆网将被优酷网收编"等传言轻而易举击碎。

王微并不"孤独"，就在他和杨蕾忙着打官司的时候，生活信息类门户网站之一的赶集网创始人兼总裁杨浩然，也忙着和前妻王宏艳打官司。他们在 2008 年已经离婚了，但杨浩然于 2010 年 10 月 12 日向北京市西城区法院起诉，申请他与王宏艳婚姻关系无效，而在 5 个月前，王曾向法院提起诉讼，称杨之前"恶意转移财产行为无效"。赶集网的上市计划可能因此受到制约。杨浩然之外，餐饮连锁企业真功夫创始人蔡达标和前妻潘敏峰之间的诉讼也是如火如荼，潘向法院提起诉讼，要求分割蔡达标所持有的真功夫的一半股权（25%），或折价补偿 4.7 亿的财产，蔡达标后来被捕……

虽然听起来有些荒谬，但土豆条款似乎大有市场。就算 VC 们以后在台面上不明说，暗中也会对要投资企业的负责人之婚姻状况进行一番细致的尽职调查吧！

王微和杨蕾这两位单身男女如今爱上了发微博，其中杨蕾更甚，有时有些歇斯底里。我有一次"多管闲事"地对她说，过去的就过去了，不要太在乎吧。她说谢谢，然后继续像一个缺爱的小姑娘一样在网上喋喋不休。

好玩的是有时他们会对同一个话题不约而同发表看法，个中微妙不言而喻。譬如 Facebook 推出了一个"暗恋"插件，功能大体是如果你暗恋某个人，做一标记，如果你暗恋的人正好暗恋你，系统就会发信息告诉你。对这一事件，王微的第一反应是"有趣"，然后以一种嘲讽的口吻说："不过，是只能标一个暗恋对象还是多个呢？如果能标多个，那可以把所有人都标上#暗恋#，守着无数棵株，看哪只兔子撞上……可是，到底谁是兔子谁是株呢？"杨蕾的反应则是："才不做什么被暗恋测试呢，这样就可以假装自己其实是被很多人暗恋的！"

2011 年 8 月 17 日，土豆网终于在纳斯达克上市，尽管开盘即跌破发行价，3 个交易日就跌去近 35%，但于王微而言，历经波折之后，他总算爬上了他的"珠穆朗玛峰"。他在土豆网 IPO 过程中套现逾 1200 万美元，

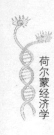

不排除部分用以补偿杨蕾。

　　杨蕾在这一天发了两条意味深长的微博，一条称"命运如棋，你却不是那执棋之手"，一条是"醒于雷雨，眠于雷雨"。

后记 "三部曲" 只是开始

100 对富豪夫妻的样本中,我直接或外围采访的超过 60 对。你猜哪位富豪给我的触动最大?

不是结过三次婚的潘石屹或周成建,不是和"小姨子兼妻子"并肩作战的牟其中,也不是"首富先生"黄光裕,亦非李兆会等二代企业家,而是陈晓!

没错,就是那位原来执掌永乐,后来成为国美总裁、董事局主席,最终与黄光裕家族交恶并被驱逐出局的陈晓。

2010 年年初的时候,他一次接受访谈,记者问他,这些年你最后悔的事情是什么?陈晓回答道:最后悔的是当年爱人因病去世,自己无能为力,"有些事情发生了,就很难弥补,无法追悔了"。

记者又问,如果你可以选择,你希望什么事情可以重现?

"我希望我和妻子的那段情感能够重现,"陈晓思考了几秒钟后说,"希望她仍然健在,我们在一起过幸福的生活……"

这段视频我后来找到了,看了好几遍。每次看都很是感慨。我相信,陈晓绝不是为转移话题才说这些话,这是他内心最真实的情感。不管商业上的搏杀如何惨烈,一切终将化为资本符号或过眼云烟,而亲人间的情感是真挚的,没有任何功利的色彩。可是,1993 年的时候,陈晓的妻子就离世了,如果那个时候他已经成为百万富翁的话,或许妻子不会走得那么仓促。

陈晓谨小慎微，精于算计，并不是一个讨人喜欢的人。但是，从小患小儿麻痹症、父亲早逝、自己高考过线却因身体原因被拒，然后中年丧妻等经历无论放在谁身上，都不一定能顺当地熬过来，更别说熬到在商业上有了一定建树，至少心理上会有阴霾。

有时想想，假若陈晓的妻子现在真的健在的话，他会变成怎样的一个人，在商业上的风格和现在又将有什么不同呢？这样一想，我觉得在很多事情上可以理解陈晓了。

这些年我采访了形形色色的中国企业家，他们当中的大多数在和我聊得畅快时，都会感叹上一句，大意是在中国做生意，无论怎样都会缺乏安全感，谈什么"百年老店"全是扯淡，总有一天会成为"弃业家"，然后和家人在一起，要么移民，要么在一个小城市隐居。

我听到越来越多类似的话时，正在写《荷尔蒙经济学》。就像一部小说或连续剧一样，我一度想把它写成励志片，至少结局不那么悲切，可是我发现根本做不到，我写的是非虚构作品，而就正如马云所言一样，那些说自己能够平衡好事业和家庭的人是在睁着眼睛说瞎话！

可是，为什么在欧美，在日本，企业得以永续，婚姻得以和睦的家族比比皆是呢？

写完这本书的时候，我也不知道找到了答案没有，或者说是否给了读者一个比较全面的答案。

从2008年6月到2011年7月，我只做了两件事：财经写作和结婚生子。三年中我完成了三本书，《胡润百富榜：中国富豪这十年》（与胡润合作）、《他们比你更焦虑：中国富豪们的隐秘忧伤》和现在的这本《荷尔蒙经济学：中国企业家择偶与婚姻的秘密》，我把它们称之为"富豪三部曲"。而我发现，第三本书写完时，对于中国富豪，我才真正有了"触电"的感觉，因为这一次，我从他们的生活入手，进到了他们每个人家里的"后院"，看到了他们原生态的一面。

这本书的采访和写作耗费了大量的时间和精力，如果要说我的收获，那就是我从一开始就持"婚姻和家庭第一"的价值观，现在我的这一选择或说习惯更为坚定。舒国治曾说，世道再难，也要呼吸顺畅；现在我们要说，世道再乱，也要和家人同呼共吸。有与自己共呼吸的人，是上天对我们的眷顾，我们要做的只是加倍去爱，去珍惜。

儿子小报是 7 月底出生的，那个时候，我在最后修改书稿。我记得打电话给我的朋友、焦点科技董事长沈锦华时，继两年前他在饭桌上给我慨叹家人的重要性时，今次他又在电话里一边向我祝贺，一边说："我作为一家上市公司的老板，每天都要想股东回报这些事，就算业绩喜人，也缺乏兴奋劲儿，相比之下我们养一个孩子，无论成本多高，都不图任何回报，却永远很开心。"

"三部曲"只是我写作计划的一个开始，今后我会继续关注中国富豪和新富群体，也会比过往更深入一些。从中国富豪群体的变化看中国商业变迁和社会演进，是一个上乘的视角。

对"三部曲"我有一种遗憾，就是在体例上仍是案例集，而非像我推崇的周博（Joe Studwell）《亚洲教父》一书一样，从一个群体最显著的特征开始逐一写起。我想下一部作品我一定会弥补这一遗憾。

感谢我的出版人沈浩波，两年前和你的一次交淡，开启了我和磨铁合作之路。感谢刘杰辉、杨硕、宋美艳等磨铁的编辑们，你们容忍了我的拖沓，使我能够从容、认真地敲完每一个字。

感谢我的妻子小湘，你能够容忍我天天与富豪打交道却富不起来；感谢刚刚满月的儿子小报，你的降临使我内心更加充盈。没有什么比我们一家三口在一起更幸福的事了。

张华（东方愚）

2011 年 8 月 27 日深夜于广州

附表：本书中提及的 100 余对富豪夫妇样本（包括离异）

丈夫	妻子	企业	行业	总部
安东尼·好肯	戴秀丽	人和商业	地产	黑龙江
比尔·盖茨	梅琳达·盖茨	微软	软件	美国
蔡达标	潘敏峰（前妻）	真功夫	餐饮	广东
蔡奎	吴亚军	龙湖地产	地产	北京
蔡衍明	不详	旺旺中时	食品、传媒	台北、上海
曹德旺	陈凤英	福耀玻璃	玻璃	福建
陈景河	赖金莲	紫金矿业	矿业	福建
陈久霖	李昆	中航油（新加坡）、葛洲坝	航油、建筑	北京
陈启源	万玉华	霸王集团	日化	广东
陈天桥	雒芊芊	盛大网络	互联网	上海
陈文琦	王雪红	威盛电子	IT	台湾
陈晓	不详	永乐、国美	家电零售	上海
陈义红	刘培英	中国动向	体育用品	北京
迟重瑞	陈丽华	富华国际	房地产、酒店等	香港
褚时健	马静芬	红塔集团	烟草	云南
戴国芳	黄荷琴	铁本钢铁	钢铁	江苏
丁福根	刘蕾	神州创投	创投	广东
丁健	许戈辉	亚信科技、金沙江创投	软件、创投	北京
杜双华	宋雅红	日照钢铁	钢铁	山东

丈夫	妻子	企业	行业	总部
段永平	刘昕	步步高	电子	广东
冯仑	王淑琪	万通地产	地产	北京
郭广昌	王津元	复星集团	医药、地产、钢铁等	上海
郭台铭	曾馨莹	鸿海科技	电子	台湾
郭为	曾涛	神州数码	IT	北京
何鸿燊	黎婉华等	澳门博彩	博彩	澳门
胡志标	林莹	爱多	电子	广东
黄光裕	杜鹃	国美电器	家电零售	北京
黄宏生	林卫平	创维集团	家电	广东
黄茂如	张静	茂业国际	地产、百货	广东
黄伟	李萍	新湖集团	地产、金融、矿业等	浙江
江南春	陈玉佳	分众传媒	广告	上海
杰克·韦尔奇	苏茜·韦尔奇	通用电气	发动机、电力、金融等	美国
吉姆·罗杰斯	佩蒂·派克	对冲基金	投资	新加坡
阚治东	张松妹	东方现代	创投	上海
兰世立	傅洁	东星集团	航空等	湖北
李东生	魏雪	TCL 集团	家电	广东
李国庆	俞渝	当当网	电商	北京
李嘉诚	庄月明	和记黄埔	地产、金融等	香港
李开复	谢先玲	创新工场	创投	北京
李锂	李坦	海普瑞	医药	广东
李连杰	利智	壹基金	公益	广东
李宁	陈永妍	李宁	体育用品	北京

丈夫	妻子	企业	行业	总部
李兆会	车晓	海鑫钢铁	钢铁、金融等	山西
李彦宏	马东敏	百度	互联网	北京
廖长光	何永智	小天鹅	餐饮	重庆
林国文	朱林瑶	华宝集团	香精等	香港
林和平	李念	软银赛富	创投	北京
柳传志	龚国兴	联想集团	科技	北京
刘根山	夏鹤娜	茂盛投资	公路	上海
刘汉元	管亚梅	通威集团	农业、能源	四川
刘名中	张茵	玖龙纸业	造纸	广东
刘益谦	王薇	新理益	投资	上海
刘永好	李巍	新希望	农业、金融等	四川
刘志强	翟美卿	香江集团	地产	广东
刘忠田	王志杰	忠旺	铝业	辽宁
鲁冠球	章金妹	万向集团	汽车零部件等	杭州
鲁伯特·默多克	邓文迪	新闻集团	传媒	美国
罗红	王蓉旻	好利来	烘焙	北京
马云	张瑛	阿里巴巴	电商	浙江
牟其中	夏宗琼（前妻）、夏宗伟	南德集团	贸易	天津
尼克·利森	里奥娜	巴林银行	期货	英国
牛根生	申淑香	蒙牛乳业、现代牧业	乳业、牧业	安徽
潘石屹	张欣	SOHO 中国	地产	北京
任志强	不详	华远地产	地产	北京
荣智健	任顺弥	中信泰富、荣氏企业	地产、金融等	香港

丈夫	妻子	企业	行业	总部
沈文荣	陈红华	沙钢集团	钢铁	江苏
史玉柱	董春兰（前妻）	巨人集团	网游	上海
史蒂夫·乔布斯	劳伦娜·乔布斯	苹果公司	IT	美国
施正荣	张唯	无锡尚德	新能源	江苏
宋卫平	夏一波	绿城	地产等	浙江
孙正义	大野优美	软银	投资	日本
唐骏	孙春蓝	新华都	零售、矿业等	上海
汪潮涌	李亦菲	信中利	创投	北京
王功权	杨雪峰	鼎晖	创投	北京
王勤竞	梁家安	华润万众	通信	香港
王石	王江穗	万科	地产	浙江
王微	杨蕾（前妻）	土豆网	视频	上海
汪小菲	徐熙媛	俏江南	餐饮	北京
王永庆	王月兰等	台塑集团	化工	台湾
王玉锁	赵宝菊	新奥集团	能源	河北
王梓木	敬一丹	华泰保险	保险	上海
魏东	陈金霞	涌金投资	投资	北京
魏东	姚娟	福记食品	餐饮	上海
沃伦·巴菲特	苏姗·巴菲特	伯克希尔·哈撒韦	投资	美国
吴征	杨澜	阳光媒体、红岩资本	电视、投资	北京
许家印	杨惠英	恒大集团	地产	广东
严介和	张云芹	太平洋建设	建筑	北京
杨浩然	王宏艳（前妻）	赶集网	互联网	北京

丈夫	妻子	企业	行业	总部
姚明	叶莉	YAO 餐厅、巨鲸音乐网等	投资	上海、美国
尹明善	陈巧凤	力帆控股	摩托车等	重庆
虞云新	周晓光	新光集团	饰品、地产	浙江
张宝全	王秋扬	今典集团	地产、电影	北京
张荣坤	张樱	福禧投资	基建	上海
张祥青	张荣华	荣程钢铁	钢铁	天津
赵新先	王淑兰	三九集团	医药	广东
周成建	不详	美邦服饰	服装	上海
周庆治	赵亦斓	南都集团	投资、电源	杭州
周正毅	毛玉萍	农凯发展	地产	上海
祝义才	吴学琴	雨润集团	食品	江苏
宗庆后	施幼珍	娃哈哈	饮料	杭州
左宗申	袁德秀	宗申动力	摩托车、发动机等	重庆

（注：上表按照丈夫姓氏的音序排列，"企业"指其创办、控股、任职或任职过的企业）